AF298832

DÉPOT LÉGAL
MAYENNE
1936/233

PUBLICATIONS DE LA SOCIÉTÉ D'HISTOIRE MODERNE
Série des Instruments de Travail

BIBLIOGRAPHIE CRITIQUE

DES PRINCIPAUX TRAVAUX PARUS SUR

L'HISTOIRE DE 1600 A 1914

(Travaux de langue française ou relatifs à l'Histoire de France)

ANNÉE 1934

PUBLIÉE PAR LE COMITÉ DE DIRECTION DE LA
« REVUE D'HISTOIRE MODERNE »

Subventionnée par la Confédération des Sociétés scientifiques françaises à l'aide des fonds alloués par le Parlement.

PARIS

EN VENTE A LA MAISON DU LIVRE FRANÇAIS

4, Rue Félibien, 4

1936

BIBLIOGRAPHIE CRITIQUE

4° Q
2355

PUBLICATIONS DE LA SOCIÉTÉ D'HISTOIRE MODERNE

Série des Instruments de Travail

BIBLIOGRAPHIE CRITIQUE

DES PRINCIPAUX TRAVAUX PARUS SUR

L'HISTOIRE DE 1600 A 1914

(Travaux de langue française ou relatifs à l'Histoire de France)

ANNÉE 1934

PUBLIÉE PAR LE COMITÉ DE DIRECTION DE LA
« REVUE D'HISTOIRE MODERNE »

Subventionnée par la Confédération des Sociétés scientifiques françaises à l'aide des fonds alloués par le Parlement.

PARIS

EN VENTE A LA MAISON DU LIVRE FRANÇAIS

4, Rue Félibien, 4

1936

Le présent ouvrage a été élaboré sous la direction de M. Georges
Pagès, Membre de l'Institut, Professeur à la Sorbonne, Président du
Comité de direction de la Revue d'Histoire moderne, assisté de
MM. Léon Cahen et Marc Jaryc.

Ont prêté leurs concours : M. L. André, Mlle S. Ansiaux, M. R. Avezou, Mlle H. Borel, M. G. Bourgin, Mlle Gh. de Boom, MM. F. Delvaux, A. Depréaux, J. de Sturler, R. Demoulin, Chanoine Fleury
de Lannoy, M. Fosseyeux, J. Godechot, A. Girard, Mlle A. Henne-
bert, MM. L. Jacob, H. Lévy-Bruhl, A. Meynier, A. Paul, F. Ponteil, E. Préclin, P. Recht, P. Renouvin, H. Sée †, V.-L. Tapié,
Mme S. Tassier-Charlier, MM. P. Vaucher, G. Weill.

INTRODUCTION

Le nouveau fascicule bibliographique que la *Revue d'Histoire Moderne*
publie aujourd'hui, vise, comme le précédent, à servir les intérêts des
travailleurs de l'histoire, dont le temps, les forces, les ressources sont
limités, qui ont besoin de connaître avec précision, non tout ce qui
paraît, mais ce qui paraît de bon et d'utile. De cet angle, le point de vue
critique et le point de vue pratique se confondent. Et il n'est pas possible de réaliser l'instrument de travail désiré en se contentant d'énumé-
rer des titres : il faut encore définir et apprécier les caractéristiques
des ouvrages cités. L'expérience nous a montré que ces appréciations,
pour être utiles, devaient émaner de collaborateurs spécialisés, mais unis
par un même tour d'esprit, une réelle conformité de doctrine.

L'expérience nous a fait voir aussi qu'une pareille équipe ne peut être
réunie ni travailler efficacement, si l'on veut dépasser le cadre national, et surtout si l'on prétend dépouiller, avec les ouvrages, les articles
des grandes revues. Nous avons dit-l'an dernier à quelles difficultés
presque insurmontables nous nous étions heurtés, difficultés assez
grandes pour créer dans notre enquête des zones étendues d'ombre. Déjà
le problème se pose lorsqu'il s'agit de bibliographies-titres : combien plus
grave, lorsqu'il s'agit d'analyses critiques, dont la longueur peut varier,
mais non l'esprit et même la conception matérielle. Nous avons dû reconnaître que, pour le moment, notre ambition première dépassait nos
moyens, et, par suite, nous restreindre à une entreprise plus limitée.

Nous donnons cependant au lecteur, comme volume, l'équivalent de
ce qu'il a reçu l'an dernier; le fait nous oblige à quelques explications.
Désireux d'être utiles surtout aux historiens français et à ceux qui étu-
dient l'histoire de France, nous avons opéré un large dépouillement des
travaux (ouvrages et articles) qui concernent cette histoire. Le point de
vue strictement national eût été absurde; il n'y a pas seulement chez
nous qu'on publie sur la vie, le passé de notre pays, et certains volumes
étrangers revêtent une autorité incontestée. Le total de cette contribution universelle est cependant trop important pour pouvoir être inséré
dans notre *Bibliographie* et la part de certains pays est trop minime
pour qu'on la recense chaque année : procéder de la sorte serait leur
faire tort en minimisant leur effort. Nous avons donc fait place, à côté

des volumes écrits en français, à ceux qui, de langue anglaise ou de langue allemande, traitent de notre histoire. Nous disons de langue française, anglaise, et allemande, car le cadre linguistique s'impose ici, et il serait difficile de séparer, dans les publications de Londres, la part des auteurs anglais et des auteurs américains.

Nous pensons, l'an prochain, élargir notre cadre, et y faire entrer les publications italiennes et russes, qui, en 1934 et 1935, ont traité de notre histoire [1].

Mais nous n'avons pu omettre non plus les travaux de langue française qui ont trait à l'histoire des autres pays, car nous aurions trahi l'activité réelle de nos concitoyens, et d'autre part nous aurions enlevé à notre *Bibliographie* une partie des services qu'elle peut rendre au dehors. Notre *Bibliographie* comprendra donc cette année quatre parties :

1. Travaux de langue française sur l'histoire de France.
2. Travaux de langue anglaise sur l'histoire de France.
3. Travaux de langue allemande sur l'histoire de France.
4. Travaux de langue française sur l'histoire étrangère.

Les mentions critiques ont été rédigées, comme l'an dernier, par des spécialistes connus; nous tenons à remercier nos collaborateurs de leur labeur forcément ingrat. Nous leur avons demandé de ne pas formuler de jugements de valeur; mais de résumer, autant que possible, le contenu des volumes, de marquer ce qu'il y a de bon, de nouveau, comme ce qu'il y a de mauvais, ce qu'on peut en prendre et ce qu'on doit en laisser. Il subsiste également des lacunes, et nous en connaissons nous-mêmes. Comment se procurer des volumes qui n'ont pas été déposés au dépôt légal de la B. N.? D'autre part, il y a eu fatalement un retard dans la livraison de certaines fiches et nous sommes obligés de nous excuser auprès de nos lecteurs de ces lacunes auxquelles on remédiera l'an prochain. Malheureusement, pour les ouvrages étrangers que les éditeurs nous ont refusés et que nous n'avons pu nous procurer dans les bibliothèques parisiennes, nous ne pouvons nous flatter d'un pareil espoir; et nous avons cru bien faire en marquant ces volumes d'un astérisque. L'essentiel, pour inspirer confiance au lecteur, est d'user avec lui de la franchise entière, comptant sur son indulgence avertie, pour excuser les défauts.

Georges PAGÈS
Président du Comité de Rédaction.

(1) Nous espérons, en procédant ainsi par sélection d'origine, faire successivement leur place aux divers pays et embrasser toute la production historique — au moins celle qui concerne l'histoire de France — dans un cycle de cinq années.

PLAN DE CLASSEMENT [1]

PREMIÈRE PARTIE

TRAVAUX DE LANGUE FRANÇAISE
CONSACRÉS A L'HISTOIRE DE FRANCE

A

Généralités et Sciences auxiliaires de l'Histoire.

§ 1. Bibliographie historique générale, 3. — § 2. Méthodologie historique et historiographie, 6. — § 3. Archives et Bibliothèques, 8. — § 4. Géographie historique, 9.

B

Histoire par Époques.

§ 1. Généralités, 11. — § 2. De 1600 à 1715, 11. — § 3. De 1715 à 1789, 16. — § 4. De 1789 à 1815, 17. — § 5. Depuis 1815. Généralités, 31. — § 6. De 1815 à 1848, 31. — § 7. De 1848 à 1852, 33. — § 8. De 1852 à 1871, 34. — § 9. De 1871 à 1914, 36.

C

Histoire des Institutions.

§ 1. Généralités, 42. — § 2. Institutions politiques et administratives, 42. — § 3. Institutions judiciaires, 93. — § 4. Institutions financières, 43. — § 5. Institutions militaires de terre et de mer, 44.

D

Histoire religieuse.

§ 1. Généralités, 46. — § 2. Culte catholique, 47. — § 3. Protestantisme, 59. — § 4. Juifs, 62.

(1) Les chiffres placés après chaque subdivision indiquent les pages.

E
HISTOIRE DE LA CULTURE INTELLECTUELLE.

§ 1. Généralités, 64. — § 2. Instruction publique et corps savants, 65. — § 3. Imprimerie, librairie, presse, 66. — § 4. Histoire de la littérature et du théâtre, 67. — § 5. Sciences exactes, 75. — § 6. Médecine et pharmacie, 77.

F
HISTOIRE ÉCONOMIQUE ET SOCIALE.

§ 1. Généralités, 79. — § 2. Doctrines politiques, économiques et sociales, 83. — § 3. Démographie et statistique, 86. — § 4. Législation civile, condition des personnes et des biens, 86. — § 5. Agriculture et subsistances, 87. — § 6. Industrie et organisation du travail, 88. — § 7. Commerce, Marine marchande, Communications et transports, Travaux publics, 89. — § 8. Assistance et prévoyance, 89. — § 9. Vie sociale et mœurs, 90.

G
HISTOIRE COLONIALE.

§ 1. Généralités, 92. — § 2. Colonies d'Afrique, 93. — § 3. Colonies d'Amérique, 94. — § 4. Colonies d'Asie, 95.

DEUXIÈME PARTIE
TRAVAUX DE LANGUE ALLEMANDE CONSACRÉS A L'HISTOIRE DE FRANCE, 101

TROISIÈME PARTIE
TRAVAUX DE LANGUE ANGLAISE CONSACRÉS A L'HISTOIRE DE FRANCE, 115

QUATRIÈME PARTIE
TRAVAUX DE LANGUE FRANÇAISE CONSACRÉS A L'HISTOIRE ÉTRANGERE

Allemagne, 127. — Amérique, 130. — Pays balkaniques, 131. — Pays baltiques, 131. — Belgique, 132. — Canada, 145. — Chine, 145. — Égypte, 146. — Espagne, 147. — États-Unis d'Amérique, 148. — Finlande, 150. — Grande Bretagne, 150. — Grèce, 151. — Hongrie, 151. — Inde, 152. — Irlande, 152. — Italie, 152. — Japon, 154. — Luxembourg, 155. — Maroc, 156. — Mexique, 156, — Monaco, 157. — Paraguay, 157. — Perse, 157. — Pologne, 157. — Roumanie, 159. — Russie, 159. — Suisse, 162. — Tchécoslovaquie, 162. — Turquie, 163.

TABLE DES PÉRIODIQUES
ET DE LEURS ABRÉVIATIONS [1]

A. Est	Annales de l'Est de la Faculté des Lettres de l'Université de Nancy (Nancy).
A. Gembloux	Annales de Gembloux (Gembloux).
A. Hist. écon. soc.	Annales d'Histoire économique et sociale (Paris).
A. hist. Révol. franç.	Annales historiques de la Révolution française (Paris).
Alsace franç.	L'Alsace française (Strasbourg).
Am. antiq. Soc. Proc	American antiquarian Society. Proceedings (Worcester).
Am. hist. R.	American historical Review (New York).
A. Midi	Annales du Midi (Toulouse).
Annu.-B. Soc. Hist. France	Annuaire-Bulletin de la Société de l'Histoire de France (Paris).
Archeion	Archeion. Archives pour l'Histoire de la Science (Rome-Paris).
Archival. Z	Archivalische Zeitschrift (München).
Archiv. Bibl. Mus. Belgique	Archives, Bibliothèques et Musées de Belgique (Bruxelles).
A. Soc. Archéol. Bruxelles.	Annales de la Société royale d'Archéologie de Bruxelles (Bruxelles)
B. Assoc. Amis Univ. Liége	Bulletin de l'Association des Amis de l'Université de Liége (Liége).
B. Comm. Hist. Belgique.	Académie royale de Belgique. Bulletin de la Commission royale d'Histoire (Bruxelles).
Berlin. Mh	Berliner Monatshefte (Berlin).
B. hisp	Bulletin hispanique (Bordeaux).
B. Inst. archéol. liégeois.	Bulletin de l'Institut archéologique liégeois (Liége).

(1) Les abréviations employées sont celles qui figurent dans le *Répertoire des périodiques de langue française, philosophiques, historiques et juridiques* de P. CARON et M. JARYC (Paris 1935) et dans la *Liste mondiale des périodiques historiques* (*B. int. Comm. hist. Sci.*, n° 31, juin 1936).

B. Inst. hist. belge Rome.	Bulletin de l'Institut historique belge de Rome (Rome-Bruxelles).
B. Inst. hist. Research ..	Bulletin of the Institute of historical Research (London).
B. Inst. St. Ignace......	Bulletin de l'Institut Saint-Ignace (Anvers).
B. int. Comm. hist. Sci...	Bulletin of the International Committee of historical Sciences (Paris).
B. M. Soc. Emul. Côtes-du-Nord............	Société d'Émulation des Côtes-du-Nord. Bulletins et Mémoires (Saint-Brieuc).
B. prot. franç.........	Société de l'Histoire du Protestantisme français. Bulletin (Paris).
B. Soc. acad. Hautes-Pyrénées..............	Bulletin de la Société académique des Hautes-Pyrénées (Tarbes).
B. Soc. Amis Vieux Toulon...............	Bulletin de la Société des Amis du Vieux Toulon (Toulon).
B. Soc. Antiq. Normandie................	Bulletin de la Société des Antiquaires de Normandie (Caen).
B. Soc. Antiq. Ouest	Société des Antiquaires de l'Ouest. Bulletin (Poitiers).
B. Soc. archeol. hist. Nantes	Bulletin de la Société archéologique et historique de Nantes et de la Loire-Inférieure (Nantes).
B. Soc. Et. litt. sci. art. Lot.	Bulletin de la Société des Études littéraires, scientifiques et artistiques du Lot (Cahors).
B. Soc. Hist. Archéol. Gand..............	Bulletin de la Société d'Histoire et d'Archéologie de Gand (Gand).
B. Soc. hist. archéol. Langres	Bulletin de la Société historique et archéologique de Langres (Langres).
B. Soc. Hist. mod.......	Bulletin de la Société d'Histoire Moderne (Paris).
B. Soc. Nat. Archéol. Ain.	Bulletin de la Société des Naturalistes et des Archéologues de l'Ain (Bourg-en-Bresse).
B. Soc. Prof. Hist.......	Bulletin de la Société des Professeurs d'Histoire et de Géographie de l'Enseignement public (Paris).
B. Soc. sci. art Clamecy.	Bulletin de la Société scientifique et artistique de Clamecy (Clamecy).
B. Union Faulconnier..	Union Faulconnier. Bulletin (Dunkerque).
B. Union hist. archéol. Sud-Ouest..........	Bulletin de l'Union historique et archéologique du Sud-Ouest (Bordeaux).

Cal. hist. Soc. Quar......	California historical Society Quarterly (San-Francisco).
Cambridge hist. J.......	Cambridge historical Journal (London).
Carnet Sabretache.......	Carnet de la Sabretache (Paris).
Collectanea mechliniensia	Collectaneau mechliniensia (Malines).
Echos Orient	Echos d'Orient (Paris).
Eng. hist. R...........	English historical Review (London).
Et. francisc	Etudes franciscaines (Paris).
Et. italiennes	Etudes italiennes (Paris).
Europ. R..............	Europäische Revue (Stuttgart).
Flambeau..............	Le Flambeau (Bruxelles).
Grande R	Grande Revue (Paris).
Hist. Vjschr...........	Historische Vierteljahrschrift (Dresden).
Hist. Z	Historische Zeitschrift (München).
Isis	Isis (Bruges).
J. mod. Hist	Journal of modern History (Chicago).
J. Soc. Américanistes ...	Journal de la Société des Américanistes (Paris).
M. Acad. Dijon........	Mémoires de l'Académie des Sciences, Art et Belles-Lettres de Dijon (Dijon).
M. Doc. Acad. chablaisienne	Mémoires et Documents publiés par l'Académie chablaisienne (Thonon-les-Bains).
Mercure France........	Mercure de France (Paris).
Monde slave...........	Le Monde Slave (Paris).
Monspeliensia..........	Monspeliensia (Montpellier).
M. Soc. acad. Cherbourg.	Mémoires de la Société nationale académique de Cherbourg (Cherbourg).
M. Soc. éduenne........	Mémoires de la Société éduenne (Autun).
M. Soc. Emul. Cambrai.	Mémoires de la Société d'Emulation de Cambrai (Cambrai).
Nachrichtenbl. f. rhein. Heimatpflege........	Nachrichtenblatt für rheinische Heimatpflege.
New England Quar.....	New England Quarterly (Norwood, Mass).
Normannia	Normannia (Caen).
Ons Hémecht..........	Ons Hémecht (Luxembourg).
Posit. Ec. Chartres......	École nationale des Chartes. Position des thèses soutenues par les élèves pour obtenir le diplôme d'archiviste-paléographe (Paris).
R. africaine	Revue africaine (Alger).
R. Alsace	Revue d'Alsace (Delle).
R. apologétique	Revue apologétique (Paris).
R. Artillerie	Revue d'Artillerie (Paris).
R. Ascétique Mystique...	Revue d'Ascétique et de Mystique (Toulouse).
R. Auvergne	Revue d'Auvergne (Clermont-Ferrand).

R. belge Philol. Hist..... Revue belge de Philologie et d'Histoire (Bruxelles).
R. bénédictine .... Revue bénédictine (Maredsous).
R. Bibliothèques .... Revue des Bibliothèques (Paris).
R. Cercle Alumni Bruxelles.............. Revue du Cercle des Alumni de la Fondation Universitaire (Bruxelles).
R. Cours Conf .... Revue des Cours et Conférences (Paris).
R. Et. hist .... Revue dés Études historiques (Paris).
R. Et. hongroises....... Revue des Études hongroises (Paris).
R. Et. napoléoniennes... Revue des Études napoléoniennes (Paris).
Révol. franc. .... La Révolution française (Paris).
Révol. 1848 .... La Révolution de 1848 et les Révolutions du xixe siècle 1830-1848-1870 (Paris).
R. France............. Revue de France (Paris).
R. générale............ Revue générale (Bruxelles).
R. Génie milit .... Revue du Génie militaire (Paris).
Rhein. Vjbl............ Rheinische Vierteljahrsblätter (Bonn).
R. hist .... Revue historique (Paris).
R. hist. Bordeaux ...... Revue historique de Bordeaux et du Département de la Gironde (Bordeaux).
R. Hist. Col .... Revue d'Histoire des Colonies (Paris).
R. Hist. dipl........... Revue d'Histoire diplomatique (Paris).
R. hist. Droit .... Revue historique du Droit français et étranger (Paris).
R. Hist. ecclés......... Revue d'Histoire ecclésiastique (Louvain).
R. Hist. écon .... Revue d'Histoire économique et sociale (Paris).
R. Hist. Egl. France ... Revue d'Histoire de l'Église de France (Paris).
R. Hist. Guerre mond... Revue d'Histoire de la Guerre mondiale (Paris).
R. Hist. litt. France.... Revue d'Histoire littéraire de France (Paris).
R. Hist. Missions ...... Revue d'Histoire des Missions (Paris).
R. Hist. mod.......... Revue d'Histoire moderne (Paris).
R. Hist. Philos. relig ... Revue d'Histoire et de Philosophie religieuses (Paris).
R. hist. Sud-Est europ... Revue historique du Sud-Est européen (Bucarest-Paris).
R. hist. Toulouse....... Revue historique de Toulouse (Toulouse).
R. Jeunes............. Revue des Jeunes (Juvisy).
R. Mabillon........... Archives de la France monastique. Revue Mabillon (Abbaye de Saint-Martin de Ligugé).
R. Nord.............. Revue du Nord (Lille).
R. pol. .... Revue politique et parlementaire (Paris).
R. Quest. hist.......... Revue des Questions historiques (Paris).
R. savoisienne......... Revue savoisienne (Annecy).

R. Sci. pol .... Revue des Sciences politiques (Paris).
R. Synthèse .... Revue de Synthèse (Paris).
R. Univ. Bruxelles...... Revue de l'Université de Bruxelles (Bruxelles).
R. Univ. Lyon......... Revue de l'Université de Lyon (Lyon).
Wissen u. Wehr .... Wissen und Wehr (Berlin).
Z. f. osteurop. Gesch.... Zeitschrift für osteuropäische Geschichte (Königsberg i. Pr.).

ABRÉVIATIONS COURANTES

col..........	colonnes.	pl. h. t......	planches hors texte.
éd..........	édition.	portr...............	portraits.
fig.........	figures.	sér.................	série.
grav........	gravures.	t...................	tome.
p...........	pages.	vol	volume.

Les travaux publiés en 1934 ne portent pas d'indication de date. Le millésime 1933 est abrégé en 33.

Les bibliographies sont classées en tête des paragraphes.

TRAVAUX DE LANGUE FRANÇAISE CONSACRÉS A L'HISTOIRE DE FRANCE

A

GÉNÉRALITÉS ET SCIENCES AUXILIAIRES DE L'HISTOIRE

§ 1. Bibliographie historique générale. 1-16 *bis.* — § 2. Méthodologie historique et historiographie. 17-20. — § 3. Archives et Bibliothèques. 21-27. — § 4. Géographie historique. 28-30.

§ 1. Bibliographie historique générale.

a) Bibliographie rétrospective.

1. André (Louis). Les sources de l'histoire de France : xviie siècle (1610-1715). VII : Histoire économique. Histoire administrative. Paris, Picard, in-8, xx-452-7 p.

Chap. XII. Histoire économique : I. Ouvrages généraux, n°s 5489-5499. — II. Agriculture, n°s 5500-5562. — III. Industrie, n°s 5563-5870. — IV. Commerce, n°s 5871-6078.

Chap. XIII. Histoire administrative : I. Le pouvoir central, n°s 6079-6133. — II. Intendants, n°s 6164-6257. — III. Ordonnances, n°s 6258-6268. — IV. Justice, n°s 6269-6538. — V. Finances, n°s 6539-6708. — VI. Armée, n°s 6709-6842. — VII. Marine, n°s 6843-6903. — VIII. Bâtiments, n°s 6904-6912. — IX. Instruction, n°s 6913-7100. — X. Assistance, n°s 7101-7203. — XI. Misères et épidémies, émeutes et révoltes, n°s 7204-7310.

2. Calmon (Jean). Essai de bibliographie du département du Lot. Archéologie. Documents : Explorations, Flore, Géographie, Géologie, Histoire, Hydrologie, Monographies. Numismatique, Patois, Périodiques, Préhistoire. 1re Partie, fasc. 1, Albas-Comiac. Cahors, Impr. Coueslant, in-8, 208 p.

Cet « essai » comprendra 3 parties : 1º les choses; 2º les gens, 3º une table alphabétique. La majeure partie du premier fascicule

(p. 46-174) est consacrée à la bibliographie de Cahors. On s'étonne de l'absence, dans la liste des « Principales sources » placée en tête du volume, des répertoires bibliographiques de MM. Caron et Stein.

Cf. le n° 354.

b) Bibliographie courante.

3. Bibliographie. *R. Hisl. ecclés.*, t. 30, 551 p.

« Nous visons à renseigner les lecteurs sur les publications nouvelles (livres et articles de revues) intéressant l'histoire de l'Église. Lorsqu'un titre n'indique pas suffisamment la matière d'un ouvrage, nous l'accompagnons parfois d'une note entre crochets. Nous signalons aussi entre parenthèses les comptes rendus parus dans les revues dépouillées. » En fait, cette très riche bibliographie (10.578 numéros) contient beaucoup plus que l'histoire de l'Eglise. C'est une bibliographie générale, subdivisée comme suit : I. Sciences auxiliaires. — II. Publications de sources et critique de sources. — III. Travaux historiques proprement dits. (1. Histoire universelle. 2. Histoire générale par époques. 3. Histoire spéciale. [A. Histoire des institutions et du droit. B. Histoire des religions. C. Histoire de la liturgie et du culte. D. Vies de saints]. 4. Histoire des Églises particulières. Histoire locale. Histoire corporative).

4. [Bibliographie de l'histoire de la Région du Sud-Ouest. Livres et articles de périodiques.] *B. Union hist. archéol. Sud-Ouest*, 26ᵉ année.

5. Bibliographie lorraine. T. XI (1931-1932). Paris, Berger-Levrault, in-8, xii-327 p. (*A. Est*, fasc. 2).

A citer ici : II. Bibliographie. Sciences auxiliaires, par Pierre MAROT. — VI. Période moderne (1477-1789) par E. DUVERNOY. — VII. La Révolution et l'Empire (1789-1814) par F. BRAESCH. — VIII. La Lorraine de 1815 à nos jours, par A. GAIN. — X. Les parlers et la littérature populaire de la Lorraine, par Ch. BRUNEAU. — XI. Archéologie, Histoire de l'Art par P. MAROT. — Bibliographie présentée sous forme de bulletins critiques, contenant quelquefois des comptes rendus étendus.

6. [Bibliographie-titres (quelques analyses) d'ouvrages historiques de langue française.] *Annu. B. Soc. Hist. France*, p. 112-136, 150-172.

7. **Boudet (P.)** et **Bourgeois (R.).** Bibliographie de l'Indo-Chine française, t. II, 1927-1929 ; t. III, année 1930.

Paris, Agence économ. de l'Indo-Chine; Hanoï, Impr. d'Extrême-Orient, 2 vol. in-8, 240 p., 196 p. (Ecole franç. d'Extrême-Orient.)

Bibliographie bien conçue comprenant une liste alphabétique des rubriques et une table des noms d'auteurs, ainsi que les titres d'ouvrages parus dans les différentes langues indigènes de l'Indo-Chine.

8. Bulletin bibliographique et critique d'histoire de Normandie. *Normannia*, t. 7, p. 40-56, 145-159, 216-237.

9. **Caron (Pierre)** et **Stein (Henri)**. Répertoire bibliographique de l'histoire de France. T. 5, années 1928 et 1929. Paris, Picard, in-8, xvi-464 p.

7456 numéros. Le plan de classement est identique à celui des volumes précédents. La « Table des périodiques et de leurs abréviations » ne comporte que les périodiques nouveaux; pour les autres il faut se reporter à la table du volume précédent.

10. Chronique des Revues. *R. Quest. hist.*, t. 119, p. 672-678 ; t. 120, p. 129-136 ; t. 121, p. 148-151.

Dépouillement analytique de revues françaises et étrangères.

11. Chronique d'histoire régionale. *R. Hist. Egl. France*, t. 20, p. 141-163, 290-314, 508-530, 661-675.

Dépouillement analytique de périodiques régionaux.

12. Dépouillement chronologique et méthodique des Revues générales et locales. *R. Et. hist.*, t. 101, p. 127-148, 239-260, 391-405, 521-542.

13. **Grandin (A.)**. Bibliographie générale des Sciences juridiques, politiques, économiques et sociales, 7e suppl., année 1933. Paris, Recueil Sirey, in-8, 198 p.

Les sections qui rentrent dans le cadre de la présente Bibliographie sont : Histoire du droit (p. 5-12); Politique, Polémique, Histoire politique (1830-1933) (p. 47-50). — Bibliographie-titres d'ouvrages de langue française, munie d'une « Table alphabétique par ordre des matières » et d'une « Table alphabétique par noms d'auteurs ».

13 *bis*. Index bibliographique [Histoire de Bordeaux et du département de la Gironde]. *R. hist. Bordeaux*, t. 27, p. 45-48, 94-96, 140-144, 236-239.

14. International Bibliography of Historical Sciences. Fifth year 1930. Edited for the International Committee of Historical Sciences. Paris, Colin, in-8, cxii-516 p.

Les sections, entrant dans le cadre de la présente Bibliographie, qui rendront le plus de services et dont la consultation est indispensable, sont celles consacrées à l'histoire de la culture intellectuelle (Section M, n°s 4136 à 4598), à l'histoire économique et sociale (Section N, n°s 4599 à 5073) et à l'histoire des relations internationales (Section P, n°s 5196 à 6240).

15. **Olivier-Martin (Félix)** et **Besnier (Robert)**. Bulletin bibliographique d'histoire économique et juridique. Bibliographie courante, 1932 et 1933. *R. hist. Droit*, t. 13, p. 1-65.

Bibliographie-titres. « Le dépouillement des articles a été fait sur les périodiques les plus importants... et celui des livres a été fait dans la mesure du possible d'après les bibliographies générales ».

16. Périodiques français méridionaux. A. *Midi*, 46e année, p. 64-76, 170-182, 289-304, 411-424.

Dépouillement accompagné de courtes notes analytiques.

16 *bis*. Recueils périodiques et sociétés savantes. *R. hist.*, t. 173, p. 216-251, 425-445; t. 174, p. 149-177, 619-653.

Cf. les n°s 193 *bis*, 193 *ter*, 194 *bis*, 262, 263, 406 *bis*, 486.

§ 2. Méthodologie historique et historiographie.

17. **Febvre (Lucien)**. De 1892 à 1933. Examen de conscience d'une histoire et d'un historien. *R. Synthèse*, t. 7, p. 93-106.

Très vivant, suggestif.

18. **Mercier (Gustave)**. Essai sur le causalisme historique. *R. Synthèse*, t. 7, p. 7-28.

Etude riche en aperçus, qui intéressera les historiens soucieux des problèmes généraux et les philosophes parfois dédaigneux de l'histoire comme trop contingente et anecdotique.

M. Mercier confronte hardiment les faits historiques avec les faits purement physiques; il montre que dans les deux cas la causalité universelle et l'imprévisible sont en jeu, compliqués, pour les faits humains, par le rôle de l'effort et de la volonté. Mais le réel et le probable offrent un champ très limité, à l'égard du possible pur. — Il serre de près un exemple physique : comment une pièce jetée en l'air retombe-t-elle pile ou face? Il prend aussi, çà et là des exemples historiques, mais on eût aimé qu'il les poussât plus loin, et notamment, qu'il montrât tel fait bien choisi, tour à tour effet et cause, réalisant au cours des âges sa fécondité indéfinie. Les faits générateurs, quel que soit le mystère de leurs causes, — les grands hommes en particulier, — entrant *a posteriori* dans le cadre de la causalité.

L'auteur insiste avec raison sur le rôle des idées, vraies ou crues vraies, projetées comme croyances; il passe de là au postulat religieux de la causalité, qui aboutit au monothéisme et souvent à la révélation, demandée soit à des faits extérieurs, soit au fort sentiment d'une communion avec l'Etre, notamment dans les races sémitiques.

Selon les termes de l'auteur, il n'y a dans ces pages qu'une esquisse; mais celle-ci est très substantielle et mérite un examen attentif.

19. Ors (Eugenio d'). Métahistoire. I. La crise d'histoire. II. Une science de la culture. III. Subhistoire, histoire, culture. IV. Le Baroque, constante historique. *R. Quest. hist.*, t. 119, p. 398-408, 560-566 ; t. 120, p. 139-145 ; t. 121, p. 29-35.

Considérations plutôt nuageuses sur la philosophie ou plutôt sur la métaphysique de l'histoire.

20. Seignobos (Charles). Etudes de politique et d'histoire (Etudes réunies et bibliographie établie par J. Leta-connoux). Paris, Presses universitaires, in-8, xv-399 p. (Portr.)

Réunion, par les soins de M. Letaconnoux, et comme hommage à Ch. S. de ses articles épars et aujourd'hui peu accessibles (I. Méthode: La méthode psychologique en sociologie. Les conditions pratiques de la recherche des Causes dans le travail historique. — II. Enseignement: L'enseignement dans les Universités allemandes. L'enseignement de l'histoire comme instrument d'éducation politique. Le régime de l'enseignement supérieur des lettres. Analyse et critique. Ernest Lavisse. — III. Histoire: La séparation des pouvoirs, 1815-1915 (Du Congrès de Vienne à la guerre de 1914). L'inquiétude d'un Prussien intelligent. La nation lettone. L'Amour est-il une invention moderne? — IV. Politique: La politique internationale des partis en France. La situation électorale en France en 1902. La signification historique des élections françaises de 1928. Le sens des élections françaises de 1932. La répartition géographique des partis politiques en France. La chute des aristocraties en Europe centrale. Le régime représentatif et les dictatures. Que reste-t-il de vivant dans le marxisme?) D'intérêt naturellement inégal, ces contributions montrent combien diverse a été la curiosité de l'auteur.

Cf. le n° 408.

§ 3. Archives et Bibliothèques.

21. Catalogue des Manuscrits des anciennes Archives de l'Inde française. Karikal 1739-1815, t. IV et V publ. avec une introd. par Edmond GAUDART. Paris, Leroux, 33-34, 2 vol. in-8, xvi-352-xxix p., 342-xxiii p.

T. IV : comprend l'analyse de 1248 pièces, intéressantes par le détail de la vie commerciale et administrative de l'époque. Après les événements qui suivirent l'occupation de cette ville, achetée en 1739 au rajah de Tanjore, il se passa à Karikal peu de faits marquants, même pendant la Révolution.

T. V : comprenant 671 articles, dont 602 pour Mahé seulement (1783-1793), le tome V correspond aux deux premières guerres de Tippou-Sahib contre les Anglais et à la période révolutionnaire ; il nous révèle la mentalité du gouverneur Duprat et son influence sur les trois abandons successifs de notre établissement de Mahé.

22. **Coyecque (E.).** Les vieilles archives des notaires, source capitale d'information historique. *Mercure France*, t. 251, p. 37-53.

A l'occasion du dépôt, en vertu de la loi du 14 mars 1928, des minutes anciennes des notaires aux Archives Nationales : importance de cette catégorie de sources pour l'histoire économique et sociale, pour l'histoire des arts, pour la généalogie, etc.

23. **Fournier (Joseph).** Souvenirs et notes historiques (1576-1848) extraits des comptes rendus présentés à la Chambre de commerce. Marseille, Sémaphore de Marseille, in-8, 100 p.

Documents tirés des Archives de la Chambre de commerce de Marseille, source capitale pour l'histoire du commerce méditerranéen.

24. **Girard (Henri).** Histoire de la Bibliothèque Sainte-Geneviève. *R. Bibliothèques*, 33-34, t. 40, p. 5-33, 289-310.

Etude faite d'après les sources et mise au point des travaux antérieurs : compléter avec un article du même auteur, paru dans la *R. Bibliothèques*, 32, t. 39, p. 241 ss. Le tout présente un réel intérêt.

25. **Gouron (Marcel).** Archives départementales du Gard : Répertoire numérique des séries II C et Q. Nîmes, Chastanier frères et Alméras, in-4, viii-86 p.

Précédé d'une utile introduction, ce répertoire s'applique aux Domaines, enregistrement de timbres et registres à formalités, et constitue un instrument de travail de premier ordre pour l'histoire de la vente des biens nationaux.

26. Sabbe (Etienne). Les archives économiques. *Archiv. Bibl. Mus. Belgique*, t. 11, p. 7-33.

Etat actuel de la question dans les différents pays.

27. Porée (Charles) et **Forestier (Henri).** Archives départementales de l'Yonne : Répertoire numérique de la série B (anciennes juridictions.) Auxerre, L'Universelle, in-4, 352 p.

S'applique aux juridictions des bailliages d'Auxerre, Avallon et Auxois, et aux justices ressortissant des bailliages de Chaumont en Bassigny, Montargis, Gien et Troyes.

Cf. les nᵒˢ 228 *bis*, 392.

§ 4. Géographie historique.

28. Bibliographie géographique internationale, 1933 (XLIIIᵉ bibliographie annuelle). Publiée avec la collaboration de l'American geographical Society, du Comitato geografico nazionale italiano, de la Royal Geographical Society (London), de la Société belge d'études géographiques, de la Société royale de géographie d'Egypte, et avec le concours de la Fédération des Sociétés françaises de Sciences Naturelles sous la direction de Elicio COLIN. Paris, in-8, 644 p. (Association des géographes français.)

Bibliographie annotée. P. 7-23 : Histoire de la géographie. P. 24-34 : Géographie historique.

29. Chabot (M.). Géographes bourguignons du xviiiᵉ siècle. *M. Acad. Dijon*, année 1935, p. 78-88.

Cette étude, qui déborde d'ailleurs le cadre du xixᵉ siècle, puisqu'elle se termine sur les noms de A. Joanne et de Brunhes, montre qu'il n'y avait pas, au xviiiᵉ siècle, de géographie véritable ayant le sens de ce que deviendra cette science; au contraire on trouve dans l'esprit réaliste, la curiosité vive des choses de terroir, des éléments qui annoncent l'étude prochaine de la terre d'un point de vue à la fois plus humain et plus méthodiquement descriptif.

30. Rambert (G.). Marseille. La formation d'une grande cité moderne. Etude de géographie urbaine. Marseille, Maupetit, in-8, 536 p. (Ill., cartes.)

Intéresse l'historien par la description détaillée de l'évolution topographique de la ville. Si l'histoire économique tient la place importante qui lui revient, les renseignements donnés par l'auteur n'ajoutent cependant que peu de choses à ce que nous savons par l'*Encyclopédie des Bouches-du-Rhône*.

B

HISTOIRE PAR ÉPOQUES

§ **1.** Généralités. 31-32. — § **2.** De 1600 à 1715. 33-51. — § **3.** De 1715 à 1789. 52-59. — § **4.** De 1789 à 1815. 60-120. — § **5.** Depuis 1815. Généralités. 121-123. — § **6.** De 1815 à 1848. 124-134. — § **7.** De 1848 à 1852. 135-137. — § **8.** De 1852 à 1871. 138-148. — § **9.** De 1871 à 1914. 149-171.

§ **1. Généralités.**

31. Cavaignac (E.). Chronologie à l'usage des candidats aux examens d'histoire, 2e édit. refondue. Paris, Payot, in-8, 232 p. (Bibl. hist.)

Instrument de travail à utiliser avec grande réserve. N'évite aucun des défauts du genre.

32. Peuchet (J.). Les secrets de la police, de Louis XIV à Louis-Philippe. Paris, Nouvelle Revue française, in-16, 250 p.

Réédition d'un livre paru en 1830. Ce sont des extraits des archives de la police de Paris, mais très romancés et sans grande utilité. Agréable à lire.

§ **2. De 1600 à 1715.**

33. Bailly (Auguste). Richelieu. Paris, Fayard, in-8, 350 p. (Les grandes Et. hist.)

Ouvrage écrit avec talent, mais qui n'apporte aucun élément nouveau. Près d'une moitié du volume est consacrée à l'histoire du futur ministre avant le grand ministère. C'en est la partie la meilleure, parce que le sujet n'en a pas été renouvelé depuis les deux premiers volumes de Gabriel Hanotaux. Dans la seconde moitié du livre, l'auteur, qui n'a pas entrepris de recherches personnelles, s'en tient aux opinions consacrées. Il en est qui pourront être jugées contestables. L'ensemble donne pourtant de Richelieu une idée juste, modérée, et suppose, malgré l'absence de notes, une lecture abondante et très intelligemment interprétée.

34. Batiffol (Louis). Richelieu et le roi Louis XIII. Paris, Calmann-Lévy, in-16, 328 p.

On sait que M. Batiffol s'est intéressé depuis de longues années au règne de Louis XIII. Le volume présent conduit le lecteur jusqu'en 1631. Après un portrait du ministre, « le véritable cardinal de Richelieu », le roi, puis le récit de la conquête du second par le premier (prise de La Rochelle, Languedoc, Journée des Dupes). L'exposé est alerte, vivant, comme toujours. On sent à chaque ligne d'énormes lectures, et une grande familiarité avec l'époque; mais le cadre de la publication n'a pas permis, paraît-il, à l'auteur de citer ses références, et l'on n'a pas toujours, pour les problèmes diplomatiques et de haute politique, le sentiment que les dossiers du quai d'Orsay aient cédé encore tous leurs secrets.

35. Canestrier (Paul). Comment M. de Tessé prépara, en 1696, le traité de paix entre Louis XIV et Victor-Amédée II de Savoie. *R. Hist. dipl.*, t. 48, p. 370-392.

Bonne étude, d'après les Archives historiques du Ministère de la Guerre, les Archives du Ministère des Affaires étrangères et les Archives de Turin, de la négociation difficile que conduisit le comte de Tessé, et qui aboutit, malgré les perpétuelles « lanterneries » du duc de Savoie, au traité de paix de 1696.

36. Capot-Rey (R.). La politique française et le Maghreb méditerranéen (1643-1685). *R. africaine*, t. 75, p. 47-61, 175-217. [A suivre.]

Bonne étude, nette et précise, fondée sur une documentation large. Etude du problème de l'esclavage en Afrique, très intéressante.

37. Carré (Lieut.-col. Henri). La duchesse de Bourgogne. Une princesse de Savoie à la cour de Louis XIV, 1685-1712. Paris, Hachette, in-8, 245 p.

Appartient au genre de la vie romancée : n'apporte rien de nouveau et contient des erreurs.

38. Gaignebert (J.-B.). Vauban et Toulon. *B. Soc. Amis Vieux Toulon*, n° 41, p. 34-63.

Récit documenté de l'aménagement militaire de Toulon par Vauban, venant après un bref exposé des origines du port dont l'évolution aurait été déviée par Colbert et Vauban, qui ont fait admettre que Toulon « n'est, ne peut être et n'a jamais été qu'un port de guerre. »

39. Hauser (Henri). La prépondérance espagnole. Paris, Alcan, in-8, 596 p. (Peuples et Civilisations. Hist. générale, publ. sous la dir. de L. Halphen et Ph. Sagnac. Vol. IX.)

Manuel écrit par un spécialiste éminent, qui a su intégrer tous les éléments historiques de la période dans un cadre logique et vraiment organique. La meilleure mise au point dont l'étudiant dispose actuellement. La formule du travail ne lui permet pas naturellement d'aborder le détail; et, de ce chef, découlent certaines lacunes : certains développements, nécessairement brefs, planent en quelque sorte. Comme tous les ouvrages de la même collection, écrit de façon analytique. Mais M. H. a su éviter de donner l'impression du morcellement et du compartimentage. La partie finale, relative à l'histoire économique, est particulièrement intéressante.

40. Labougle (J.). Les Bigourdans au siège de Salses en Roussillon (1639). *B. Soc. acad. Hautes-Pyrénées*, 81e ann., p. 1-16.

Ne semble pas avoir ajouté grand chose à nos connaissances sur l'événement même : peut rendre des services par les indications onomastiques qu'il contient.

41. Lazard (P.). Vauban, 1633-1707. Préf. du général WEYGAND. Paris, Alcan, in-8, 600 p. (21 pl. h. t.)

Thèse de l'Université de Paris. L'auteur l'avait d'abord rédigée à l'occasion du troisième centenaire de la naissance de Vauban. La rédaction définitive, complétée et précisée sur bien des points, a néanmoins conservé, dans l'ensemble, sa forme primitive : la vie, l'activité, l'œuvre du maréchal y sont étudiées sous tous leurs aspects, sans que, dans aucune de ses parties, l'étude soit poussée à fond. Elle ne vise qu'à nous donner de Vauban une idée exacte et vivante. L'intérêt, pour les historiens, vient de ce que le colonel Lazard, qui appartient à l'arme du génie, a pu juger les travaux de Vauban en technicien averti. Il vient aussi de ce qu'il a pu se servir, non seulement des fameuses *Oisivetés* et de la Correspondance du maréchal, déjà publiée de 1897 à 1901, mais aussi des innombrables Mémoires et Traités manuscrits que conservent les Archives de la Section technique du Génie.

42. Lenoir (Madeleine). La deuxième ambassade à Rome de Philippe de Béthune, 1624-1630. *Posit. Ec. Chartes*, p. 99-108.

L'auteur étudie les principaux faits de 1624 à 1630 : questions de la Valteline et de la succession de Mantoue, de la dispense pour le mariage d'Henriette de France avec Charles d'Angleterre, des rapports du pape Urbain VIII avec la France.

43. Liagre (Ch.). Les hostilités dans la région de Lille, de 1641 à 1647, pendant la guerre de trente ans. *R. Nord*, t. 20, p. 111-130.

C'est un extrait d'un manuscrit sur l'*Abbaye de Loos et ses fermiers dans les Flandres, en Artois et en Hainaut*. L'auteur raconte, d'après les lettres d'un religieux de Loos à son abbé, les péripéties de la lutte entre Français et Espagnols : étude importante sur des faits qui n'étaient pas suffisamment connus.

44. Margue (N.). La politique d'expansion de Louis XIV. *Ons Hémecht*, p. 163-168.

Quelques réflexions sur l'œuvre de Louis XIV, en particulier sur sa politique au dehors, sans aucune portée documentaire.

45. Mercier (Henry). Un secret d'Etat sous Louis XIV et Louis XV. La double vie de Jérôme d'Erlach: Paris, La Bourdonnais, in-8, 245 p. (6 pl.)

Puysieulx, ayant appris que Jérôme d'Erlach, colonel commandant des troupes impériales cantonnées dans les villes de l'Alsace, s'était rendu coupable de bigamie, profita de cette information pour le contraindre à entrer secrètement au service de Louis XIV. Ce sont les renseignements fournis par d'Erlach qui permirent aux troupes françaises de remporter les victoires de Villars, Friedlingen, Stollhofen et Rumersheim. Le double jeu de d'Erlach ne fut jamais démasqué. L'auteur s'est fortement documenté, à Paris, dans les Archives du Quai d'Orsay, du Ministère de la Guerre, à la Bibliothèque nationale ; à Berne aux Archives d'État et à la Bibliothèque municipale. Son livre, exception faite de quelques jugements contestables sur la politique étrangère de Louis XIV, ne mérite que des éloges.

46. Romain (Colonel Charles). Louis XIII. Un grand roi méconnu (1601-1643). Paris, Hachette, in-8, 216 p.

L'auteur considère Louis XIII comme un roi de très grande valeur. Il nous convainc souvent. Cependant on sent trop la réaction constante contre la coutume qui voulait que Louis XIII ait été un médiocre souverain. Ouvrage original et bien documenté (pas de références précises).

47. Roujon (Jacques). Louvois et son maître. Paris, Grasset, 33, in-8, 406 p.

En réalité, histoire narrative et chronologique de la France depuis 1643 jusqu'à 1691 : utilisation seulement des sources publiées, et non des documents inédits : lecture agréable pour des lecteurs peu exigeants.

48. Tapié (Victor L.). La politique étrangère de la France et le début de la guerre de Trente ans (1616-1621). Paris, Presses universitaires, in-8, VIII-672 p. (Thèse Lettres, Paris.)

Etude d'une période à laquelle les historiens français ne se sont guère intéressés jusqu'ici, et qu'il faut connaître pour aborder les débuts de Richelieu au Ministère. L'ouvrage s'appuie sur une connaissance étendue des travaux des historiens tchèques (qu'il nous fait connaître) et sur un vaste dépouillement des Archives françaises. En dehors des documents inédits, l'auteur a consulté un grand nombre de documents imprimés, libelles, manifestes, pièces détachées de toute sorte, dont on trouvera à la Bibliographie une liste précieuse. Il a eu, d'autre part, le grand mérite de toujours tenir compte, pour expliquer les résolutions ou les résistances de Louis XIII, des événements intérieurs, qui seuls permettent de les comprendre. C'est la première fois que la politique étrangère des Brulart, et plus exactement du marquis de Puysieulx, est étudiée sans idée préconçue et rendue intelligible.

49. Vassal-Reig (Charles). La guerre en Roussillon sous Louis XIII (1635-1639). Préface de L. BATIFFOL. Paris, Ed. Occitania, in-8, 166 p. (Cartes, grav.).

Travail plus général que ne semble le comporter son titre. Il nous donne, en effet, sur la politique de Richelieu dans les affaires catalanes, des lumières nouvelles, et incidemment, sur la mentalité des chefs de l'armée française et sur l'indiscipline de leurs troupes, des précisions qui expliquent clairement l'échec militaire de l'expédition.

50. Weibull (Lauritz). Gustave-Adolphe et Richelieu. *R. hist.*, t. 174, p. 216-228.

L'auteur insiste surtout sur les difficultés que rencontrèrent dès l'abord et pendant toute leur durée les négociations entre Louis XIII et Gustave-Adolphe. Une alliance sincère avec la Suède était incompatible avec les ménagements que Richelieu gardait à l'égard de la Bavière, qu'il espérait maintenir dans la neutralité avec l'assentiment du roi de Suède. Gustave-Adolphe a fait en Allemagne sa propre politique.

51. Weygand (Général). Turenne. Paris, Plon, in-8, 233 p. (Grav.) (Coll. les Maîtres de l'Hist.)

Ouvrage de seconde main, écrit notamment d'après le travail de Picavet et où l'auteur a mis en œuvre des documents réunis par le général Bourelly. Rien en somme de nouveau. Passe sur certains points importants de la vie et de la pensée de Turenne.

Cf. les nᵒˢ 1, 284, 285, 384, 410, 420, 424, 426, 444.

§ 3. De 1715 à 1789.

52. Camon (Général). Maurice de Saxe, maréchal de France. Paris, Berger-Levrault, in-8, vii-156 p.

Insiste surtout sur les batailles de Fontenoy, Rocoux et Lawfeld. Ne rend pas toujours justice aux valeurs intellectuelles du grand tacticien qui fut le maréchal de Saxe.

53. Fauchier-Magnan (A.). Les Dubarry. Histoire d'une famille au xviiiᵉ siècle. Paris, Hachette, in-8, 446 p. (16 pl.)

Ouvrage de vulgarisation, appartenant à une collection qui n'offre pas souvent un intérêt historique. Il en est autrement de celui-ci qui est consacré plutôt à l'entourage de M. Dubarry qu'à la favorite et montre bien la vie d'une famille du xviiiᵉ siècle.

54. Fleury (Vicomte). Le secret du maréchal de Belle-Isle. Paris, Firmin-Didot, in-8, 402 p.

Etude de la participation du maréchal aux intrigues qui élevèrent l'Electeur de Bavière au trône de l'Empereur Charles VI, et récit détaillé de la fastueuse ambassade du maréchal à travers l'Allemagne. Belle-Isle mit tout en œuvre pour la réussite de ce projet insensé, mais fût-il le seul coupable?

55. Lenôtre (G.). Versailles au temps des rois. Paris, Grasset, in-16, 301 p. (Pl., portr.)

Suite de courts chapitres sans aucun lien dont la plupart sont consacrés à des événements déjà bien connus : mariage de Louis XIV, mariage du Dauphin, mort de Louis XV, etc. Versaillesr este constamment à l'arrière-plan. Ecrit dans un style familier, facile à lire mais peu utile et sans originalité.

56. Maugras (Gaston). Le duc de Lauzun et les dernières années de l'ancien régime. Paris, Plon, in-8, 320 p.

Récit agréable à lire mais très superficiel.

57. Salomon (Robert). Un aspect de la question d'Orient au xviiiᵉ siècle (juin 1782-janvier 1783). *R. Sci. pol.*, t. 57, p. 449-459.

Mentionne un certain nombre de documents des Archives du Quai d'Orsay, mais d'importance médiocre.

58. Vaillé (Eugène). Un scandale financier au XVIIIe siècle, l'affaire Billard d'après des documents inédits. Paris, Le Parlement et l'Opinion, in-8, 31 p.,

Contribution précise à l'histoire des baux des postes au XVIIIe siècle, établis par un des meilleurs spécialistes de l'histoire des postes.

59. Weelen (Jean-Edmond). Rochambeau. Préface de Gabriel HANOTAUX. Paris, Plon, in-16, 278 p. (Grav., cartes).

Biographie exacte et bien documentée (l'auteur a consulté les archives de la Guerre et a pu utiliser des papiers de la famille du maréchal) destinée au grand public.

Cf. les n°s 184, 429, 431, 440 *bis*, 451, 453, 456, 460 *bis*, 466, 469.

§ 4. De 1789 à 1815.

a) Généralités.

60. Aimé (Denyse). Du Pont de Nemours honnête-homme. Préface de Edouard HERRIOT. Edité par Philippe ORTIZ. Paris, Braun, in-16, 10 p.

Ouvrage superficiel, déparé par de nombreuses erreurs concernant l'histoire générale de la Révolution.

60 *bis*. Baud (J.). François Plagnat, administrateur et législateur chablaisien. *M. Doc. Acad. chablaisienne*, t. 41, p. 1-188.

Issu d'une famille notable des hautes vallées, l'avocat Plagnat, ayant reçu à Turin une bonne formation juridique, accueillit avec sympathie les idées de la Révolution à la veille de l'occupation française de la Savoie. Peu de ses compatriotes savoisiens ont occupé autant de fonctions publiques que lui de 1792 à 1804, dans l'ordre judiciaire et administratif; on retiendra celles d'Accusateur public près le Tribunal Criminel du Mont-Blanc, où il donna la mesure de sa pondération, de Procureur-Syndic, puis d'Agent-National du District de Thonon, enfin de Sous-Préfet de l'arrondissement de 1800 à 1804. Pendant tout l'Empire il siègera au Corps législatif comme député du Léman. Cette biographie d'un personnage de second plan est très inégale; elle apporte bien des précisions intéressantes sur le redressement opéré grâce à l'énergie de Plagnat dans le district de Thonon lors de la contre-offensive sarde de l'été de 1793 qui menaçait le Haut-Chablais en même temps que le Faucigny; mais trop souvent l'auteur en est réduit à étoffer son maigre sujet avec de larges citations empruntées à des histoires générales (*l'Histoire de la Nation Française* par exemple), et il se laisse entraîner à des digressions qui ne sont pas d'un historien de métier. Le chapitre consacré à l'Empire est particulièrement faible, bourré de généralités et de lieux communs, et n'apprend rien sur l'activité législative de Plagnat. Travail malgré tout utile, le personnel administratif autochtone des départements du Mont-Blanc et du Léman ayant été jusqu'à présent insuffisamment étudié.

61. Gruffy (Louis). La vie et l'œuvre juridique de Merlin de Douai. Paris, Duchemin, in-8, xi-303 p.

Thèse de droit, dont l'auteur a fait quelques sondages sur la carrière de Merlin, dans les fonds des Archives nationales. Il s'en faut, et de beaucoup, que la biographie politique et judiciaire de Merlin soit traitée comme elle le mérite. Il conviendrait, à cet effet, de situer le personnage dans le courant idéologique du xviiie siècle et dans les milieux politiques et administratifs de la Révolution, du Directoire et de l'Empire.

62. Lefebvre (Georges). Foules révolutionnaires. *A. Hist. Révol. franç.*, t. 11, p. 1-26.

Etude très nouvelle et originale sur la foule en temps de révolution et particulièrement en 1789. Très utile à l'étudiant et pouvant beaucoup aider à sa formation historique.

63. Marion (Marcel). Le brigandage pendant la Révolution. Paris, Plon, in-8, 253 p.

Ouvrage très documenté et très neuf. La présentation en est vivante. Et malgré la part d'exagération qu'on peut toujours redouter en ce genre de recherches et de documentation, il faut en tenir le plus grand compte désormais dans l'étude des phénomènes révolutionnaires.

64. Six (Georges). Dictionnaire biographique des généraux et amiraux français de la Révolution et de l'Empire (1792-1814). Préf. par le commandant André Lasseray. T. 1. A.-J. Paris, Georges Saffroy, in-8, xi-615 p.

Le meilleur ouvrage existant sur le sujet, mais arrêté à la première abdication de Napoléon. A consulter avec prudence pour les généraux étrangers au service de la République.

65. Soreau (Edmond). Les hommes de finance pendant la Révolution. *R. Et. hist.*, t. 101, p. 315-338.

C'est une énumération des principaux financiers qui ont joué un rôle durant cette période.

66. Vermale (François). Stendhal et la Révolution. *A. hist. Révol. franç.*, t. 11, p. 146-151.

Complément anecdotique à la biographie de Stendhal.

Cf. les n°s 382, 433, 470.

b) De 1789 à 1792.

67. Bouloiseau (M.). Les Comités de surveillance des arrondissements de Paris. *A. hist. Révol. franç.*, t. 11, p. 233-249. [A suivre.]

Etude fouillée et minutieuse des comités de surveillance. Travail d'érudition.

68. Cahiers de doléances des bailliages des généralités de Metz et de Nancy pour les Etats-généraux de 1789. 1re série : Département de Meurthe-et-Moselle. Tome IV. Cahiers du bailliage de Nancy, publiés par Jean GODFRIN (Collection de Documents inédits sur l'Histoire économique de la Révolution française publiés par le Ministère de l'instruction publique). Paris, Leroux, in-8, XLVI-514 p. (Carte.)

Travail extrêmement consciencieux et fouillé. Très utile comme les volumes précédents.

69. Ingrand (Henry). Le comité de salubrité de l'Assemblée nationale constituante. Paris, Rivière, in-8, 174 p.

Thèse de médecine, établie par un auteur consciencieux, qui a consulté aux Archives nationales les documents fondamentaux, mais ignore quelques éléments indispensables de la bibliographie du sujet. Les rapports entre les questions hygiéniques et les questions sociales (paupérisme) y sont abordés, mais sans les précisions qui conviendraient.

70. Jean (Charles). Le conventionnel J.-B. Lecarpentier. *M. Soc. acad. Cherbourg*, 1924-1933, p. 85-104..

Aucune indication de sources.

71. Lefebvre (Georges). Documents sur la Grande Peur de 1789. *A. hist. Révol. franç.*, p. 152-167.

Documents justificatifs du livre de M. Lefebvre sur cette question.

72. Lemoine (H.). L'origine du Club des Jacobins, d'après un document nouveau. *Révol. franç.*, t. 87, p. 17-28.

« Idée d'une Société des Amis de la Constitution ou de la Liberté » retrouvée dans les papiers du conventionnel de Kersaint (Archives départementales de Versailles). La pièce semble prouver que l'origine du Club des Jacobins remonte au 18 décembre 1789 et que son premier règlement est dû à Kersaint.

73. Marie-Antoinette et Barnave. Correspondance secrète (juillet 1791-janvier 1792). 1re édit. complète établie d'après les originaux par Alma SODERHJELM. Paris, Colin, in-8, ix-259 p. (Les Classiques de la Révolution française, publ. sous la dir. d'Albert Mathiez et Georges Lefebvre.)

Edition critique d'après les originaux. On sait l'importance de cette source documentaire. Toutefois il reste bien des points obscurs et, malgré la compétence de l'éditeur, certaines réserves sont opportunes.

74. Mathiez (Albert). Le lendemain du 10 août. *A. hist. Révol. franç.*, t. 11, p. 385-402.

Excellente étude, synthèse de premier ordre sur les événements qui ont suivi la chute de la royauté. Ce travail ne peut être ignoré de celui qui s'intéresse à la Révolution.

75. Maurel (Blanche). Un député de Saint-Domingue à la Constituante : J.-B. Gérard. *R. Hist. mod.*, t. 9, p. 227-252.

Travail important, parce que fait d'après de nombreuses sources inédites. Une des premières études qui nous permettent de comprendre l'évolution des milieux coloniaux au début de la Révolution. Gérard n'était pas un homme de premier plan; mais il semble avoir agi avec beaucoup de droiture et de désintéressement.

76. Nicolle (Paul). Les meurtres politiques d'août et septembre 1792, dans le département de l'Orne. *A. hist. Révol. franç.*, t. 11, p. 97-118, 212-232.

Etude de premier ordre sur l'effervescence qui a suivi la journée du 10 août et sa répercussion en province.

77. Pegg (Hamilton). Sentiments républicains dans la presse parisienne lors de la fuite du Roi. *A. hist. Révol. franç.*, t. 11, p. 435-445.

Cet article fournit quelques compléments aux livres d'Aulard.

78. **Perrenet**. Lettres bourguignonnes au début de la Révolution. *M. Acad. Dijon*, année 1933, p. 105-116.

Il s'agit de lettres adressées à J. B. Lagnier, né en 1792, et qui exploitait la forge de Bézouotte en 1792. Les principaux correspondants sont : Coüad qui fut en relation avec les frères Desgranges et avec Beaumarchais pour les papeteries d'Arches et l'édition de Voltaire entreprise par le célèbre aventurier, Calley, dont une lettre du 18 juillet 1789 contient sur l'état de Paris à cette date des renseignements intéressants.

Cf. le n° 449.

c) De 1793 à 1795.

79. **Barthélemy (D.)**. Un soldat de l'armée de Marat : Etienne Gosse. *B. Soc. archéol. hist. Nantes*, t. 73 (année 1933), p. 207-220.

Donne quelques renseignements sur la Compagnie Marat, qui fut organisée à Nantes, sous le proconsulat de Carrier. S'attache particulièrement à l'un des soldats, Gosse, dans lequel il croit reconnaître l'homme de lettres contemporain.

80. **Dhotel (Dr Yves)**. Joseph le Bon ou Arras sous la Terreur. Essai sur la psychose révolutionnaire. Préface du professeur Laignel-Lavastine. Paris, Hippocrate, in-8, 206 p. (Ill.)

Après la biographie très poussée qui a été consacrée à Le Bon par L. Jacob [cf. n° 83] les historiens ne retiendront de cette thèse de médecine que quelques renseignements sur le « portrait physique » l' « excitation constitutionnelle » et l' « hypomanie du conventionnel ». « Le mécanisme psychique [de Le Bon] est particulièrement touché de juillet 93 à juillet 94. Sa tendance à la manie, jusqu'alors latente, s'accroît de plus en plus pour aboutir, en juin 94, à un véritable paroxysme. » (p. 79).

81. **Eude (Michel)**. La commune robespierriste (suite). *A. Hist. Révol. franç.*, t. 11, p. 321-347, 528-556. [A suivre.]

Excellente étude d'érudition sur la Commune de Paris.

82. **Hérissay (J.)**. L'assassinat de Le Peletier de Saint-Fargeau. Paris, E. Paul, in-8, 122 p.

L'auteur a utilisé consciencieusement les dossiers des Archives nationales. Son livre nous donne un exposé à peu près complet sur le sujet. Il examine en détail, sans conclure cependant, la question controversée si l'homme qui se suicida à Forges-les-Eaux le 29 janvier et qui fut identifié comme l'assassin de Le Pelletier était véritablement l'ex-garde du corps Paris.

83. Jacob (Louis). Joseph Le Bon. 1765-1795. La terreur à la frontière (Nord et Pas-de-Calais). Paris, Mellottée, 2 vol. in-8, 358 p., 392 p. (Pl.) (Thèse Lettres Paris, 34.)

Excellente étude biographique de Le Bon, basée sur un dépouillement complet de ses papiers personnels aux Archives nationales et sur l'examen de nombreux documents des Archives départementales du Pas-de-Calais. C'est une contribution solide non seulement à l'histoire de la terreur à la frontière du nord en 1793 et 1794, mais aussi à l'étude de tout le gouvernement révolutionnaire. L'ouvrage est remarquablement présenté.

83 *bis*. Jacob (Louis). La défense du conventionnel Le Bon présentée par lui-même. Paris, Mellottée, in-8, 134 p.

Lettres écrites par Le Bon pendant sa détention, adressées à la Convention ou à des particuliers comme Courtois et Guffroy.

84. Les actes du gouvernement révolutionnaire (23 avril 1793-27 juillet 1794). Recueil de documents réunis par Augustin COCHIN et publiés pour la Société de l'Histoire de France. (Série postérieure à 1789) par Michel de BOUARD. Tome II (4 décembre 1793-31 mars 1794). Paris, Champion, in-8, 11-554 p.

« Le tome I..... a paru en 1920, sous les auspices de la Société d'histoire contemporaine dont l'héritière, la Société de l'histoire de France, présente aujourd'hui le tome II. De celui-ci, la plus grande partie avait été préparée par Augustin Cochin lui-même, à la veille de la guerre. Pour le reste, le nouvel éditeur s'est attaché avec le plus grand soin à suivre les directives données dans la préface au tome I. Et si un long intervalle sépare, dans le temps, les deux volumes, une identité absolue de méthode les unit. »

85. Richard (Antoine). L'armée des Pyrénées-Orientales et les représentants en Espagne (1794-1795). *A. hist. Révol. franç.*, t. 11, p. 302-322.

Très bon travail sur les conditions de l'arrière et sur l'œuvre des représentants en mission dans cette région.

86. Vermale (F.). La mission de Gauthier (de l'Ain) dans les Hautes et Basses-Alpes après le 9 Thermidor. *A. hist. Révol. franç.*, t. 11, p. 193-211.

Bonne étude sur la période thermidorienne en province.

Cf. le n° 467.

d) De 1795 à 1804.

87. Barante (Prosper de). Notes du comte Armand de Saint-Priest sur le séjour du roi Louis XVIII à Mittau (1798-1800). *R. Hist. dipl.*, t. 48, p. 21-46, 180-202.

Donne des renseignements curieux sur la vie à la cour de Mittau, des épisodes comme le mariage de Mme Royale (notamment la question de la dot et des ressources du comte et de la comtesse de Provence), mais peu à retenir au sujet des grands événements historiques. A noter cependant le passage très sévère sur Blacas.

88. Herlaut (Colonel). La vie politique de Villain d'Aubigny, adjoint de Bouchotte. *A. hist. Révol. franç.*, t. 11, p. 50-75.

Excellente étude sur un personnage assez mal connu qui a joué un rôle important. Travail d'érudition.

89. Koung (Y.). Théories constitutionnelles de Siéyès. Préface de JOSEPH-BARTHÉLEMY. Paris, Recueil Sirey, in-8, x-150 p.

Thèse de droit très superficielle. Les articles capitaux de Mathiez et de Pariset n'ont pas été consultés. Les historiens trouveront tout au plus dans ce livre un résumé des principaux ouvrages de Siéyès.

90. Mathiez (Albert). Le Directoire, du 11 brumaire an IV au 18 fructidor an V (publié d'après les manuscrits de l'auteur par J. GODECHOT). Paris, Colin, in-8, VII-391 p.

Ce volume est en somme la publication du manuscrit préparé par Mathiez, car l'éditeur, son fidèle disciple, s'est défendu d'y toucher. De là, deux effets contradictoires, Mathiez ayant préparé les chapitres de son futur ouvrage à des dates diverses, le texte est souvent dépassé par la bibliographie présente. D'autre part, il garde son intérêt comme expression de la pensée de l'auteur. On retiendra surtout l'interprétation du rôle et de la pensée de Babeuf.

91. Mémoires du général baron d'Hastrel (1766-1846), publiés par M. le baron d'Hastrel. *Carnet Sabretache*, 33, p. 1-

22, 140-149, 222-444, 295-305, 405-420; 34, p. 29-32, 84-90, 188-201, 244-253, 364-376.

Souvenirs d'un officier de l'Ancien Régime, qui conquit successivement tous ses grades et devint en 1811, général de division et directeur de la conscription. Il était le beau-frère du général Clarke, duc de Feltre. Ces mémoires sont particulièrement intéressants pour les campagnes sur le Rhin de la Première République.

92. Schnerb (Robert). La dépression économique sous le Directoire après la disparition du papier monnaie. *A. hist. Révol. franç.*, t. 11, p. 27-49.

Article très neuf sur la déflation qui a suivi la fin du papier-monnaie. Travail utile au spécialiste de la question économique.

92 *bis*. Schnerb (Robert). Les lois de Ventôse et leur application dans le département du Puy-de-Dôme. *A. hist. Révol. franç.*, t. 11, p. 402-434.

Excellent article complétant les études de Mathiez sur ce sujet et faisant connaître leur application en province. Travail indispensable à l'historien de la révolution.

Cf. les nᵒˢ 186, 455.

e) Émigration et guerres de Vendée.

93. Andigné (Marquis d'). La vie aventureuse du général d'Andigné. A travers la Chouannerie. Paris, Editions de France, in-8, 312 p. (Portr.).

Récit d'une lecture agréable. Nous restitue un peu de l'atmosphère de la Chouannerie.

94. Gouyon (Comte de). Révolution et Chouannerie au Pays de Redon. Rennes, Plihon, in-16, 318 p. (1 carte.)

Bien que l'auteur présente son travail comme fondé sur un dépouillement d'archives locales, il ne donne aucune référence. Ceci, augmenté d'une hostilité déclarée à l'égard de la Révolution incite à la méfiance.

95. Pommeret (Henri). La seconde chouannerie dans les Côtes-du-Nord, juin 1795-juillet 1796. Saint-Brieuc, Les Presses bretonnes, in-8, 49 p. (Extrait des *B. M. Soc. Emul. Côtes-du-Nord*).

Etude bien documentée et impartiale qui retrace un tableau vivant du banditisme des chouans, des excès commis par l'armée rouge opérant dans les Côtes-du-Nord. Après la soumission des insurgés, la politique pacificatrice du Directoire rétablit le calme.

96. Saùlx-Tavannes (Duchesse de). Sur les routes de l'émigration. Mémoires de la Duchesse de Saulx-Tavanes (1791-1806). Publ. avec une introduction et des notes par le marquis de Valous. Paris, Calmann-Lévy, in-16, 180 p. (Nouv. Coll. hist.)

La duchesse de Saulx-Tavannes, apparentée aux plus notables familles de la Cour, ne connut de l'émigration que les aspects les plus brillants. Elle séjourna surtout en Russie en 1795 et 1796, mais elle rentra en France, dès que le Directoire négligent renonça à poursuivre les émigrés de retour. Elle put ainsi empêcher la vente de ses biens et, à partir du Consulat, elle vécut dans ses terres à peu près comme sous l'ancien régime.

f) Provinces et villes pendant la Révolution.

97. Gorriol (J.). Les cantons de Volonne et de Château-Arnoux pendant la Grande Révolution. Forcalquier, A. Regnaud, in-8, 246 p. (Fig.)

98. Forado-Cunéo (Y.). Les ateliers de la Charité de Paris pendant la Révolution française. 1789-1791. *Révol. franç.*, t. 86, p. 34, t. 87, p. 29-61, 103-123.

« Les ateliers de charité...n'eurent jamais...le caractère socialiste des ateliers nationaux de 1848. Ils ne furent pas non plus une sauvegarde contre la mendicité et les forces vagabondes du système social, mais une mesure philanthropique inspirée par l'idéologie des hommes de 1789... C'est pour avoir été fortement influencés par les événements que les ateliers de la Révolution dépassent l'histoire proprement dite de l'assistance, pour faire partie de l'histoire politique de Paris. Leurs 30.000 hommes toujours en effervescence ont peu à peu, préparé l'état d'esprit des journées révolutionnaires. »

99. Ginsburger (Ernest). Le Comité de surveillance de Jean-Jacques Rousseau. Saint-Esprit-les-Bayonne. Procès-verbaux et correspondance, 11 octobre 1793-, 30 fructidor an II. Avec préface de René Cuzacq (Tableau inédit de l'histoire des Juifs de Saint-Esprit pendant la Révolution française). Paris, Lipschutz, in-8, 338 p.

g) Napoléon Ier.

100. Le Gallo (E.). Carnot et Napoléon pendant les Cent-Jours. *R. Et. napoléoniennes*, t. 38, p. 65-83.

Très importantes et curieuses précisions sur le dernier rapprochement de ces deux hommes illustres à des titres si divers mais qu'animent tous deux un ardent amour de la France et le souci de son indépendance et de sa grandeur, assez fort, chez l'ancien Montagnard, pour lui faire oublier les atteintes portées par l'Empereur à la liberté de sa patrie et pour faire renaître entre eux l'estime et la confiance mutuelles ayant régné entre eux aux premiers temps du Directoire.

101. Lévy-Schneider (L.). Les Mémoires du général de Caulaincourt, duc de Vicence, grand Ecuyer de l'empereur. *R. hist.*, t. 173, p. 342-356.

102. Lévy-Schneider (L.). Questions de méthode à propos des témoignages de Caulaincourt sur Napoléon. *R. Synthèse*, t. 7, p. 107-114.

« Les Mémoires de Caulaincourt nous permettent de poser à nouveau les deux questions de méthodes : 1° à côté et au-dessus de ceux qu'on appelle prétentieusement des surhommes, des hommes providentiels, des personnages subalternes n'ont-ils pas eu à certains moments, dans des circonstances déterminées, une influence décisive, n'ont-ils pas pris des résolutions qui ont agi de façon irrémédiable sur le souverain, le pays, le monde même. Et c'est le cas pour Caulaincourt dans l'ombre de Napoléon. 2° S'il est relativement facile d'expliquer la chute d'un chef d'État, d'un régime, par la victoire, diplomatique ou autre, remportée sur lui avec la complicité de traîtres notoires, par un grand adversaire, comment caractériser la part de responsabilité, dans sa défaite, d'un conseiller qui l'a desservi par trop d'honnêteté, de conscience, et pour avoir voulu lui faire cultiver des vertus et pratiquer des principes très contraires à son caractère, à ses projets? Dans la ruine de Napoléon, l'intervention d'un Talleyrand, d'un Fouché est simple à signaler, à apprécier. Celle d'un Caulaincourt, qui participe des apparences de la carence, de la maladresse, peut bien au contraire avoir été inspirée par le dévouement; mais elle demeure singulièrement énigmatique, elle est de nature à susciter des controverses, des polémiques angoissantes. » « En tout cas les natures de ce genre sont les plus impénétrables pour l'historien. Comment apprécier la part qu'ils ont eue dans la destinée de leur maître et par suite dans le sort de leur patrie? Il y a là une énigme probablement impossible à résoudre et un procès en matière de responsabilité ouvert à des révisions indéfinies. »

103. Madelin (Louis). Napoléon. Paris, Dunod, in-16, 450 p.

Refonte du livre *Le Consulat et l'Empire*, publié en 1932 et 1933 chez Hachette. Ni bibliographie ni références. Nombreuses erreurs de faits et de dates.

104. Napoléon à bord du « Bellérophon ». Trad. de Henry BORJANE. Paris, Plon, in-16, x-216 p.

Contient : les relations du capitaine Maitland et de l'aspirant George Home, respectivement commandant et officier du *Bellérophon*, du séjour de Napoléon à bord de ce vaisseau, le récit du commissaire Feillet sur le séjour de l'empereur à Rochefort, quelques autres documents sur la même période. La première traduction française du récit de Maitland a paru en 1826; mais il n'y avait pas jusqu'ici de traduction française du texte de Home, d'où l'intérêt de cette édition.

105. Sainte-Croix de la Roncière. Joséphine, Impératrice des Français, reine d'Italie. Paris, chez l'Auteur, in-8, 476 p. (Ill.) (Grandes Figures coloniales.)

L'auteur a pour Joséphine une vive admiration qu'il est difficile de partager. Il affirme que « sa mémoire restera éternellement un bienfait pour le commun des mortels ». Cependant l'ouvrage bien présenté, richement illustré, se lit avec plaisir.

Cf. les nᵒˢ 403, 404, 441, 454.

h) De 1804 à 1815.

106. Courtois (C.). Justification de la conduite du Maréchal Marmont dans les événements de mars-avril 1814. *M. Acad. Dijon*, année 1933, p. 125-140.

Aucune référence, aucun document nouveau.

107. Dupont (Marcel). Murat, cavalier, maréchal de France, prince et roi. Paris, Hachette, in-8, 350 p. (Figures du passé.)

Livre pour le grand public mais intéressant. L'auteur met en relief le courage et l'ambition irraisonnée de Murat, qui nous apparaît comme un personnage médiocre que les circonstances ont servi. Ni références, ni index.

108. Fahmy (Scandar). Lá France en 1814 et le gouvernement provisoire. Paris, Nizet et Bastard, in-8, XXIII-305 p.

Ouvrage médiocre, mal composé, plus mal rédigé encore. L'auteur cherche à démontrer que les Bourbons n'ont pas été ramenés par les Alliés, mais par la volonté de quelques hommes « qui menèrent comme ils le voulurent une masse amorphe, inerte, indifférente ». Étude dénuée de toute originalité.

109. Guitard (Joseph-Esprit-Florentin). Les campagnes militaires de Napoléon. Souvenirs militaires du premier Empire. Mémoires du grenadier de la garde Joseph-Esprit-Florentin Guitard 1809-1815, publ. par E.-H. GUITARD. Paris, Guitard, in-16, 62 p.

Ce Guitard, qui ne fut jamais « grenadier de la garde », mais simplement soldat dans la Jeune Garde, puis caporal au régiment de Walcheren fait, dans son court memento, quelques remarques curieuses sur les petits côtés du métier militaire.

110. Lefebvre de Behaine (Commandant). La campagne de France. II. La défense de la ligne du Rhin, nov. 1813 à janvier 1814. III. L'invasion, décembre 1813-janvier 1814. Paris, Perrin, 2 vol. in-8, 544 p., 500 p.

Ouvrage publié depuis la mort du commandant Lefebvre de Béhaine, où l'on retrouve la documentation excellente et l'esprit objectif du premier volume. Dans les conditions où se trouvaient les places de guerre, le matériel et les hommes, la défense de la frontière était pratiquement impossible.

111. Leproux (M.). Le général Dupont, 1765-1840. Paris, Berger-Levrault, in-8, 456 p. (Grav., cartes.)

Écrit après un sérieux dépouillement d'archives, mais dans l'intention visible de « reprendre » l'affaire de Baylen, l'auteur absout avec raison Dupont du reproche de lâcheté qui lui fut fait très injustement. Quant à son manque présumé d'habileté manœuvrière, il ne faut pas oublier que le général Dupont était blessé lorsqu'il donna les derniers ordres, qu'il appréhendait par dessus tout l'irritation de l'Empereur (ce qui augmenta son désarroi moral), que son armée mal composée, était, de plus, épuisée, et qu'enfin son second, le général Vedel, ne fit aucun effort particulier pour sauver la situation. Une bonne bibliographie de la question termine l'ouvrage.

112. Mansuy (Abel). Carnot à Varsovie après les Cent-jours, janv.-août 1816. *R. Ét. napoléoniennes*, t. 38, p. 129-159.

Très intéressant récit du voyage et du séjour de Carnot, proscrit par la seconde Restauration, à Varsovie, où il est possible qu'il soit venu sonder le Vice-roi de la Pologne, momentanément et partiellement reconstituée, sur son avènement souhaité, en haine des Bourbons, par les libéraux français, au trône de Louis XVIII. Le grand duc Constantin aurait laissé l'ancien Conventionnel, au cours de quelques entretiens, exposer son idée, pour la communiquer à son frère Alexandre Ier, qui n'y donna aucune suite. Après quelques mois de résidence dans la capitale polonaise, Carnot, comprenant qu'il n'y était pas vu d'un très bon œil, sollicita du gouvernement prussien l'autorisation d'aller s'établir à Berlin, qui lui fut refusée; mais on lui donna la permission de résider à Magdebourg où il mourut en exil quelques années après.

113. Marchand (Jean). Un ambassadeur de Napoléon : le Comte Alexandre de La Rochefoucauld (1767-1841). *R. Hist. dipl.*, t. 48, p. 217-230.

Cet ambassadeur ne paraît pas avoir eu « la cote » et la note qui le concerne, quoique puisée aux sources originales, n'ajoute rien d'utile à nos connaissances.

114. Nouguier (Charles). Un régiment saxon en Rhénanie en 1810. *Alsace franç.*, t. 27, p. 4-6.

Envoyé en Rhénanie, ce régiment dit « des princes de Saxe » donna lieu immédiatement à des plaintes relatives à ses exigences et à sa mauvaise conduite, qui, selon ses chefs, provenaient surtout du retard apporté au payement de la solde.

115. Thiry (Jean). Jean-Jacques Régis de Cambacérès, archichancelier d'empire. Paris, Berger-Levrault, in-8, 288 p.

Sans valeur historique sérieuse.

Cf. les n°s 407, 442, 452, 457.

i) Pays étrangers soumis à la domination française.

116. Blumer (M. L.). La commission pour la recherche des objets de sciences et arts en Italie (1796-1797). *Révol. franç.*, t. 87, p. 62-88, 124-150, 222-259.

Travail solide, établi d'après des sources d'archives, sur les réquisitions « intellectuelles » opérées pendant les campagnes d'Italie. Le problème des responsabilités (ordre du Directoire, initiative de Bonaparte) reste encore à débattre.

117. Blumer (Marie-Louise). La mission de Denon en Italie (1811). *R. Ét. napoléoniennes*, t. 39, p. 237-257.

Par un décret signé à Saint-Cloud le 13 septembre 1810, Napoléon supprimait tous les couvents d'hommes et de femmes dans les départements de l'Italie du Nord-Ouest, région alors réunie à la France et prescrivait l'examen de tous les objets d'art qu'ils pouvaient renfermer, pour faire choix des meilleurs et les envoyer grossir les collections du Musée Napoléon. Le directeur de ce dernier, Vivant Denon, fut chargé de cette mission dont il s'acquitta avec son zèle et sa compétence ordinaires, à la grande satisfaction de l'Empereur. Les tableaux, notamment, formèrent le premier noyau du fonds des primitifs italiens du Musée du Louvre que devait compléter, sous le second Empire, l'achat de la collection Campana, bien moins riche d'ailleurs que la récolte de Denon. Il peut être considéré comme le véritable fondateur de l'incomparable collection de peinture italienne primitive de ce Musée.

118. Bouteville. Correspondance, t. II, publiée par E. HUBERT et C. TIHON. Bruxelles, Lamertin, in-4, 601 p. (Académie royale de Belgique. Commission royale d'Histoire.)

Ce volume contient un choix de plus de 250 lettres de Bouteville (du 4 vendémiaire an I à pluviôse an V, fin de sa mission). Les autorités étant déjà plus ou moins constituées, on y trouve l'écho des difficultés auxquelles se heurte Bouteville dans l'introduction et l'application, dans les 9 départements, des lois françaises. Les difficultés financières forment l'obstacle le plus sérieux. Mine inépuisable de renseignements, cette publication constitue un excellent point de départ pour l'étude de l'œuvre et de la personnalité de Bouteville.

119. Hess (Jos.). Les tribulations d'un agent républicain, sous le régime du Directoire. *Ons Hémechl*, t. 40, p. 97-103.

Extraits de la correspondance échangée entre l'agent municipal du canton d'Ospern (canton actuel de Redange) Seiquier et les membres de l'administration du Département des Forêts. On y retrouve les thèmes habituels : résistance rencontrée dans l'acceptation des postes (à signaler l'obstacle de la langue), les doléances au point de vue du payement, plaintes au sujet du brigandage, etc. Pièces extraites des Archives du Gouvernement à Luxembourg, Régime français, fardes 672-674. Intérêt restreint.

120. Tassier (Suzanne). Les Belges et la Révolution française, 1789-1793. *R. Univ. Bruxelles*, t. 39, p. 452-470.

Ouvrage important d'une érudite qui a travaillé dans les principaux dépôts d'archives de Belgique et de France. Etudie la genèse de l'intervention française en Belgique, souhaitée par une partie des patriotes, et réalisée surtout grâce à Dumouriez et Lebrun. Montre comment la Belgique, bien que travaillée depuis longtemps par les idées libérales, n'avait pas encore assez évolué pour accepter facilement l'installation d'un gouvernement et d'une législation jacobins, ce qu'avait bien compris Dumouriez. Montre comment se sont passées les élections en Belgique, et souligne les mérites des représentants locaux élus, qui ont tâché de créer un gouvernement indépendant et national. Mais ils n'ont pas été les maîtres des choses.

Cf. les nos 388, 394, 491, 496, 511, 512, 516, 517.

§ 5. Depuis 1815. Généralités.

121. Guyot (Raymond). Bulletin historique. Histoire de France (1815-1914). *R. hist.*, t. 174, p. 240-269.

—————

122. Bainville (Jacques). Histoire de trois générations avec un épilogue pour la quatrième. Paris, Fayard, in-16, 253 p. (Les Grandes Etudes historiques.)

Des idées intéressantes mais aussi de nombreuses affirmations contestables. L'auteur paraît ignorer certains travaux récents, par exemple ceux relatifs à la politique extérieure de Napoléon III.

123. Degouy (Amiral). Les relations anglo-françaises de 1815 à 1934. *R. pol.*, t. 160, p. 458-474; t. 161, p. 109-121, 312-322.

C'est un résumé précis et correct (sans rien de nouveau) des rapports entre les deux pays pendant cette longue période.

Cf. le n° 430.

§ 6. De 1815 à 1848.

124. Avezou (R.). La Savoie depuis les réformes de Charles-Albert jusqu'à l'annexion de la France. Chambéry, Impr. Chambérienne, in-8, 377 p. (Pl.) (Mém. et Doc. de la Soc. savoisienne d'hist. et d'archéol.)

L'archiviste de la Haute-Savoie publie dans ce volume une série de leçons faites par lui à l'Ecole supérieure de Chambéry. Le récit est vivant, intéressant, nourri de citations empruntées aux journaux savoisiens du temps. En 1848 le parti conservateur ne voulait point de l'annexion à la France, le parti démocrate la désirait; en 1860, ce fut exactement le contraire.

125. Baldensperger (F.). Une affaire franco-allemande de presse en 1820 : le « Patriote alsacien » et la Diète de Francfort. *Alsace franç.*, t. 28, p. 741-744.

Le *Patriote Alsacien* ayant fait allusion (9 janvier) à ce manque de liberté dont jouissait la presse outre Rhin, la Diète protesta. Le gouvernement français, saisi de l'incident, laissa traîner sa réponse; et le meurtre du duc de Berry permit d'écarter des actes particuliers grâce à l'annonce de mesures générales. M. B. commente l'incident avec sa clarté et son talent ordinaires.

126. Deborde de Montcorin (Em.). Un collaborateur de Joseph Michaud au journal « La Quotidienne « sous la Restauration: Pierre-Sébastien Laurentie (1817-1830): *R. Et. hist.*, p. 339-346.

Etude assez superficielle, faite surtout d'après ses « Souvenirs », de l'activité journalistique de Laurentie et de ses rapports avec le gouvernement. N'apporte aucune précision nouvelle.

127. Delobel (J.-L.). Un département français sous la Monarchie de juillet. *R. Sci. pol.*, 49e ann., t. 57, p. 603-616.

A propos de l'ouvrage de L'HOMMEDÉ: *Un département français sous la monarchie de juillet : le Conseil général de la Manche et Alexis de Tocqueville*, [Cf. Bibliographie critique, 1932-1933, p. 86].

128. Dupuis (Charles). La Sainte Alliance et le Directoire européen de 1815 à 1818. *R. hist. dipl.*, 48e ann. p. 265-292, 436-469.

Etude précise et, dans l'ensemble, correcte de la question; mais la bibliographie des notes est tout à fait insuffisante : ne cite notamment ni l'ouvrage de Webster sur Castlereagh, ni celui de Buckle, ni celui de Srbik.

129. Huisman (Michel). Quelques dessous de la Conférence de Londres. Talleyrand a-t-il trafiqué de son influence? *R. Hist. mod.*, t. 9, p. 297-316.

Etude très originale fondée sur des recherches aux Archives de la maison royale de Hollande. Démontre que Talleyrand a reçu de l'argent pour défendre les intérêts des Pays-Bas, et qu'il a su, en conséquence, faire imposer à la Belgique des sacrifices excessifs.

130. Lacour-Gayet (G.). Talleyrand 1754-1838. T. IV. Mélanges. Paris, Payot, in-8, 350 p. (Pl.) (Bibl. hist.).

Utile complément du grand ouvrage en trois volumes consacré par M. Lacour-Gayet à l'illustre et peu scrupuleux diplomate.

131. Ponteil (Félix). Les israélites français et la Suisse sous Louis-Philippe. *R. pol.*, t. 158, p. 304-325.

Pose le problème de l'établissement des étrangers, notamment des Français, dans la Confédération; puis étudie, à l'aide de textes abondants, le litige juridique franco-suisse provoqué par l'attitude du canton de Bâle-Campagne à l'égard des Israélites français, sous la Monarchie de juillet.

132. Novotny (Ant.). Sur le séjour de Charles X à Prague. *Monde slave*, t. 11 (1), p. 409-418.

Courte chronique n'apportant pas grand'chose de neuf sur une question qui relève de l'anecdote plutôt que de l'histoire.

133. Montenon (Jean de). La France et la presse étrangère en 1816. Mission confiée à Baudus par le duc de Richelieu. Correspondance secrète inédite publ. par la « Nouvelle Revue ». Paris, Perrin, 33, in-8, 187 p. (Portr.)

Baudus, depuis longtemps agent du ministère des Affaires étrangères, fut chargé en 1816 d'aller en Allemagne et aux Pays-Bas étudier l'action de la presse étrangère, pour voir comment on pourrait la rendre plus favorable à la France. Ses lettres au comte d'Hauterive, collaborateur de Richelieu, contiennent des choses intéressantes.

134. Prokesch-Osten (Comte de). Mes relations avec le Duc de Reichstadt, publ. avec des Commentaires, des notes et des documents inédits par Jean de BOURGOING. Paris, Plon, in-8, 236 p.

Prokesch-Osten, qui fut le confident le plus aimé du fils de Napoléon, a rédigé ces souvenirs (en allemand) dans sa vieillesse. M. de B., connaissant d'une façon très sûre la vie de l'ancien roi de Rome, les réédite avec d'utiles commentaires.

Cf. les nos 399, 430 *bis*, 439, 448.

§ 7. De 1848 à 1852.

135. Rocal (Georges). 1848 en Dordogne. Préface d'André DEMAISON. Paris, Guitard, 2 vol. in-8, XVI-250 p., 320 p.

Clair exposé des faits. Des détails intéressants, des renseignements utiles sur Bugeaud et Troplong. L'auteur néglige certains points importants : il a peu insisté sur le contre-coup des journées de juin dans la Dordogne, sur l'élection de Louis-Napoléon, et sur le coup d'état de 1851. Quelques points contestables. Documentation sérieuse surtout en ce qui concerne les journaux régionaux et les archives départementales. Les Archives nationales sont peu mises à contribution.

136. Thomas (Louis-J.). Montpellier en 1851. *Monspeliensia*, t. 1, fasc. 3, p. 167-223.

Article intéressant, qui expose d'une façon précise la vie politique à Montpellier avant, pendant et après le 2 décembre. On comprend pourquoi ce fut le seul chef-lieu de département qui donna au plébiscite une majorité de *non*.

137. Zévaès (Alexandre). La propagande socialiste dans la campagne en 1848. *Révol. 1848*, t. 31, p. 75-95.

C'est une brève analyse de publications telles que *Le Républicain des campagnes* d'Eugène Sue, le *Toast aux paysans* de Félix Pyat, et surtout *La Feuille du village* de Joigneaux.

Cf. les nᵒˢ 458, 460, 465, 470.

§ 8. De 1852 à 1871.

138. Bourgin (Georges). Sur la commune de 1871. *R. hist.*, t. 174, p. 467-473.

Revue d'ensemble des travaux parus sur la Commune depuis 1925.

139. Bratianu (G. I.). Napoléon III et les nationalités. Paris, Droz, in-12, 148 p. (Bibl. d'Hist. contemp.)

Petite brochure intéressante, portant principalement sur le problème oriental. L'auteur connaît la bibliographie du sujet. Selon lui, Napoléon III a eu vraiment une politique systématique, mais les conditions d'application de cette politique ont été mal précisées, et, de ce chef, ont exposé l'Empire français à des mécomptes et des dangers.

140. Broussy (Jacques). Les Zouaves à la bataille de Champigny (30 nov. 1870). *Alsace franç.*, t. 28, p. 829-833.

Etude détaillée de la participation de ces troupes qui, formées d'éléments divers des 1, 2 et 3 régiments, sont qualifiées le 28 octobre de 4e régiment de zouaves.

141. Bury (Patrick). Gambetta et l'Angleterre. *R. hist.*, t. 174, p. 29-40.

Gambetta n'alla qu'une fois en Angleterre, en 1856, mais fut en relations avec beaucoup d'Anglais après 1870. Sir Charles Dilke eut pour lui une véritable amitié. Son dernier discours à la Chambre est une apologie de l'Entente cordiale.

142. Guériot (Paul). Napoléon III. T. II. L'Evolution vers l'Empire libéral. L'insurrection polonaise de 1863. Le Mexique. La catastrophe de 1870. L'Exil et la mort. Paris, Payot, in-8, 288 p. (Bibl. hist.)

C'est un résumé de l'histoire du second Empire, ne contenant rien de nouveau, mais au courant des travaux récents. L'auteur est plein de sympathie pour l'empereur, surtout dans la dernière partie, où il reprend le sujet traité par lui dans un volume précédent, *La captivité de Napoléon III en Allemagne*.

143. Laulan (R.). Le Mont-Valérien pendant le siège de Paris (1870-1871).*R. Artillerie*, t. 113, p. 363-382, 462-487. (Pl.)

Exposé détaillé des opérations auxquelles prit part le fort construit en 1842 et 1843. Fondé sur un document inédit qui fait partie d'un dossier conservé à l'Ecole supérieure de guerre, constitué en vue d'une histoire complète et détaillée du Mont Valérien pendant le siège de Paris.

144. Lettres au « Père Duchène « pendant la Commune de Paris. Paris, Bureau d'éditions, in-16, 63 p.

Lettres de lecteurs adressées à la rédaction du journal commutiste, et qui nous renseignent sur la mentalité des Communards.

145. Peyron (Elie). Bazaine à Metz. *Révol. 1848*, t. 30, p. 212-228 ; t. 31, p. 1-14.

L'auteur continue, en invoquant divers témoignages, la campagne qu'il a commencée depuis longtemps pour la réhabilitation de Bazaine.

146. Pilant (Paul). Genèse des projets d'annexion de l'Alsace et de la Lorraine en 1870-1871. *Révol. 1848*, t. 31, p. 155-169.

Travail sommaire et peu original.

147. **Posener (S.).** Adolphe Crémieux (1796-1880). T. II. Paris, Alcan, in-8, 282 p.

Le tome Ier (1933) allait jusqu'en 1840. Celui-ci raconte la vie politique de Crémieux, soit dans l'opposition, soit au pouvoir (en 1848 et en 1870). C'est une étude biographique précise et consciencieuse, qui renferme beaucoup de détails utiles.

148. **Serieyx (W.).** L'ascension de Louis-Bonaparte. Paris, Editions de France, in-8, 312 p.

Ouvrage vivant mais qui n'apporte rien de nouveau. La question est toujours considérée sous un angle favorable à Louis-Napoléon et l'auteur laisse de côté ce qui peut être nuisible à la réputation de son héros. Aucun appareil critique.

Cf. les n°ˢ 386, 389, 396, 397, 417, 418, 421, 425, 436, 438, 447, 470.

§ 9. De 1871 à 1914.

149. **Benoist (Charles).** Souvenirs. T. III et dernier (1902-1930). Vie parlementaire. Vie diplomatique. Paris, Plon, in-8, viii-532 p. (Grav. h. t.)

L'auteur nous raconte sa vie de député, en insistant un peu trop sur la sagesse de ses idées et le mérite de ses discours. Le récit de sa mission diplomatique en Hollande renferme quelques détails curieux sur le séjour de Guillaume II à Doorn.

150. **Bossan de Garagnol (E.).** Le colonel de La Tour du Pin d'après lui-même. Paris, Beauchesne, in-8, 350 p. (Portr., grav.)

On trouvera dans cette biographie substantielle non seulement un exposé fort complet du rôle de La Tour du Pin dans le mouvement social catholique, dont il a été avec Albert de Mun le principal promoteur, mais aussi de nombreux renseignements sur l'activité du comte de Chambord après l'échec de la Restauration monarchique. Attaché militaire à Vienne de 1877 à 1881, La Tour du Pin fit de fréquentes visites à Frohsdorf, où il eut avec le Prétendant de longs et importants entretiens tant sur les questions sociales que sur les problèmes politiques. La Tour du Pin fréquenta aussi la société autrichienne, notamment les milieux chrétiens sociaux, dont l'idéologie était si voisine de la sienne.

151. **Chesnelong (Charles).** L'avènement de la Répu-

blique (1873-1875) (Mémoires publiés par son petit-fils). Paris, Perrin, in-16, 247 p.

Ce livre fait suite au volume paru en 1932, *Les derniers jours de l'Empire et le gouvernement de M. Thiers.* L'auteur raconte les faits depuis l'échec de la restauration monarchique jusqu'à la fin de l'Assemblée Nationale. C'est surtout une histoire parlementaire, utile par les détails qu'elle nous donne sur la vie intérieure et les divisions des groupes de droite.

152. Dansette (Adrien). Les affaires de Panama. Paris, Perrin, in-18, x-301 p. (1 carte.)

Destiné au grand public, cet ouvrage ne renouvelle pas un sujet assez bien connu et qui ne pourra être étudié à fond qu'au moment où s'ouvriront aux historiens les dossiers d'archives.

153. David (Robert). La Troisième République. Soixante ans de politique et d'histoire. Paris, Plon, in-8, 600 p.

L'auteur, qui fut député et sous-secrétaire d'Etat, présente un résumé de l'histoire de la République. Il ne prétend apporter aucun fait nouveau, ayant consulté surtout, comme il le dit lui-même, *L'année politique* de Daniel et la chronique de la *Revue des Deux Mondes.* Le récit est généralement exact, souvent confus et surchargé de détails. Le but de l'écrivain est de combattre le socialisme et de recommander une révision de la Constitution, pour fortifier le pouvoir exécutif.

154. Desachy (Paul). Une grande figure de l'affaire Dreyfus. Louis Leblois. Paris, Rieder, in-16, 220 p. (Collection : Témoignages.)

Leblois, fils d'un pasteur protestant libéral de Strasbourg, était l'ami d'enfance du lieutenant-colonel Picquart, qui lui confia ses doutes sur la culpabilité de Dreyfus. Depuis lors il se consacra tout entier à l'Affaire, à l'histoire de laquelle ce volume apporte un complément très intéressant.

155. Documents diplomatiques français relatifs aux origines de la guerre de 1914 (1871-1914). 1re série (1871-1900), t. VI, 8 avril 1885-30 décembre 1887. 2e série (1901-1911), t. V, 9 avril-31 décembre 1904. 3e série (1911-1914). T. VII (31 mai-10 avril 1913). Paris, Costes, 3 vol. in-4, xxxix-694 p., xl-655 p., xxlvi-666 p.

De ces trois volumes parus en 1934, le premier (1re série, tome VI) comprend 673 pièces; ce sont d'une part les affaires balkaniques et d'autre part la tension franco-allemande (dont l'incident Schnaebelé a marqué le point culminant) qui y occupent la plus grande place.

Le second volume (2ᵉ série, tome V, 515 documents) montre les suites des accords franco-anglais de 1904 et le développement de la politique française au Maroc jusqu'au départ de M. de Saint-René Taillandier pour Fez; on y voit d'autre part les inquiétudes que donnent au gouvernement français les plans de l'Etat-Major allemand (plan Schlieffen) et les efforts de Guillaume II pour détourner Nicolas II de son alliance avec la France. Enfin, dans le troisième volume (3ᵉ série, tome VII, 601 pièces) ce sont les événements balkaniques qui apparaissent au premier plan : conséquences de la première guerre dans les Balkans, puis seconde guerre, jusqu'au traité de Bucarest du 10 août 1913. C'est à la fin de cette période que commencent les pourparlers entre la Russie et la France pour la conclusion d'emprunts destinés à accélérer la construction des chemins de fer stratégiques russes.

156. Dominique (Pierre). Marianne et les prétendants (Histoire de la IIIᵉ République...). Paris, Grasset, in-8, **256** p.

Etude assez complète de diverses tentatives de Restauration de 1871 à 1875. Présentation attrayante des personnages : Thiers, comte de Chambord, etc. Utilisation de documents : journaux, correspondance et discours de Thiers, récit de Chesnelong, mais ni références, ni index.

157. Dreyfus (Robert). Gambetta et la naissance de l'opportunisme (1873-1874). *R. France*, t. 14, p. 410-427, 613-630.

L'auteur, continuant les études commencées antérieurement sur Gambetta, montre comment le 24 mai lui fit modifier son attitude. L'ancien radical, voulant grouper tous les républicains pour empêcher une restauration monarchique, devint de plus en plus modéré; il fit appel au patriotisme de tous, loua la grande bourgeoisie libérale et renonça bientôt à contester le pouvoir constituant de l'Assemblée Nationale. Exposé judicieux et bien présenté.

158. Dutrait-Crozon (Henri). Gambetta et la défense nationale. Paris, Ed. du Siècle, in-8, 439 p.

Critique très vivante, souvent injuste, de l'œuvre de la délégation de Tours et des personnalités qui la composèrent. L'auteur est hostile de parti-pris au gouvernement civil qu'il accuse d'avoir aggravé la défaite par une résistance très mal organisée qui tourna, à ses yeux, très vite à l'anarchie. Très nombreuses références. Index alphabétique des noms cités.

159. Laudet (Fernand). Soixante ans de souvenirs. Paris, Berlin, Rome et un peu de politique. Paris, Bloud et Gay, in-8, 214 p.

Quelques détails intéressants sur le ralliement de l'auteur vers

1890, mais surtout renseignements utiles sur la vie diplomatique
à Berlin et à Rome alors qu'il y était secrétaire d'ambassade.

159 *bis.* **Leclère (Léon).** Belgique, France et Congo
(1911-1912). *B. Soc. Hist. mod.*, 32ᵉ ann., 7ᵉ sér. nº 8, p. 68-70.

Analyse sommaire des *Documents diplomatiques français* concernant
les pourparlers franco-belges qui suivirent la signature de l'accord
du 4 novembre 1911, conclu entre les gouvernements de Paris et de
Berlin, et la reconnaissance par la Grande-Bretagne de l'annexion
par la Belgique.

160. Martin (René). Le vrai visage de l'Alsace. La vie et
l'œuvre de Charles Dollfus (Mulhouse, 1827-Paris, 1913). Paris, Berger-Levrault, in-8, 556 p.

Avocat et journaliste, Dollfus participa avec Nefftzer à la fondation du *Temps* et de la *Revue germanique*. Bien que de tendances
nationalistes, il était partisan résolu du rapprochement franco-
allemand. Cette biographie très nourrie est une contribution précieuse à l'histoire des idées et des milieux politiques.

161. Maurois (André). Lyautey. Paris, Plon, in-8, ıv-
280 p. (21 grav. h. t.) (Coll. Les Maîtres de l'Hist.)

Documentation sérieuse, citations intéressantes, cependant il
est regrettable que des lettres soient reproduites sans que le nom
de leurs auteurs soit indiqué. Ce livre, qui est plus l'œuvre d'un
admirateur que d'un historien, ne contient que peu de pages sur
les événements postérieurs à la grande guerre.

162. Mazel (Henri). Histoire et psychologie de l'Affaire
Dreyfus. Paris, Boivin, in-8, 217 p.

L'auteur présente une nouvelle explication de l'Affaire : le fameux
« Bordereau » n'a été écrit ni par Dreyfus ni par Esterhazy, mais
fabriqué par Schwartzkoppen, attaché militaire à l'ambassade
d'Allemagne à Paris.

163. Paléologue (Maurice). Un grand tournant de la
politique mondiale (1904-1906). Paris, Plon, in-8, vııı-456 p.
(Portr., 7 cartes.)

Ce livre, comme tous ceux de l'auteur, est très intéressant, très
brillamment écrit; on se demande parfois si le souci littéraire n'a
pas nui quelque peu à l'exactitude historique. Delcassé y tient
naturellement une grande place. La révélation la plus étonnante
est celle des renseignements fournis, sur le plan de guerre de Berlin,
par un général allemand traître à son pays et demeuré inconnu.

164. **Paluel-Marmont.** Lyautey. Paris, Nouv. Soc. d'Édit., in-8, 245 p.

Sans intérêt.

165. **Radziwill (Princesse).** Une grande dame d'avant-guerre. Lettres de la princesse Radziwill au général de Robilant. T. III (1902-1907). T. IV (1908-1914). Paris, Plon, 2 vol. in-8, 328 p., 344 p.

Source historique de premier ordre, comme les volumes précédents. La princesse Radziwill, très intelligente et perspicace a, par ses relations personnelles et la situation de son mari, été à même de voir ou deviner et elle a vu ou deviné beaucoup de choses. Certaines assertions sont contestables ou même inexactes. Mais elles sont rarement dénuées de logique et de vraisemblance. Les portraits des principaux acteurs de la politique allemande ou même internationale sont faits de touche très sûre, souvent très discrète.

166. **Renouvin (Pierre).** La crise européenne et la grande guerre (1904-1918). Paris, Alcan, in-8, 639 p. (Peuples et Civilisations Dir. L. Halphen et Ph. Sagnac, Vol. XIX.)

Ouvrage magistral, dont les historiens n'ont pas, de loin, l'équivalent, ni en France, ni au dehors. Le plan consiste à tout disposer en vue de la grande guerre; et certains problèmes d'histoire intérieure sont de ce chef, un peu sacrifiés. Mais il était impossible de dire plus en autant de pages, d'éviter à ce point la dispersion de l'intérêt et la fragmentation des choses. Documentation originale, complète, cela va de soi, étant donné le spécialiste qu'est l'auteur; critique extrêmement probe, pénétrante. Exposé constamment objectif, simple, attachant.

167. **Renouvin (Pierre).** Les engagements de l'alliance franco-russe. Leur évolution de 1891 à 1914. *R. Hist. Guerre mond.*, t. 12, p. 297-310.

L'article étudie, d'après les documents nouvellement publiés, les engagements réciproques contractés entre la Russie et la France en 1891-92, et détermine dans quelle mesure ils ont été, par la suite, étendus ou confirmés soit par l'échange des lettres de 1899 soit par les protocoles d'État-major. Il insiste sur l'interprétation restrictive, adoptée en 1911, au sujet des engagements assumés par la France en cas de mobilisation austro-hongroise. Il conclut en indiquant dans quelle mesure la France était tenue de soutenir la Russie en juillet 1914.

168. **Waddington (Francis R.).** La politique de paix en 1875. *R. pol.*, t. 160, p. 233-240.

Bref résumé de « l'alerte de 1875 », sans rien de nouveau.

169. Waddington (Francis R.). Le rôle de la diplomatie française dans la question tunisienne. *R. pol.*, t. 159, p. 92-116, 302-322.

C'est l'histoire des négociations, commencées au congrès de Berlin, qui préparèrent l'établissement du protectorat français. Quelques détails nouveaux, tirés des archives ou des souvenirs de la famille Waddington.

170. Waddington (Francis R.). Un entretien avec le prince de Bismarck. (A propos de la Triple-Alliance, d'après un document inédit). *R. pol.*, t. 158, p. 3-12.

Waddington, ancien président du conseil, présida la mission envoyée par la France au couronnement d'Alexandre III (1883). Chargé de voir Bismarck au passage, et de l'interroger sur le caractère de la Triple Alliance, il adressa au quai d'Orsay un rapport détaillé sur cet entretien. C'est ce rapport, très intéressant, qui est donné ici intégralement.

171. Zédé (Général). Souvenirs de ma Vie. 1837-1908. *Carnet Sabretache*, 33, p. 426-441, 481-504; 34, p. 40-56, 116-135, 202-223, 254-276, 377-396.

Fils du fondateur du Musée de la Marine, le général Zédé était le frère de Gustave Zédé, le créateur du premier sous-marin capable de naviguer. Sorti de Saint-Cyr, il passa à la Légion etrangère et fit avec elle les campagnes d'Italie et du Mexique. Souvenirs aussi intéressants au point de vue psychologique qu'au point de vue militaire.

Cf. les n°s 385, 387, 393, 400-402, 405, 406, 411, 412, 422, 423, 428.

C

HISTOIRE DES INSTITUTIONS

§ **1.** Généralités. 172. — § **2.** Institutions politiques et administratives. 173-175. — § **3.** Institutions judiciaires. 176. — § **4.** Institutions financières. 177-182. — § **5.** Institutions militaires de terre et de mer. 183-188.

§ 1. Généralités.

172. Olivier-Martin. Précis d'histoire du droit français. Paris, Dalloz, in-12, 463 p.

Morcelé à l'extrême comme tous les ouvrages de la même collection, ce Précis constitue pour les historiens un répertoire sommaire mais précieux pour la description et l'évolution des institutions de la France depuis les origines jusqu'à la Révolution.

Cf. le n° 390.

§ 2. Institutions politiques et administratives.

173. Du Chambon (Pierre). La formation du département de la Charente. Ruffec, Dubois, in-8, 374 p. (16 pl.)

Etude consciencieuse de la formation du département de la Charente par un historien qui croit encore au découpage « géométrique » de la France par l'Assemblée Constituante. L'ouvrage manque d'idées générales et de comparaisons avec les travaux similaires, mais de nombreux documents inédits cités en appendice peuvent être utiles.

174. Espinas (Georges). Recueil de documents relatifs à l'histoire du droit municipal en France des origines à la Révolution. I, Artois, T. I Artois-Audruicq. Paris, Recueil Sirey, in-8, 605 p. (Soc. d'Hist. du Droit.)

Tome Ier d'une publication documentaire qui s'annonce considérable. Le présent recueil, limité à l'Artois, l'est aussi aux seuls documents qui nous font connaître les principes du droit municipal, à l'exclusion de ceux qui ne nous renseignent que sur la façon dont les institutions ont fonctionné. Il est donc de caractère plus juridique qu'historique, mais sera néanmoins très utile aux historiens. En dehors de quelques documents (au nombre de 19) qui concernent l'Artois en général, les pièces citées sont groupées par localité et les villes se succèdent selon l'ordre alphabétique (dans ce tome Ier, d'Aire-sur-la-Lys à Audruicq). Chaque groupe est précédé d'une notice de quelques pages, qui nous renseigne sur le caractère des documents publiés et sur leur forme : minute, original, copie ou simple vidimus; pour chaque pièce, une contre-notice nous donne un grand nombre de renseignements précieux.

175. Mayer (H.). Les tentatives d'introduction du Referendum en France sous la IIIe République. *R. Sci. pol.*, 49e ann., t. 57, p. 251-275.

Etude sommaire, attire l'attention sur un point peu connu; mais le sujet aurait prêté à une discussion plus ample.

§ 3. Institutions judiciaires.

176. Pinsseau de la Chassaigne (Pierre). Une « Election » au XVIIIe siècle. *B. Soc. sci. arl. Clamecy*, 3e sér., n° 10, p. 47-62.

Etude intéressante, surtout par l'étude des diverses « actions » judiciaires dont avait à connaître l'élection. Mais ne cite pas les sources utilisées.

§ 4. Institutions financières.

177. Braesch (F.). Finances et monnaie révolutionnaire. Recherches, études et documents, 1er fasc. Les exercices budgétaires 1790 et 1791 d'après les comptes du Trésor. Paris, Maison du Livre français, in-8, XI-125 p. (Planches.)

Travail admirable de soin et même de minutie. Difficile à utiliser en raison de l'extrême complexité des éléments mis en œuvre et des problèmes traités. Il serait à souhaiter que l'ouvrage pût être continué.

178. Cardenal (L. de). La liquidation des impôts directs de l'ancien régime (Exercices 1788 et 1789). *Révol. franç.*, t. 87, p. 292-324.

Etude consciencieuse de la question, écrite par un érudit qui a consacré beaucoup de son temps à l'étude du problème financier. Confirme dans l'ensemble ce que M. Schnerb a écrit sur le Puy-de-Dôme.

179. Harbulot (Maurice). Etudes sur les finances de l'ancienne France. Le sort dans les finances publiques. I. Les loteries. II. Les emprunts à lots. *R. Sci. pol.*, 49e ann., t. 57, p. 374-400. III. Les emprunts viagers et les tontines. IV. Les emprunts remboursables à terme. *Ibid.*, p. 521-550.

Etude consciencieuse, mais qui ajoute peu à nos connaissances sur le sujet. Ne montre pas notamment que le développement du calcul des probabilités et des assurances ramenait l'attention sur tout ce qui était chance. Aurait gagné à ne pas remonter si haut dans le passé.

180. Lamps (L.). Histoire de la Caisse d'épargne et de prévoyance d'Arras (1834-1934). Arras, Caisse d'épargne, in-8, xi-132 p. (Grav.)

Bonne monographie, bien documentée.

181. Mitard (Sébastien). La première capitation (1695-1698). Rennes, in-8, 188 p. (Thèse de droit Rennes.)

L'auteur a bien dégagé le rôle du roi et de ses conseillers dans la création de cet impôt d'un type entièrement nouveau. Les pages consacrées à sa levée et au rendement corrigent parfois les données jusqu'alors acquises. L'ouvrage complète utilement celui de M. Lardé *(La capitation dans les pays de taille personnelle)* publie en 1906.

182. Rouault de la Vigne. La loterie à travers les âges et plus particulièrement en France. Paris, Hartoy, in-16, 66 p. (Ill.)

Récit amusant, sinon toujours exempt d'erreurs, abondamment illustré.

§ 5. Institutions militaires de terre et de mer.

183. Boudet (Dr E.-L.). Le Corps de santé de la marine et le service médical aux colonies au xviie et au xviiie siècle (1625-1815). Paris, Soc. d'édit. géogr. mar. et col., in-8, 51 p. *(Géographie*, t. 61, mars-avril, mai-juin et juillet-août 1934.)

Le service de santé aux Colonies ne peut se séparer, au début, de celui de la Marine, et ne prend toute sa valeur scientifique qu'à partir de 1750, par l'organisation des Ecoles des ports.

184. Bouvet (Maurice). Le service de santé français pendant la guerre d'indépendance des Etats-Unis (1777-1782). Paris, Hippocrate, in-8, 111 p. (6 gravures.)

Excellent travail d'érudition, dépassant son cadre modeste et donnant de très intéressants renseignements sur le fonctionnement de la chirurgie, de la médecine et de la pharmacie militaires à la fin du xviiie siècle.

185. Farrère (C.). Histoire de la marine française. Paris, Flammarion, in-4, 384 p.

Sans entrer dans des discussions de détail, l'auteur a fait un tableau très vivant de la marine française depuis les origines jusqu'à nos jours. Une illustration très riche n'est pas l'un des moindres mérites de ce livre.

186. Houdard (Louise). Le service de santé à l'armée d'Egypte. *R. El. napoléoniennes*, t. 38, p. 89-96, 160-168, 214-226 ; t. 39, p. 37-51, 180-195. [A suivre.]

Articles consciencieux, écrits d'après les documents conservés aux Archives nationales (Série A. G., Bd 2, 314, etc.), la Correspondance de Napoléon, les *Mémoires de chirurgie militaire* de Larrey, et quelques mémoires particuliers.

187. La Roncière (Ch. de) et Clerc-Rampal (G.). Histoire de la marine française illustrée. Paris, Larousse, in-4.

Ouvrage de haute vulgarisation écrit par des spécialistes avertis. Riche iconographie.

188. Salaun (Vice-amiral). La marine française. (La IIIe République de 1870 à nos jours.). Paris, Editions de France, in-8, 468 p.

Exposé de la politique navale française de 1870 à nos jours. Le rôle de la Marine de la Grande Guerre est longuement étudié. Livre intéressant parce qu'il nous donne le point de vue d'un technicien sur les erreurs de cette politique navale.

D

HISTOIRE RELIGIEUSE

§ **1**. Généralités. 189-190. — § **2**. Culte catholique. 191-238. —
§ **3**. Protestantisme. 239-250. — § **4**. Juifs. 251-252.

§ 1. Généralités.

189. Briggs (E.-R.). L'incrédulité et la pensée religieuse
en France au début du xviiie siècle. *R. Hist. litt. France,*
t. 41, p. 497-538.

Contient surtout l'exposé, fait à l'aide de documents inédits,
des idées d'Antoine-Robert Pézelle, magistrat imbu de philosophie
spinoziste et newtonienne, membre du « Club de l'Entresol ».

190. Saurat (Denis). Histoire des religions. Paris, Denoël et Steele, in-8, 413 p.

L'ouvrage de M. Saurat est clair, d'une lecture agréable, propre
à instruire et à satisfaire le groupe toujours grandissant des lecteurs
pressés. Les autres ont fait ou feront quelques chicanes à l'auteur.
Sur la composition d'abord et sur les proportions. Si le plan est
à peu près chronologique, malgré le rejet vers la fin des religions
d'Extrême-Orient (en raison sans doute de leur évolution distincte),
on se demande pourquoi l'anglicanisme, à peu près contemporain
du calvinisme, en est séparé par ces chapitres relatifs à l'Asie, et
rejeté dans le bref aperçu de 26 pages consacrées à la période moderne. M. Saurat qui, par profession, doit bien connaître l'Angleterre, ne dit rien de la curieuse évolution de l'anglicanisme au
xixe siècle. — Disproportion : le christianisme médiéval est largement exposé; la Réforme du xvie siècle obtient à peine 4 pages.
La période moderne est, nous l'avons dit, sacrifiée.
Chose plus grave, les jugements de l'auteur sont parfois rapides
et superficiels. Il signale Hugues de Saint-Victor et Duns Scot au
Moyen Age, mais on ne se douterait guère de la richesse de ces
théologiens, du second surtout, d'après ce qu'il écrit d'eux. Ses

aperçus relatifs à la Réforme ne témoignent guère de quelque familiarité avec le sujet. Il confond le salut par la foi avec une orthodoxie correcte : « C'est l'homme qui croit ce qu'il faut croire qui sera sauvé » (p. 291). Son exposé de 2 pages sur le protestantisme moderne, savant ou populaire, fera se frotter les yeux aux lecteurs avertis. On apprend, par exemple (p. 384) que le protestantisme libéral s'introduit en France, au milieu du XIXe siècle « avec Monod ». Quel Monod? Adolphe, le pilier de l'orthodoxie à cette époque? — Le moindre exposé sur la question, par exemple : *L'évolution du protestantisme français au XIXe siècle*, de Mme C. Coignet (Alcan, 1908), lui eût appris le rôle de Samuel Vincent (vers 1830) et celui de la *Revue de Strasbourg* (vers 1850).—M. Saurat examine l'histoire des religions avec une liberté d'esprit très louable, mais qui tourne parfois à la désinvolture. Nous sommes loin des études substantielles et pénétrantes des manuels contemporains du sien, de Clemen et de Ticle-Sœderblom. — Cependant, M. Saurat ne cache pas sa préoccupation du divin et juge que l'idée religieuse sous des formes très larges, restera indéfiniment vivante. Son idéal personnel semble être un catholicisme entièrement modernisé.

Cf. le n° 3.

§ 2. Culte catholique.

a) Généralités.

191. Bonnard (Mgr Fourier). Les relations de la famille ducale de Lorraine et du Saint-Siège dans les trois derniers siècles de l'indépendance. Paris, Picard, in-8, 387 p.

L'auteur, recteur de l'Eglise de Saint-Nicolas des Lorrains a profité de son long séjour à Rome pour entreprendre des recherches dans les Archives du Vatican et de la Bibliothèque Vaticane; il les a complétées en explorant la collection de Lorraine à la Bibliothèque Nationale et le fonds de Vienne aux Archives départementales de Meurthe-et-Moselle. Il y a trouvé nombre de pièces intéressantes qui forment la trame de son livre. Celui-ci a d'abord paru dans les *Mémoires de la Société d'archéologie lorraine*, tomes 70 (1932) et 71 (1933). Bien qu'on puisse faire certaines réserves sur la façon dont ces documents ont été mis en œuvre, ils n'en sont pas moins utiles et apportent d'intéressantes précisions sur l'histoire de Lorraine au XVIIe siècle.

192. Carrière (Victor). Introduction aux études d'histoire ecclésiastique locale. T. II : L'Histoire locale à travers les âges. Paris, Letouzey et Ané, in-8, 563 p. (Bibl. de la Soc. d'hist. ecclésiastique de la France.)

Les quatorze articles qui constituent cette étude magistrale sont destinés à guider les recherches des historiens locaux qui s'intéressent à l'histoire ecclésiastique. Le livre comprend cinq parties. La première, qui ne sera pas la moins précieuse, indique les précautions à prendre pour utiliser les inscriptions chrétiennes (R. AIGRAIN), les chartes (M. PROU), les sceaux (A. COULON), les Cartulaires (H. STEIN). Quatre articles, dus à MM. V. CARRIÈRE, A. DUFOURCQ, A. DEGERT, M. ANDRIEU sont consacrés au diocèse, à la reprise de la *Gallia Christiana*, à la biographie épiscopale, à l'histoire et à la liturgie diocésaine. Plus courte, la IIIe partie : la Paroisse, indique les écueils à éviter (A. BRUTAILS) et la méthode à suivre pour rédiger une monographie paroissiale (N. GUILLAUME). Les Réguliers sont étudiés dans les articles XI (R. P. DUDON), XII (L. LEVILLAIN et R. V. SAUVAGE), XIII (L. LE GRAND). La Ve partie est constituée par l'article de M. Géraud LAVERGNE sur les noms de lieux d'origine ecclésiastique.

Par la nature des questions traitées, la compétence des auteurs, l'ouvrage constitue un indispensable instrument de travail.

192 *bis*. Lecler (Joseph). Pour l'étude de notre passé chrétien. Le premier Congrès d'histoire de l'Eglise de France. *Etudes*, 34, t. 220, p. 31-40.

193. Le premier congrès d'histoire ecclésiastique de la France. *R. Hist. Egl. France*, t. 20, p. 329-406.

Du mardi 22 mai au jeudi 24 mai 1934, la Société d'Histoire Ecclésiastique de la France a tenu son premier Congrès, à l'occasion du 25e anniversaire de sa fondation. Au cours des séances de travail furent lus ou discutés 33 mémoires sur les sujets les plus divers, puisqu'il y fut à la fois question des dissensions des Eglises des Gaules au ive siècle, de la physionomie des conciles sous Charlemagne, de l'«apologie» de la Commende, du rôle civique des curés de campagne aux xviie et xviiie siècles, de la résistance du clergé rural aux idées philosophiques (M. J. Dedieu), de la vie religieuse au Canada.

b) Ordres et congrégations.

193 *bis*. Charvin (G.). Chronique bibliographique d'histoire monastique. *R. Mabillon*, t. 25, p. 113*-152*.

Bulletin critique de travaux récents.

193 *ter*. Hildebrand (P.). Bulletin franciscain. Histoire franciscaine de la Belgique et de la Hollande. *Et. francisc.*, t. 46, p. 729-750.

194. **Leman (A.).** Chronique d'histoire religieuse moderne. *R. apologétique*, t. 59, p. 339-362. Chronique d'histoire religieuse contemporaine. *Ibid.*, p. 583-599.

194 *bis*. **Schmitz (Ph.).** Bulletin d'histoire bénédictine. Tome IV, p. 65*-120*. Supplément à la *R. bénédictine*.

Bibliographie analytique (nᶜˢ 465-923).

---

195. **Ancelet-Hustache (Jeanne).** Les sœurs des prisons. Paris, Grasset, in-16, xv-314 p. (Les grands ordres monastiques et religieux.)

Un des chapitres retrace l'histoire de l'œuvre des prisons, dont les débuts remontent à 1795.

196. **Charvin (Dom G.).** La Correspondance des procureurs généraux de la Congrégation de Saint-Maur près la Cour de Rome. Les lettres de Dom Antoine Durban. *R. Mabillon*, t. 24, p. 31-52, 165-181.

Les lettres de Dom A. Durban sont au nombre de trente-trois et sont généralement adressées à Dom Luc d'Achery. L'édition est précise, bien annotée et critique. Elle présente un double intérêt: scientifique et polémique. L'auteur donne une idée vivante des rapports d'érudition qui unissaient les Bénédictins de France, Floriot, Launoy et le cardinal Bona, Carlo Magry, le Père (futur cardinal) Noris. Elle témoigne de l'hostilité que le Procureur général entretint à l'égard de la Compagnie de Jésus, plus au point de vue moral que dogmatique, et donne d'intéressants détails sur certaines publications jansénistes (d'Adam Widenfeldt, Gilles Brancalis de Bruxelles).

197. **Monnoyeur (Dom J.-B.).** Un grand moine : Dom Jean Mabillon (23 novembre 1632-27 décembre 1707). Abbaye Saint-Martin de Ligugé, in-8, 71 p.

Réimpression, augmentée d'une bibliographie des ouvrages consacrés à Mabillon lors du 3ᵉ centenaire de sa naissance, de deux articles publiés dans le *Correspondant*. Courte esquisse biographique destinée à un large public.

198. **Monval (Jean).** Les Sulpiciens. Paris, Grasset, in-16, 283 p. (Les grands ordres monastiques et Instituts religieux.)

Intéresse l'historien surtout par les pages consacrées aux fondateurs de la Compagnie de Saint-Sulpice, Olier, Tronson, Emery.

c) Hagiographie.

199. Brétaudeau (Léon). Le Bienheureux Père René Rogue. Paris, Desclée de Brouwer, in-8, 152 p.

Biographie, comportant de nombreuses pièces justificatives, d'un prêtre guillotiné à Vannes le 3 mars 1796, béatifié en 1934.

d) Jansénisme.

200. Bachelier (A.). Le Jansénisme à Nantes. Angers, impr. de l'Anjou, in-8, 349 p. (Thèse Lettres, Rennes, 34.)

Etude solide et documentée des origines, du développement, du déclin du jansénisme au XVIIIe siècle dans un diocèse caractéristique. Les jugements de l'auteur sont généralement judicieux et nuancés. Le livre apporte beaucoup de nouveau sur la Noë Ménard, sur l'évolution de la politique antiquesnelliste des évêques de Nantes. Peut-être n'insiste-t-il pas assez sur le caractère social du jansénisme dans un milieu fort original.

201. Bachelier (A.). Le Jansénisme paroissial dans le Diocèse de Nantes au XVIIIe siècle. *B. Soc. archeol. hist. Nantes,* t. 73 (année 1933), p. 139-154.

Reprend les conclusions de l'ouvrage de M. Préclin sur le jansénisme pour arriver à fixer les chiffres du clergé janséniste à Nantes.

202. Dedieu (Joseph). Le désarroi janséniste pendant la période du Quesnellisme. *R. Hist. Egl. France,* t. 20, p. 432-470.

Cet important article, comme celui de M. l'abbé Carreyre, suggère les nouvelles méthodes à suivre pour étudier l'histoire du jansénisme français au XVIIIe siècle. Antithomiste, richeriste et démocratique dans sa liturgie, le quesnellisme s'est répandu grâce à l'action des abbés Duguet, d'Asfeld, Nicolas Petitpied, des Oratoriens. La plus grande partie de l'article est consacrée à une étude du jansénisme dans les divers diocèses, et surtout dans le diocèse de Paris : dans douze des paroisses du centre de la ville, à Saint-Denis, dans diverses communautés. La dernière partie, très neuve, évoque les conflits intérieurs jansénistes : la querelle des miracles; la controverse de la crainte et de la confiance et, sous le titre : « la Petite Eglise » évoque des cérémonies étranges. Travail original et fort documenté.

203. Godard (Justin). Le jansénisme à Lyon. Paris, Alcan, in-8, 245 p.

L'auteur publie un mémoire d'un janséniste lyonnais, Benoît Fourgon, persécuté en 1715; documents très suggestifs.

e) Missions étrangères.

204. Revue des Revues et des Livres (1932-1933). *R. Hist. Missions,* t. 11, p. 150-155, 312-318, 476-480.

Bibliographie-titres : I. Histoire générale des Missions. II. Eglises particulières.

205-206. Baudiment (Louis). François Pallu, principal fondateur de la Société des missions étrangères. Paris, Beauchesne, in-8, 563 p. (Portr. pl. h. t.) (Thèse Lettres Paris.) — Un mémoire anonyme sur François Pallu, principal fondateur des Missions étrangères. Tours, impr. René et Paul Deslis, in-8, xxx-103 p. (Thèse compl. Lettres, Paris.)

A l'occasion de la publication d'un Mémoire d'intérêt moyen, écrit par la Mère carmélite Marie de Saint-Bernard (1662), M. Baudiment, à l'aide de Manuscrits des Archives des Missions Étrangères, de la Propagande et du Carmel de Tours et de Clamart, a réussi à évoquer la personnalité de Mgr Pallu. L'éditeur montre aussi les particularités linguistiques que présente le manuscrit.

207. Brou (A.). De certains conflits entre missionnaires au xviie siècle. *R. Hist. Missions,* t. 11, p. 187-202.

A propos de la thèse de Virgile Pinot : *La Chine et la formation de l'Esprit philosophique en France,* Paris, 1932. M. Brou signale le parti-pris que manifeste M. Pinot à l'égard de l'activité des Jésuites en Chine et corrige un certain nombre de ses affirmations.

208. Brou (A.). Les jésuites sinologues à Pékin et leurs éditeurs de Paris. *R. Hist. Missions,* t. 11, p. 551-566.

S'occupe, de même que l'article précédent, du livre de V. Pinot. Etudie en détail les procédés d'édition de trois ouvrages sur la Chine (P. Ph. Couplet, *Confucius Sinorum philosophus,* 1687, *Lettres édifiantes et curieuses,* 1703-1776 et P. du Halde, *Description de l'Empire de Chine,* 1735).

209. Chatelet (Aristide). La Mission lazariste en Perse. La Fondation. II. Ambroise Fornier, Préfet apostolique (1840-

1842). Le pays. Le pouvoir. Les religions. La Mission. III. La conquête. I. Joseph Darnis, Préfet apostolique (1842-1858). Djoulfa-Ispahan. Ourmidh. La persécution. Khosrovah. La conquête. Mort de Darnis. Augustin Cluzel, Préfet et Délégué apostolique (1858-1882). La succession Darnis. Fondation de Téhéran. Les Filles de la Charité. La Province de Perse. Les Epreuves. La délégation apostolique. L'invasion kurde. Au soir d'une grande vie. La mort d'Auguste Cluzel. *R. Hist. Missions*, t. 11, p. 82-108, 242-269, 384-432, 567-595. [A suivre.]

210. **Goyau (Georges)**. L'Eglise en marche. Etudes d'Histoire missionnaire. 4e série. Paris, Spes, in-8, 347 p.

Contient les études suivantes : Les débuts de l'apostolat au Congo et dans l'Angola (1482-1590). Les Carmes aux origines de la propagande. Jérôme Gracien de la Mère de Dieu et Dominique de Jésus-Marie. Les appels à l'opinion publique du xviie siècle français en faveur des missions. Le clergé français et les missions sous l'ancien régime. Femmes missionnaires. Les filles de Saint-Paul de Chartres. Un apôtre aux Etats-Unis, le dominicain Samuel Mazzuchelli. Le centenaire d'un martyr, le bienheureux Isidore Gagelun, des Missions étrangères. En pays de mandat français. Congrégations missionnaires et liberté d'enseignement.

211. **Koehler (Henri)**. L'église chrétienne du Maroc et la mission franciscaine (1221-1790). Paris, Soc. d'Editions franciscaines, in-8, xxxii-237 p.

212. **Laurent (P.-V.)**. La mission des jésuites de Naxos de 1627 à 1643. *Echos Orient*, t. 33, p. 218-226.

Introduction à une relation inédite, que l'auteur se propose de publier, sur les conditions d'existence des populations chrétiennes sous le règne turc. L'auteur de cette relation est, selon toute probabilité, le P. Hardy, qui a séjourné à Naxos de 1627 jusqu'à sa mort en 1645.

213. **Papinot (Ed.)**. L'apostolat des Barnabites en Birmanie (1722-1829). *R. Hist. Missions*, t. 11, p. 270-280.

Bref résumé publié à l'occasion du 4e centenaire de l'ordre des Barnabites (fondé en 1533).

214. **Rossillon (Mgr P.)**. Les Moissonneuses du Coromandel ou quatre-vingts ans d'apostolat dans la mission de Vizagapotam par les sœurs de Saint-Joseph d'Annecy. Paris, Libr. Saint-Paul, 33, in-8, 222 p. (Ill.)

f) Histoire par époques.

1600-1789

215. Cherel (Albert). Fénelon ou la religion du pur
amour. Paris, Denoël et Steele, in-8, 285 p. (Coll. Les Maîtres
de la pensée religieuse.)

L'intéressant ouvrage de M. A. Cherel, donne en quatorze chapitres une biographie de Fénelon, très favorable au grand Prélat
et qui met au premier plan son activité mystique (5 chapitres) et
pédagogique (4 chapitres) inspirée des écrits de l'abbé Fleury. Une
bonne bibliographie termine cette synthèse attachante et suggestive.

216. Langlois (Marcel). Pages nouvelles pour servir à
l'histoire du quiétisme avant 1694. Paris, Desclée de Brouwer,
in-8, 323 p.

Contient, p. 40-143, une série de lettres datées de 1688 à 1694
de Fénelon à Mme de Maintenon; p. 147-276, des textes et lettres de
Fénelon, écrits de 1689 à 1692, destinés à Saint-Cyr; p. 279-318, un
examen critique du « Dialogue de l'impératrice Pulchérie avec un
solitaire » que M. Langlois attribue à Fénelon.

217. Lecler (Joseph). Qu'est-ce que les libertés de l'Eglise
gallicane? *Rech. Sci. relig.*, t. 24, p. 47-85.

Entre les gallicans parlementaires et le clergé français le désaccord
portait au xviie siècle sur trois points : Quel rapport y a-t-il entre
les canons des conciles et les libertés gallicanes? entre celles-ci et
les théories conciliaires? Dans quelle mesure ces privilèges gallicans
concèdent-ils aux rois et aux cours une autorité en matière ecclésiastique? A propos de ces points litigieux, M. J. Lecler, continuant
des articles précédents, analyse et critique les vues de Pierre de
Marca, d'A. Charlas, du P. Thomassin et de l'auteur d'un Traité
(manuscrit) des Libertés de l'Eglise gallicane.

217 *bis*. Main de Boissière (Abbé J.-M.). Notre-Dame de
Niort en Poitou. Des Origines à la Révolution. I. Niort,
Libr. Saint-Denis, in-16, 284 p.

Consciencieuse étude d'histoire locale, qui semble être fondée sur
des dépouillements d'archives (pas de références précises) et dont
les deux derniers chapitres entrent dans le cadre de la présente
Bibliographie : VII. Sous la protection du Roi maintenant la paix
entre ses sujets, les catholiques de Niort relèvent les ruines de leur
cité. Renouveau religieux. Fondations pieuses. Notre-Dame durant
les successifs ministères de MM. Besnard, Meaulme, Prugnier et

Augier de la Terraudière; IX. Notre-Dame durant la seconde moitié du XVIIIe siècle, sous les ministères de MM. Bion et Goizet.

218. Truc (Gonzague). Bossuet et le classicisme religieux. Paris, Denoël et Steele, in-8, 239 p. (Coll. Les Maîtres de la pensée religieuse.)

M. G. Truc définit ainsi (p. 63) le caractère de son ouvrage : ce n'est ni une biographie, ni une histoire des œuvres, ni un traité de la doctrine, mais une étude d'ensemble du type le plus accompli d'une pensée religieuse classique. L'ouvrage comprend huit chapitres (la formation, la prédication, l'action, le philosophe, le polémiste, le chrétien, l'homme, le classicisme catholique) de caractère plus systématique qu'historique. Si le lecteur regrette un tel plan destiné au grand public, il rend justice à maintes pages bien venues : sur Bossuet mystique, sur les élévations, sur les mystères. L'ouvrage est orné de quatre belles gravures : dont 2 portraits de Bossuet : le premier est celui de son neveu. Les notes (117) sont rejetées à la fin, près de la note bibliographique, utile, mais peu classée.

219. Van Meerbeek (Lucienne). Le Saint-Siège et la Lorraine sous Paul V et Grégoire XV (1617-1621). *B. Inst. hist. belge Rome*, t. 14, p. 5-22.

C'est essentiellement l'historique des négociations menées par le Saint-Siège au sujet du mariage de la fille et héritière, en l'absence de descendant mâle, du duc de Lorraine Henri II, Nicole, avec son cousin germain Charles, prince de Vaudemont, qui avait pour but d'écarter la France de la succession de la Lorraine.

220. Vidal (Mgr J.-M.). Antoine Charlas. Castillon en Couserans, in-8, 92 p.

Bonne biographie de celui qui fut le vicaire général et le bras droit de l'évêque de Pamiers, Caulet, et dut quitter la France pour vivre à Rome : très utile pour l'histoire du jansénisme.

221. Viller (M.), S. J. et Joppin (G.). Un inédit de Saint-Cyran. La conduite journalière dressée pour Le Pelletier des Touches. *R. Ascétique Mystique*, t. 15, p. 257-289.

Dans l'introduction, quelques renseignements biographiques sur Le Peletier des Touches (1622-1703).

1789-1815

222. Carré (Henri). Le faux évêque des Vendéens et le procès des Cinq (1793-1794). *B. Soc. Antiq. Ouest*, 3e sér., t. 10, p. 56-93.

Etude précise de l'imposture de Guillot de Folleville, « évêque d'Agra », chef ecclésiastique des Vendéens, exécuté le 5 janvier 1794, et du procès de cinq de ses familiers, accusés de complicité et guillotinés à Paris en juillet 1794.

223. Frézet (A.). Les prêtres français réfugiés à Liége en 1793 et 1794. *R. Hist. Egl. France*, t. 20, p. 231-242.

Reproduit une liste de 275 noms de prêtres français émigrés à Liége et provenant de 73 diocèses, ici classés par ordre alphabétique. La liste qui a été dressée par l'abbé Baronnet, curé de Cernay en Dormois, montre que ce furent surtout les ecclésiastiques d'Amiens, d'Arras, de Bayeux (pourquoi?), de Cambrai, Châlons, Langres, Laon, Le Mans, Metz, Nancy, Noyon, Reims, Rouen, Seéz, Toul, Verdun qui se réfugièrent à Liége.

224. Girardot (Jean). La Constitution civile du clergé et son application en Haute-Saône (février-septembre 1792). Besançon, Libr. Marion, in-8, 54 p.

L'auteur a établi la statistique des prêtres réfractaires et des prêtres assermentés du département : 371 pour la première et 188 pour la seconde de ces catégories. Les chiffres donnés par M. Sagnac, dans un article de la *Revue d'Histoire moderne et contemporaine* ont été de respectivement 285 et 118. L'auteur expose l'activité de Flavigny, élu en mars 1791 évêque de la Haute-Saône et donne des renseignements sur les élections de curés de septembre 1791 et mars 1792.

225. Goué (Marquis de). Un prêtre réfractaire : Julien Mitressey. *B. Soc. archéol. hist. Nantes*, t. 73 (année 1933), p. 19-27.

Mitressey, curé de La Grolle, fut un anti-révolutionnaire militant, qui excita ses paroissiens à refuser de partir comme soldats et de payer comme contribuables. L'article, très élogieux, insiste sur le courage dont il fit preuve. Les chiffres produits, s'ils sont exacts, sont intéressants comme élément de preuve du caractère sanglant de ces luttes.

226. La Gorce (Pierre de). Martyres et apostats sous la Terreur. Paris, Plon, in-8, 320 p.

Etude assez fouillée, très vivante, partiale, bourrée de citations mais dépourvue de références précises.

227. Lavaquery (E.). L'histoire religieuse de la Révolution française dans le cadre diocésain. *R. Hist. Egl. France*, t. 20, p. 216-230.

I. L'esprit du sujet. II. Les limites du sujet. (Limites dans l'espace. Limites dans le temps). III. La division du sujet (1re partie : la préparation de la Révolution (1760-1er mai 1789), 2e partie : la décomposition, le schisme et la persécution (mai 1789-juillet 1794), 3e partie : vers le Concordat. IV. Bibliographie. « Ces lignes n'ont pas d'autre objet que de proposer quelques réflexions générales relatives à la méthode et propres à établir entre les chercheurs appliqués à l'étude de la période révolutionnaire un consensus efficace. »

228. Leclercq (Dom H.). L'Église constitutionnelle (juillet 1790-avril 1791). Paris, Letouzey et Ané, in-8, 619 p.

Cet ouvrage, qui comprend seize chapitres, donne beaucoup de faits et fournit un répertoire commode, intéressant et généralement précis des événements d'ordre religieux qui se sont succédé pendant une période critique de l'histoire de l'Église de France. Alors que les chapitres XII-XV ne paraissent se rattacher qu'assez mal au sujet, le rôle du jansénisme est négligé et pas réellement discuté. La bibliographie est plus étendue que critique et au courant. Les idées générales ne sont pas mises en relief. L'index est incomplet.

228 bis. Le Grand (Léon) et Marichal (Paul). L'histoire religieuse de la Révolution aux Archives nationales. *R. Hist. Égl. France*, t. 20, p. 553-620.

Séries interessant l'histoire religieuse de la Révolution. — I. Papiers se rapportant aux Assemblées. Série B : Convention des Etats-Généraux. Série C : Procès-verbaux des Assemblées et pièces annexes. Série A : Originaux des lois. Sous-série AD xviii : Impressions des Assemblées. Série D : Représentants en mission et comités. *a)* D1 : Missions des représentants du peuple dans les départements. *b)* D3 : Missions en Belgique. D iii : Comité de législation. D iv et D iv *bis* : Comité de constitution et Comité de division. D vi : Comité des finances. D xvv : Comité de la marine. D xixi : Comité ecclésiastique. D xxii : Comité d'aliénation. D xxix et xxix *bis* : Comité des rapports et Comité des recherches. D xxxiv : Comité des dons patriotiques. D xlii : Comité de Salut public. D xliii : Comité de sûreté générale. Série Q² : Vente des biens nationaux. Série S : Biens des corporations religieuses de Paris. Série I : Papiers du séquestre. — II. Papiers se rapportant au pouvoir exécutif. Série AF ii : Comité de salut public; Comité de sûreté générale; Représentants en missions. AF iii : Directoire. Série AF iv : Consulat et Empire. — III. Papiers concernant l'organisation administrative provenant du Ministère de l'Intérieur. Série F : Registres d'enregistrement. F. 1a : Administration générale. F1b : Personnel administratif. F1c : Esprit public. F³ : Administration communale. F⁴ : Comptabilité. F⁵ : Hospices et secours. F¹⁶ : Prisons. F¹⁷ : Instruction publique. F. ¹⁹ : Cultes. Série H : Administration provinciale. Sous-séries AD i à

xvii' (Rondonneau). — IV. Papiers de Police ou d'ordre judiciaire.
Sous-série F⁷ : Police générale. Série BB : Versements du ministère
de la justice. BB³ et BB³⁰. Série AA : Mélanges provenant en partie
des papiers de la chancellerie. Sous-série F¹⁶. Service des prisons.
Série W. Tribunal révolutionnaire : Fonds de la Marine BB², BB³ et
BB⁴. Correspondance concernant les prêtres déportés.

229. Lesprand (Paul). Le Clergé de la Moselle pendant
la Révolution. T. I : Les débuts de la Révolution et la suppression des Ordres religieux. Montigny-les-Metz, in-8, xv-
467 p.

Ce premier volume d'un ouvrage qui en comportera plusieurs
donne une description très détaillée des établissements religieux
existant dans la Moselle à la fin de l'ancien régime : 7 abbayes béné-
dictines, 4 abbayes cisterciennes, 2 abbayes des Prémontrés, couvents de chanoines réguliers de Saint-Sauveur, de Trinitaires de
Grands et de Petits-Carmes, de Capucins, de Cordeliers, de Récol-
lets, de Minimes, de Tiercelins, de Lazaristes, de Frères de Saint-
Jean-de-Dieu, les Frères des Écoles chrétiennes, des Bénédictins,
des chanoinesses de Saint-Augustin, des chanoinesses de Notre-
Dame, des Clarisses, des Franciscaines tertiaires, des Dominicaines,
des Carmélites, des Visitandines, des Ursulines, des Sœurs de la
Doctrine chrétienne, composant un personnel d'environ 700 religieux et d'environ 650 religieuses. Etudiant d'une façon minutieuse
le sort de ces établissements et de leurs membres au début de la
Révolution, l'auteur (qui a publié de nombreuses études sur l'histoire de la Moselle ecclésiastique, notamment dans la *Revue ecclésiastique de Metz*, et qui a édité plusieurs « cahiers de doléances »
du département) apporte une contribution importante à l'histoire
locale.

230. Mirot (L.). La vie religieuse après la Terreur. Les
registres baptistères de Clameci (Nièvre) (1795-1802). *R. Et.
hist.*, t. 101, p. 193-206.

A l'aide des registres baptistères de Clamecy, dont, par un ana-
chronisme, certains historiens ont fait un centre anticlérical dès
la Révolution, l'auteur montre qu'à partir de la loi du 3 ventôse
an III, l'administration du sacrement de baptême se fit avec une
grande régularité de 1796 à 1801 (1081 baptêmes), puisque la céré-
monie avait généralement lieu le jour même de la naissance, au
plus tard le lendemain. Précis et documenté.

1815-1914

231. Constant (G.). Le réveil religieux en France au
début du xixᵉ s. *R. Hist. ecclés.*, t. 30, p. 54-84.

Dans cet intéressant article qui continue des études précédemment écrites en 1933 dans la même Revue, l'auteur met en lumière l'importance pour le renouveau catholique de Bonald et de Joseph de Maistre, surtout de Ballanche (*Ville des Expiations*, 1832) de Th. Jouffroy, du Lamennais de l'*Essai sur l'Indifférence* et de sa postérité spirituelle surtout : M. de Guérin et Guttinguer.

232. Dudon (Paul). Notes sur l'Eglise de France au temps de la Restauration, d'après des lettres inédites de Lamennais. *R. Hist. Egl. France*, t. 20, p. 79-104.

Les lettres échangées entre Lamennais, le baron de Vitrolles, la baronne Cottu, Benoist d'Azy, les Senfft (1819-1825) présentent un triple intérêt. Sur l'accueil fait au *Du Pape* de Joseph de Maistre, elles s'opposent aux conclusions de Camille Latreille. Elles évoquent les difficultés qui opposèrent l'abbé Jean de La Mennais et Mgr de La Romagère, évêque de Saint-Brieuc et qui se terminèrent par la nomination du premier au poste de vicaire général du Grand Aumônier. Elles définissent l'attitude intransigeante de Lamennais à l'égard des lois sur le sacrilège et sur les Congrégations religieuses. L'article est intéressant et vivant.

233. Lacger (L. de). Monseigneur Mignot. Paris, Bloud et Gay, in-8, xvi-155.

Mgr Mignot, évêque de Fréjus (1890-99) puis d'Albi (1899-1919) ami de Loisy, de l'abbé Hyacinthe, a joué un rôle important dans les mouvements qui divisèrent l'église catholique à la fin du xixe et au xxe siècle (Sillonisme, Modernisme, Action Française). C'est dire tout l'intérêt de cette biographie écrite par un de ses familiers, qui a pu utiliser son journal et sa correspondance.

234. Lacoste (E.). Le P. François Picard (1831-1903). Paris, Bonne Presse, in-12, vii-550 p.

A retenir dans cette biographie du second supérieur général des Augustins de l'Assomption, les détails donnés sur la mission qui lui fut confiée en 1896 par Léon XIII, pour obtenir l'adhésion de l'épiscopat français au ralliement.

235. Lyautey (P.). Cardinal Luçon, archevêque de Reims (1842-1930). Paris, Plon, in-8, 240 p.

Ouvrage important, mais dont l'essentiel (la vie de Reims pendant et après la guerre) dépasse le cadre de cette Bibliographie.

236. Mahieu (Chanoine Léon). Le Saint-Siège et les anciens constitutionnels. Mgr Louis Belmas, ancien évêque constitutionnel de l'Aude, évêque de Cambrai (1757-1841). Paris, Picard, 2 vol. in-8, xl-461 p., 560 p.

Importante et minutieuse étude qui fournit de précieux détails sur la réorganisation du culte dans le populeux diocèse de Cambrai au lendemain de la Révolution. Languedocien et constitutionnel, Mgr Belmas se heurte à la résistance plus ou moins ouverte d'un clergé qui n'oublie pas son passé schismatique. Non moins persévérantes furent l'opposition du Saint-Siège et les rancunes de la Restauration. Ajoute d'intéressantes précisions sur la désignation des évêques concordataires, sur le projet de Concordat de 1817, sur l'attitude d'un prélat rigoriste et gallican à l'égard des tendances laxistes et ultramontaines du clergé.

237. **Schnir (R.).** Un épisode du ralliement. Contribution à l'étude des rapports de l'Eglise et de l'Etat sous la IIIe République (Etude de la déclaration des cinq cardinaux de France au Président de la République (1892). *R. Hist. mod.*, t. 9, p. 193-226, 317-339.

L'auteur analyse avec précision la *Déclaration des Cardinaux*, rédigée à la demande du cardinal Richard par Mgr d'Hulst et profession de foi du clergé réfractaire au Ralliement. Elle expose les griefs de l'Eglise à l'égard de la République qui favorise la laïcisation, aggrave les Articles organiques, expulse les religieux, poursuit l'enseignement catholique, supprime les aumôniers, admet le divorce, multiplie les tracasseries. La seconde partie apporte une adhésion de principe à la République. Les commentaires sont intéressants, mais trop courts. Ils n'emporteront pas l'adhésion de tous les lecteurs. L'étude de Mlle R. Schnir constitue une introduction utile à l'exposé d'un sujet encore mal connu.

238. **Tournier (Clément).** Le Cardinal de Clermont-Tonnerre, archevêque de Toulouse et le drame de la Petite-Eglise (1820-1830). (Suite.) *R. hist. Toulouse*, t. 21, p. 20-38, 97-116, 186-200, 288-315.

Ces longs articles évoquent les difficultés que Mgr de Clermont-Tonnerre rencontra du fait des adeptes de la Petite Eglise : les abbés Lucrès et Jean-Bernard Font qui lui firent une opposition locale sourde aux péripéties multiples, l'abbé Blanchard, réfugié à Londres, qui de 1821 à 1822, tenta de compromettre le bon archevêque de Toulouse, en faveur de la dissidence.

§ 3. Protestantisme.

239. **Dubois (G.).** Les protestants en Haute-Normandie à la fin du xviie siècle. Statistiques et conditions sociales. *B. Prot. franç.*, 83e ann., p. 261-276.

Cet article précis et documenté tire parti des enquêtes des Intendants (1698) et des lettres adressées par les doyens ruraux. Il esquisse la répartition géographique et sociale des protestants d'alors. Les Nouveaux catholiques étaient 1.647 à Rouen, 560 au Havre, 307 à Dieppe. Ils étaient nombreux dans la région de Bolbec-Lillebonne, où ils ne cessèrent point de pratiquer leur culte (ici des détails savoureux)... Grâce aux renseignements réunis pour Rouen et Bolbec, M. G. Dubois montre que les protestants de la fin du xviie siècle se rattachent à toutes les catégories sociales.

240. Engel (Claire-Eliane). L'abbé Prévost et le Protestantisme français. *B. Prot. franç.*, 83e ann., p. 593-613.

L'auteur de l'article prouve que l'abbé Prévost a, dans ses romans, tiré bon parti de la connaissance très précise qu'il avait de la vie des Protestants français. Il les a généralement représentés sous un jour assez sympathique (le Doyen de Killerine, Cleveland, les campagnes philosophiques de M. de Moncal).

241. Engel (Cl. El.). John Evelyn et le Protestantisme français. *B. Prot. franç.*, 83e ann., p. 29-48.

Au cours de voyages qu'il fit en France, l'anglican John Evelyn (1620-1706) a fait d'intéressantes remarques sur le protestantisme français, au lendemain de la Révocation. Il évoque l'odyssée des réfugiés français, et cet intime de Justel, de Chardin vint en aide aux huguenots chassés de leur patrie. Ce témoignage informé, pathétique est bien mis en valeur par l'auteur qui a su le rattacher à l'histoire générale.

242. Jalla (J.). Le refuge français dans les vallées vaudoises et les relations entre la France protestante et le Piémont. *B. Prot. franç.*, t. 83, p. 561-592.

Apporte des renseignements curieux sur les débuts de la réforme en Piémont, sur les tentatives de rapprochement entre les doctrines vaudoise et calviniste, sur les alternatives de tolérance, qui suivirent la conquête de François Ier, sous l'administration de Guillaume de Furstemberg et de Gaucher-Farel, favorable au développement du nouveau culte dans les vallées alpestres, et de répression, dont il cite quelques-unes des principales victimes.

Peu de références, l'auteur renvoyant pour les sources à la « Storia della Riforma in Piemonte ».

243. Lacoste (R.). Notes sur la bourgeoisie protestante du Bergeracois à la veille de la Révocation. *B. Prot. franç.*, 83e ann., p. 477-483.

Montre que les protestants du pays de Bergerac étaient surtout des marchands de grains, de vins (en rapport avec l'Ecosse, les Pays-Bas, l'Allemagne : ils s'y réfugieront), des avocats, des no-

taires et procureurs royaux (une dizaine de chaque catégorie),
9 médecins, 3 apothicaires, 2 savants : Jean Rey, précurseur de
Lavoisier, Jean Peyrarède.

244. Lamunière (Jacques). Les réformés bourguignons
réfugiés en Suisse romande. *M. Acad. Dijon*, année 1933,
p. 161-175.

Etude faite par le descendant d'une de ces familles réformées.
Souligne la persistance des liens de famille et de vie sociale. Utilise
des papiers et des souvenirs de famille. Très précis et intéressant

245. Nogaret (J.). L'histoire du Protestantisme à
Bayonne. *B. Prot. franç.*, 83e ann., p. 614-632.

Dans cet article, l'auteur montre qu'au xviie siècle, Bayonne
pourvue d'un pasteur et d'une école, n'eut pas de temple. Celui-ci
ne fut inauguré qu'en 1847. C'était le couronnement de l'effort des
123 protestants de la ville, poursuivi depuis 1819.

246. Perrenet (P.). Les protestants de la région dijon-
naise durant la période de l'Edit de Nantes. *M. Acad. Dijon*,
année 1933, p. 176-183.

Renseignements précis, mais sommaires et incomplets : l'auteur
lui-même constate la difficulté d'être exactement informé.

247. Perrenet (Pierre). Les protestants de la région di-
jonnaise et langroise durant l'application de l'Edit de Nantes.
B. Soc. hist. archéol. Langres, t. 10, p. 361-380.

Utilise les registres du consistoire de Dijon, 1610-1626 et d'Is-
sur-Tille, 1627-1685 (inédit), conservés à Is-sur-Tille.

248. Piguet (Emile). Les démembrements généraux de
réfugiés huguenots au Pays de Vaud et à Berne à la fin du
xviie siècle. Extrait du *B. Prot. franç.* (82 et 83e années). Lausanne, La Concorde, in-8, 118 p.

Publication d'un manuscrit appartenant à la Bibliothèque de
la Faculté de Théologie de l'Eglise libre de Lausanne. Contrairement à ce qu'indique le titre, il s'agit d'un seul démembrement,
celui de 1643 qui mentionne 6.050 personnes. Document important
pour l'étude des conséquences démographiques de la Révocation.

249. Raisin-Dadre (Ch.). En Cévennes : L'Eglise ré-
formée d'Avèze sous l'ancien Régime. *B. Prot. franç.*, 83e ann.,
p. 440-461.

Cet article qui s'appuie sur des documents d'Archives protes-

tantes paroissiales, d'Archives communales, sur les compois ou
cadastres de 1601, 1656, 1732 et sur les Règlements du Bureau de
Charité, fournit d'intéressants renseignements sur la vie financière
et religieuse d'une communauté huguenote au XVIIᵉ siècle. Il évoque
les procès qui opposèrent les fidèles et certains Pasteurs, les Dra-
gonnades et les premières Assemblées du Désert. Précis et caractéristique.

250. Viénot (John). Histoire de la Réforme française.
T. II. De l'Edit de France à sa révocation (1598-1685). Paris,
Fischbacher, in-8, XIII-634 p. (Pl. h. t.)

Second volume — qui est une œuvre posthume — de l'*Histoire
de la Réforme française*, qu'avait entreprise le pasteur John Viénot.
Après six chapitres sur le régime de l'Edit de Nantes et l'œuvre
de Henri IV, le reste du volume se partage à peu près également
entre l'époque de Louis XIII et de Richelieu d'une part, celle de
Mazarin et de Louis XIV d'autre part. « Livre de bonne foi », écrit
l'auteur dans la préface : personne ne le contestera. Mais il faut
avertir les lecteurs que le pasteur Viénot s'est surtout préoccupé
de juger la politique des successeurs de Henri IV. Il ne pouvait le
faire avec une entière sérénité. La lecture de son livre pose un grand
nombre de questions, qui ne sont pas encore résolues, à la fois parce
qu'elles n'ont pas été étudiées jusqu'ici avec toute l'impartialité
nécessaire, et parce que leur solution exigerait de multiples recherches locales dans des archives très dispersées. C'est surtout par
les questions qu'il pose que le livre de John Viénot intéressera les
historiens.

Cf. les nᵒˢ 323, 440, 441 *bis*, 464.

§ 4. Juifs.

251. Mossé (Armand). Histoire des Juifs d'Avignon et
du Comtat-Venaissin. Paris, Lipschutz, in-8, 266 p.

L'auteur s'est proposé de faire la synthèse des travaux existants.
Il a connu néanmoins des documents inédits, provenant de collections particulières qui lui ont permis de donner des détails nouveaux
sur la constitution intérieure des communautés juives et leurs rapports entre elles. On regrettera que la forme de cet ouvrage soit
assez confuse.

252. Sraer (Eugène). Les Juifs de France et l'égalité

des droits civiques. L'Assemblée de 1806. Paris, in-8, 135 p.
(Thèse Lettres, Paris.)

Travail où a été reprise la question de l'émancipation des Juifs
en 1791 et celle du règlement culturel édicté par Napoléon. Rien
de neuf dans la documentation. Exposé sommaire, trop dépourvu
d'originalité et de clarté.

E

HISTOIRE DE LA CULTURE INTELLECTUELLE

§ **1.** Généralités. 253-253 *bis*. — § **2.** Instruction publique et corps savants. 254-258. — § **3.** Imprimerie, librairie, presse. 259-261. — § **4.** Histoire de la littérature et du théâtre. 262-293. — § **5.** Sciences exactes. 294-299. — § **6.** Médecine et pharmacie. 300-302.

§ 1. Généralités.

253. Baldensperger (F.). Intellectuels français hors de France. *R. Cours Conf.*, t. 35 (1), p. 193-212, 316-324, 548-561, 607-619, 723-738 ; t. 35 (2), p. 49-58, 215-231, 329-340, 435-449, 519-534.

Résumés des cours qui sont surtout faits pour montrer la complexité du problème. Bien qu'il n'y ait ni bibliographie ni références, cette succession d'articles est hautement recommandable. En confrontant les points de vue anciens avec son érudition singulière, M. Baldensperger arrive à renouveler la question.

253 *bis*. Jacquemont (Victor). Lettres de Victor Jacquemont à Jean de Charpentier (1822-1828). Publiées avec une introduction par Léon Bultingaire et des notes de Pierre Maes. 2ᵉ édition (avec supplément). Paris, Masson, Leroux, gr. in-8, 241 p.

Ces lettres dont les sujets touchent à de nombreuses questions de littérature, de science et de politique, constituent une contribution intéressante, sinon très importante, à l'histoire de la vie intellectuelle à la fin du premier tiers du XIXᵉ siècle. L'édition a été faite d'après une copie conservée à la Bibliothèque du Museum. Les originaux ont été retrouvés depuis à la Bibliothèque publique et universitaire de Genève.

Cf. les nᵒˢ 383, 450.

§ 2. Instruction publique et corps savants.

254. Dietz (Jean). Jules Ferry et l'enseignement supérieur. *Grande R.*, t. 146, p. 125-138.

Il faut rapprocher de cet article ceux du même auteur dans la *Revue de France* d'avril 1934 *(J. Ferry au gouvernement de la Défense nationale et pendant la Commune)*, et dans la *Revue politique et parlementaire* de 1934 *(Jules Ferry et les traditions républicaines, 6 articles)*. Ce sont les diverses parties d'une biographie d'ensemble qui n'est pas encore complète, biographie exacte, sage et modérée.

255. Durand (R.). Le monopole universitaire et la concurrence ecclésiastique dans les Côtes-du-Nord sous le Premier Empire. *R. Hist. mod.*, t. 9, p. 16-47.

Etude minutieuse et fouillée, comme toutes celles de cet auteur. Le souci du détail est ici une qualité. Montre combien la concurrence ecclésiastique a été rigoureuse.

256. L'Université de Nancy (1572-1934). Nancy, « Ed. du Pays Lorrain », in-4, xvi-199 p.

Publication collective où est exposée l'histoire des universités de Pont-à-Mousson et de Nancy, et celle de diverses facultés qui constituent cette dernière; à noter une liste de recteurs et d'intéressantes illustrations.

257. Mazoyer (Louis). La bourgeoisie du Gard et l'instruction au début de la monarchie de juillet. *A. Hist. écon. soc.*, t. 6, p. 20-39.

« C'est... sous l'influence des sentiments les plus divers, qu'au début de la Monarchie de juillet la bourgeoisie du Gard réclame le développement de l'instruction... Comme l'habitude des affaires lui a donné un sens très net des réalités, comme elle songe surtout à défendre ses intérêts matériels menacés par une crise économique et l'activité grandissante de ses ennemis de classe, elle rattache le problème de l'instruction à ses besoins et ses préoccupations, le présente sous une forme concrète à la fois plus saisissante et plus efficace, l'illustre et le précise à l'aide des mille incidents de la vie quotidienne, de la fabrique comme de la rue, le complique et l'enrichit de l'apport vivant de son expérience et, bien qu'elle le transpose toujours en termes d'intérêt général pour biaiser avec son égoïsme, ne le résout jamais autrement que dans le sens de ses intérêts particuliers. »

258. Meaux (Baron de). Montalembert et la liberté d'enseignement. *R. générale*, t. 47, p. 664-679.

Brève esquisse apologétique de la vie et de l'œuvre de Montalembert.

Cf. les n°s 283, 432.

§ 3. Imprimerie, librairie, presse.

259. Bourgin (Georges). Bibliographie et archives. *B. int. Com. hist. Sci.*, n° 22, p. 27-70.

Exposé très détaillé des sources manuscrites et imprimés de l'histoire de la presse française.

259 *bis*. Charmasse (A. de). L'imprimerie d'Autun aux xviie et xviiie siècles. *M. Soc. éduenne*, t. 47, p. 313-360.

Contient une liste chronologique des livres imprimés à Autun, depuis 1634.

260. Jaryc (Marc). Une bibliographie internationale de la science journalistique. *R. Bibliothèques*, 44e-45e ann., t. 11, p. 80-93.

A propos de l'ouvrage de Karl Bömer, *Internationale Bibliographie des Zeitungswesens*, Leipzig, 1932. M. J. y relève de nombreuses inexactitudes et omissions. P. 4-5 des remarques concernant le paragraphe « France ».

260 *bis*. Reclus (Maurice). Emile de Girardin. Paris, Hachette, in-8, 239 p. (Figures du passé).

Biographie sérieuse, fondée sur des recherches d'archives, d'un des créateurs de la « grande presse », brasseur d'affaires en même temps qu'homme politique aux idées fécondes et souvent révolutionnaires. L'auteur met bien en relief le rôle social et économique des entreprises de Girardin, mais l'analyse de ses idées politiques est un peu superficielle.

261. Weill (Georges). Le Journal. Origines, évolution et rôle de la presse périodique. Paris, Renaissance du Livre, in-8, xix-451 p. (8 pl. h. t.) (Evolution de l'humanité. Synthèse collective, dir. par Henri Berr, n° 94.)

Livre écrit avec la conscience bien connue que M. G. W. apporte dans tous ses travaux. Le premier manuel que le public français ait à sa disposition, et par suite à signaler comme un instrument de travail indispensable. Bibliographie bien faite. Quelquefois l'horizon du volume est un peu étroit, et on souhaiterait, à côté de la mise au point réalisée, quelques précisions sur l'évolution mécanique, le développement des informations.

Cf. les n⁰ˢ 125, 126, 133, 144, 409, 415,

§ 4. Histoire de la littérature et du théâtre.

262. Bibliographie des questions de littérature comparée. Livres et périodiques. *R. Litt. comp.*, 14ᵉ ann., p. 396-407, 572-583, 756-766.

263. Chronique. *R. Hist. litt. France*, p. 619-630.
Dépouillement de périodiques, avec quelques très courtes notes analytiques.

264. **Van Tieghem (Paul).** Histoire littéraire générale et comparée : 18ᵉ compte rendu annuel. *R. Synthèse*, t. 4, p. 217-248.
Ouvrages de 1933 et 1934.

———

265. **Aurenche (Louis).** Jean-Jacques Rousseau chez Monsieur Jean Bonnot de Mably (1740-1741). Paris, Société française d'éditions littéraires et techniques, in-16, 148 p.

266. **Boulan (H.-R.).** Les mots d'origine étrangère en français. Amsterdam, H. J. Paris, in-8, 229 p.

Cette étude s'occupe surtout de la 2ᵉ moitié du XVIIᵉ siècle. Les langues étrangères qui pénètrent le plus dans le vocabulaire français de cette époque sont l'italien et l'espagnol (qui sert aussi d'intermédiaire pour l'« importation » de mots d'origine exotique). L'influence de l'anglais est moins importante. Sur la centaine de mots empruntés à l'anglais plus de la moitié concernent la vie publique, témoignage expressif de l'influence des institutions anglaises. L'influence de l'allemand reste négligeable; le hollandais, par contre, fournit au français une cinquantaine de termes de marine et une vingtaine de termes de commerce.

267. **Brunot (Ferdinand).** Histoire de la langue française des origines à 1900. T. 8. Le français hors de France au XVIII s. 1ʳᵉ Partie. Le français dans les divers pays d'Europe. Paris, Colin, in-8, XVLI-768 p.

Ce nouveau volume d'un ouvrage capital, véritable mine pour l'historien, étudie l'expansion de la langue française dans le Proche Orient et les Pays danubiens, la Péninsule hispanique, en Italie, Suisse, Hollande, Angleterre, dans les Pays-Bas autrichiens, la Principauté de Liège, le Luxembourg, en Savoie, dans les Pays scandinaves, en Pologne, Russie, Allemagne.

268. Cazes (André). Grimm et les encyclopédistes. Paris, Presses Universitaires, in-8, 408 p.

Thèse de doctorat de l'Université de Toulouse. Travail sérieux, fait d'après les documents publiés, sans rien d'inédit. Passe en revue l'un après l'autre divers personnages comme Diderot, Mme d'Epinay; mais n'ajoute rien de véritablement neuf à ce que ses prédécesseurs nous avaient appris.

269. Chinard (Gilbert). L'Amérique et le Rêve exotique dans la littérature française au xviie et au xviiie siècle. Paris, Droz, in-8, viii-455 p.

Fait suite à l'ouvrage du même auteur sur *L'exotisme américain dans la littérature française au XVIe siècle*, Paris, 1911. M. G. Chinard étudie la relation qui existe entre les récits des voyageurs et des missionnaires et la révolution morale dont le discours de Rousseau sur l'*Inégalité* marque le point culminant. D'après l'auteur, l'enthousiasme montré pour les sauvages est influencé par des souvenirs classiques et des conceptions chrétiennes. Ouvrage très solide et capital pour l'histoire des idées au xviiie siècle.

270. Deschamps (Jules). Chateaubriand en Angleterre. Paris, Edit. Albert, in-16, 207 p. (Grav.)

Il y a là plusieurs études différentes, soit sur l'attitude de Chateaubriand vis-à-vis de l'Angleterre, soit sur les jugements anglais le concernant. L'auteur estime fort peu le sens politique du grand écrivain.

271. Eggli (Edmond) et Martino (Pierre). Le Débat romantique en France, 1813-1830. Pamphlets, Manifestes, Polémiques de presse. Tome I. 1813-1816. Paris, Belles-Lettres, in-8, 500 p. (Publ. de la Fac. des Lettres d'Alger.)

Recueil de textes, bien et abondamment annoté, qui restitue l'atmosphère du romantisme naissant.

272. Gillot (Hubert). Chateaubriand. Ses idées, son action, son œuvre. Paris, Belles-Lettres, in-16, 393 p.

« Le présent ouvrage n'est point une biographie ». « L'œuvre et la pensée de Chateaubriand sont de celles qui ne livrent jamais tout leur secret, parce que profondément *vécues*, elles sont l'expression vivante, immédiate et sincère d'une personnalité riche d'expérience humaine et, par leur complexité, voire leurs contradictions, défient les classifications et débordent les formules. Saisir à travers cette complexité, cette mobilité, ces contradictions mêmes, l'unité foncière d'une pensée et d'une œuvre infiniment riches et multiples; de la patiente et minutieuse étude des faits, dégager une synthèse qui les groupe et les explique, telle est l'ambition de ce travail. »

273. Gillot (Hubert). Figures romantiques. Paris, Courville, in-8, 185 p.

Lamartine, Victor Hugo, Delacroix, Vigny, Musset, Berlioz, Balzac.

274. Grimm (Baron). Correspondance inédite du Baron Grimm au Comte de Findlater. 1794-1801. Paris, Presses Universitaires, in-8, 302 p.

Correspondance inédite, dont l'auteur n'a pas réussi à fixer la date d'origine. La première lettre publiée remonte à 1794. Findlater était un grand seigneur anglais, qui s'était établi en Allemagne et avait noué des rapports avec beaucoup d'écrivains et de lettrés. Les lettres de Grimm donnent des nouvelles et des appréciations intéressantes, bien qu'elles n'aient rien de sensationnel, et que Grimm ne semble pas avoir été informé à l'avance des desseins politiques de Catherine ou d'autres princes.

275. Hung Cheng Fu. Un siècle d'influence chinoise sur la littérature française (1815-1930). Paris, Ed. Domat Monchrestien, in-8, 280 p. (Thèse Doct. Univ. Paris.)

Introduction : Des premiers contacts des civilisations chinoises et méditerranéennes. L'influence de la Chine sur les Lettres françaises des XVIe, XVIIe et XVIIIe siècles. Chap. Ier : La sinologie de 1815 à 1872. Les prédécesseurs. Rémusat et Stanislas Julien. Théodore Pavie, Guillard d'Arcy, Biot et Louis Bazin. Hervey Saint-Denys et les Poèmes de l'époque Thang. Chap. II : Judith Gautier. Les poètes français jusqu'en 1872. Chénier, Gautier, Hugo, Baudelaire, Méry, Du Camp, Bouilhet et ses *Poèmes chinois*, Flaubert. Les Chinois au théâtre et les premiers reportages : le Père Huc. Chap. III : De 1872 à 1914 : Judith Gautier et Pierre Loti. Chap. IV. La poésie, les traducteurs, les adaptateurs. L'influence de la poésie sur les Parnassiens et les Symbolistes français. Claudel et la *Connaissance de l'Est*. Victor Segalen et ses *Stèles*. Les autres : Maurice Magre, Francis Jammes, etc. Chap. V : Le Roman. Les romans chinois traduits ou adaptés en français. Tin-Lun-Ling, Hervey Saint-Denys, Soulié de Morant, Pascal Fortuny, etc. Les romans chinois imités en français : Claude Farrère, Henri de Régnier,

S. E. Robert. Les contes français concernant la Chine et les Chinois. Chap. VI : Le théâtre de 1872 à 1933 : *Le repos du 7e jour* de Claudel. *Le Chagrin au Palais des Han* de Louis Laloy. La musique. Le cinéma. Chap. VII : Les plus récents sinologues. Les premiers reporters. — Travail touffu, utile comme recueil de matériaux.

276. Jaspar (Henri). Ernest Renan et sa république. Paris, Éd. Albert, in-16, xiii-248 p.

Œuvre brève d'un admirateur qui veut montrer dans Renan un idéaliste convaincu et constructeur. L'auteur connaît l'œuvre. Mais les références sont rares, et l'ouvrage, commode à lire, ne dispense pas de recourir aux études antérieures.

277. King (Sylvia M.). Maurice Barrès, la pensée allemande et le problème du Rhin. Paris, Champion, in-8, x-293 p. (Bibl. de la *R. de Litt. comp.*, t. 92.)

Biographie attachante et consciencieuse de Barrès, en fonction du problème rhénan. L'auteur suit son héros, de sa première jeunesse à sa mort, à travers ses relations, ses livres, ses voyages en Allemagne et notamment en Rhénanie, en montrant la continuité de son évolution. Sans doute, tout Barrès ne se trouve-t-il pas dans cette monographie, et la riche bibliographie qui termine le volume ne concerne-t-elle que le Barrès lorrain, préoccupé des rapports de sa chère province avec l'Allemagne, mais n'est-ce pas là l'essentiel de la pensée barrésienne, en tout cas le ressort et l'idée directrice de toute sa vie ?

278. Le Flamanc (Auguste). Les utopies prérévolutionnaires et la philosophie du xviiie siècle. Paris, J. Vrin, in-8, 178 p.

Ouvrage destiné — la préface le reconnaît hautement — à dénoncer la malfaisance des idées utopiques d'avant 1789 indiquées comme correspondant exactement au système présent de l'Allemagne. Beaucoup de lectures et l'ouvrage n'est pas indifférent. Mais il ne convient guère qu'aux spécialistes, capables de le critiquer efficacement. Plusieurs des thèses de l'auteur ont été exposées ailleurs. La forme est trop oratoire et négligée.

279. L'England (Sylvia). Bibliographie de pièces de théâtre parues en France de 1815-1848, avec indication des pièces ayant un caractère social ou une tendance sociale. *R. Hist. litt. France*, t. 41, p. 573-604. [A suivre.]

280. Lichtenberger (Marguerite). Ecrivains français en Egypte contemporaine (de 1780 à nos jours). Paris, Presses universitaires, in-8, 191 p. (Thèse Doct. Univ. Lyon.)

Continuation, en quelque sorte, de l'ouvrage de J.-M. Carré : *Voyageurs et écrivains français en Egypte* (Le Caire, 1932) qui s'arrête en 1869, date du percement du canal de Suez. Chap. I : Les deux nababs [A. Daudet, *Le Nabab*, Paris, 1877. Il s'agit en réalité de François Bravay]. Chap. II : Le cas particulier de Zéphyrin Cazavan [Héros d'un roman de Charles Edmond : *Zéphyrin Cazavan en Egypte*, publié en 1880]. Chap. III : M. Perrichon aux bords du Nil. Chap. IV : Le vicomte E. M. de Vogüé en Egypte. Chap. V : Louis Ménard, Anatole France et l'Egypte. Chap. VI : A la recherche des dieux d'Egypte : Schuré, Barrès, Maeterlinck. Chap. VII : L'angoisse égyptienne de Loti. Chap. VIII : Les Mirages orientaux de M. Louis Bertrand. Chap. IX : Le reportage au xxe siècle en Egypte. Chap. X : Ecrivains français d'Egypte. Chap. XI : Les Ecrivains d'expression française en Egypte.

280 *bis*. Lichtenstein (J.). Racine, poète biblique. Paris, Lipschutz, in-8, 248 p.

La vie religieuse et morale de Racine. Le problème de la Providence dans la tragédie française. Le sujet d'Esther avant Racine. De quelques idées bibliques dans *Esther* et *Athalie*. Le style biblique de Racine. La poésie biblique après Racine. Biblisme classique et biblisme romantique : Racine et Victor Hugo.

281. Lucas-Dubreton. Béranger, Paris, Hachette, in-8, 288 p.

Cette biographie, sans apporter beaucoup de choses nouvelles, fait bien connaître le milieu littéraire et social dans lequel vécut Béranger.

282. Malleret (Louis). L'exotisme indochinois dans la littérature française depuis 1860. Paris, Larose, in-8, 372 p.

Le développement de la littérature indochinoise d'expression française a suivi pas à pas celui de l'œuvre de la France en Extrême-Orient. Après une période d'incompréhension et de méfiance réciproques, l'action française gagnant en étendue et en profondeur, l'exotisme du début s'est mué en une confrontation entière des deux civilisations, qui peut aboutir à un enrichissement mutuel.

283. Mélanges de littérature, philologie et histoire offerts à M. Louis Arnould par ses élèves et ses amis. Poitiers, Soc. franç. d'impr. et de libr., in-8, xxiv-344 p. (Portr.)

Contient notamment :

P. 42-46 : M. DE ROUX, La succession de Racan dans les œuvres de Cochin.

P. 47-54 : A. RIVAUD, Notes sur l' « Apologétique » de Pascal.

P. 55-60 : A. FOREST, Les fondements de la certitude chez Pascal et chez Jansenius.

P. 68-72 : J. CHEVALIER, La place du pari dans l' « Apologie » de Pascal.

P. 73-83 : J. B. ERIAU, Bossuet et le Carmel du faubourg Saint-Jacques.

P. 84-94 : J. VIANEY, Molière : modèle de La Bruyère dans l'art du portrait.

P. 95-99 : V. SCHRŒDER, L'abbé Prévost, romancier ignoré.

P. 100-103 : J. SALVINI, Le père de Chateaubriand armateur en course à Rochefort.

P. 104-116 : L. FLANDRIN, Lettres d'un artiste à un de ses amis à Rome, Victord Baltard à Hippolyte Flandrin, 1836-1838.

P. 117-131 : J. COUSIN, Napoléon Ier dans l'œuvre de Victor Hugo avant l'exil.

P. 132-139 : H. GAILLARD, Théorie et pratique de l'éducation chez Michelet.

P. 140-145 : J. NANTEUIL, Le « socialiste » Brunetière.

284. Mélanges de philologie, d'histoire et de littérature offerts à Henri Hauvette. Paris, Presses françaises, in-8, XXXIX-845 p.

De la centaine d'articles qui composent ce recueil, publié par les collèges et les élèves d'Henri Hauvette « à l'occasion de son élection à l'Académie des Inscriptions et Belles Lettres et de sa 40e année d'enseignement universitaire », les suivants entrent dans le cadre de la présente Bibliographie :

Henri GRAILLOT, Un prince de Toscane (Cosme III de Médicis) à la cour de Louis XIV.

Giuseppe GALLAVRESI, La jeunesse du comte Gozani.

Urbain MENGIN, Lamartine et Manzoni; leurs relations amicales et leurs opinions politiques.

René DOLLOT, Le souvenir de Frédéric Ozanam à Milan.

Lucien AUVRAY, Dante et Littré.

Henri TRONCHON, L'Italie dans les carnets d'Edgar Quinet.

Francesco PICCO, L'Italie de Maupassant.

285. Mélanges de philosophie, d'histoire et de littérature offerts à Joseph Vianey. Paris, Presses françaises, in-8, XVI-515 p.

Contient notamment :

P. 209-214 : P. HUBERT, Un relieur astronome. [Simon Corberain, relieur de Peiresc initié par celui-ci aux recherches astronomiques, auxiliaire de Gassendi à Aix.]

P. 214-228 : Maurice MAGENDIE, Villégiature d'honnêtes gens à Forges-les-Eaux vers 1660. Les Divertissements de Forges (1663). [« Ce petit roman... présente un assez grand intérêt. D'une part,

il contribue à nous éclairer sur les mœurs, les goûts et les aspirations
de la société polie, aux environs de 1665, de l'autre il nous apporte des
documents précieux sur l'état de Forges-les-Eaux à cette même date
qui marque l'apogée de sa prospérité et de la vie qu'on y menait. »].

P. 229-232 : Jean PLATTARD, Le théâtre à Poitiers en 1666.
[D'après le journal de voyage de John Lander, lord Fountainhall,
publié en 1900.]

P. 233-247 : Henri GRAILLOT, Un prince de Toscane dans le midi
de la France en 1669. [Cosme de Médicis, prince héritier de Toscane, gendre de Gaston d'Orléans. Voyage de « tourisme » dont les
principales étapes furent Lyon, Vienne, Avignon, Nîmes, Montpellier, Marseille.]

P. 249-254 : René JASINSKI, Sur Molière et la médecine. [« Ainsi
la critique de la médecine (chez Molière)... rejoint Gassendi et Bernier. Est-ce à dire que Molière soit toujours gassendiste? Evidem-
ment non. Mais une telle connexion permet de déceler des idées
beaucoup plus méditées et philosophiques qu'il semblerait au premier abord. »]

P. 269-276 : Marcel BOUCHARD, Les sciences historiques et l'esprit
philosophique d'après un mémoire de l'abbé Fréret. [Les « Réflexions
sur les anciennes histoires et sur le degré de certitude de leurs
preuves. » 1724.]

P. 311-320 : Louis J. THOMAS, Le premier doyen de la faculté
des lettres de Montpellier : Jean-Alexandre de Carney, 1741-1819.

P. 321-331 : Gustave RUDLER, Benjamin Constant et Philippe-
Albert Stapfer. [Leur correspondance 1821-1825 au sujet de la
préparation et la publication du t. 1 de la « Religion » de Constant.]

P. 333-343 : Fernand BALDENSPERGER, Le dossier stendhalien
de Gœthe.

P. 345-357 : Luigi-Foscolo BENEDETTO, I viaggi a Sienna del con-
sole Beyle.

P. 399-412 : Henri BEDARIDA, Un romantique de Provence :
Victor Méri de la Camargue.

P. 413-418 : Jean AMADE, Un des premiers «renaissants » en
Catalogne au XIXe siècle : José Sol y Padris.

P. 446-457 : Pierre MARTINO, Notes sur le voyage de Flaubert
dans la régence de Tunis et en Algérie (1858). [Voyage entrepris
afin de recueillir sur place une documentation pour « Salambô ».
Les Notes de voyage de Flaubert ont été publiées en 1912 dans
l'édition Conard, mais le manuscrit a été très mal déchiffré par l'éditeur. M. Martino corrige un certain nombre d'erreurs dans la graphie
des noms géographiques.]

P. 459-477 : Jean POMMIER, Baudelaire et Hoffmann.

286. **Meynier (Albert).** Sur les origines intellectuelles de
la Révolution française, d'après un ouvrage récent. *Révol.
franç.*, t. 87, p. 1-16.

A propos de l'ouvrage de D. MORNET, du même titre.

287. Pommier (J.). « Port-Royal » de Sainte-Beuve. La préparation. I. *R. Hist. Philos. relig.*, p. 359-414.

« Je crois..... que Sainte-Beuve, jusqu'aux approches de l'hiver 1833, n'a eu ni curiosité ni sympathie spéciale pour Port-Royal, sauf au point de vue littéraire. C'est seulement dans les derniers mois de cette année et surtout à partir de 1834 que l'on voit... le courant sourdre et grossir, encore qu'avec intermittences ».

288. Raederstoerffer (Georges). Le Comte de Gobineau au Brésil. Paris, Nouv. édit. latines, in-8, 174 p. (Thèse Doct. Univ. Paris.)

Le comte de Gobineau fut, durant dix-huit mois, d'avril 1869 à mai 1870, ministre de France près de la cour de Pedro II. Gobineau ne se plut pas au Brésil. Il porta sur le pays et sur ses habitants des jugements aussi sévères que faux. L'auteur s'efforce..... « de reconstituer d'une manière assez précise les différents épisodes de sa vie durant son séjour à Rio-de-Janeiro ». Il publie de nombreux extraits de la correspondance de l'écrivain se rapportant à son séjour au Brésil (notamment ses lettres adressées à l'empereur Pedro II, conservées au château d'Eu).

289. Répertoire chronologique des littératures modernes, publié par la Commission internationale d'Histoire littéraire moderne sous la dir. de Paul Van Tieghem. Fasc. 1er. Paris, Droz, in-8, 48 p.

Comme l'explique la préface, cet ouvrage est nouveau, et de plusieurs façons : comme premier essai de tableau raisonné et filtré de ce que chaque littérature moderne offre de plus intéressant et de plus significatif, et ce point de vue est celui de l'historien littéraire d'un peuple, d'une nation; rien d'analogue n'existait, même à l'intérieur des principales littératures; — comme panorama synoptique des diverses littératures, permettant d'apercevoir à chaque époque leur situation réciproque, mettant en relief les influences et les emprunts, et ce sera sa principale utilité pour l'historien des littératures comparées; — comme donnant le plus de place possible, non aux faits biographiques qui sont réduits à l'essentiel, mais aux faits historiques, sociaux, religieux, scientifiques, aux découvertes, etc., qui ont exercé sur la littérature une indubitable action; et ce dernier aspect est celui qui mérite de retenir l'attention des historiens. L'ouvrage sera complet en 8 fascicules.

290. Rousseau (J.-J.). Correspondance générale collationnée sur les originaux, annotée et commentée par Théophile Dufour et publiée par P. P. Plan. T. 20. Rousseau est rentré à Paris. Il botanise au Jardin du Roi. Il meurt à Ermenonville (septembre 1770-3 juillet 1778). Paris, Colin, in-8, vi-387 p. (Ill.)

Ce volume comprend les lettres de Rousseau pendant la dernière partie de sa vie. Il est établi avec le même soin que les précédents, et comprend un certain nombre d'inédits. Belle illustration.

291. **Scharten** (**Theodora**). Les voyages et séjours de Michelet en Italie. Amitiés italiennes, Paris, Droz, in-8, 280 p. (Portr.)

Chap. I : Voyage de 1830. Chap. II : Voyage de 1838. Le cours sur la Renaissance. Goffredo Mameli. Chap. III : Séjour de 1853-1854. Amitiés italiennes. Chap. IV : Michelet en 1870-1871. Séjours à Florence et à Pise. Dernières années. Appendices : I. Voyage de 1830. Journal inédit. II. Voyage de 1838. Journal inédit. III. La composition du « Banquet ». Travail consciencieux et intelligent qui utilise les papiers de Michelet conservés au Musée Carnavalet, les dossiers Quinet de la Bibliothèque nationale, les pièces conservées à la Bibliothèque nationale de Florence et la correspondance inédite conservée par la famille Amari.

292. **Simon** (**Le P. Henri**). L'esprit révolutionnaire au xviiie siècle. *R. Jeunes*, t. 6, p. 329-342.

A propos de l'ouvrage de Daniel MORNET : *Les origines intellectuelles de la Révolution française.*

293. **Spink** (**J. Steph.**). Jean-Jacques Rousseau et Genève. Essai... pour servir d'introduction aux Lettres écrites de la Montagne. Paris, Boivin, in-8, viii-324 p. (Thèse Doct. Univ. Paris.)

Ouvrage très intéressant qui met en œuvre des brochures ou papiers peu connus et rappelle l'attention sur le côté « génevois » de la pensée et de la vie de J.-J. Les chapitres relatifs aux Pasteurs de Genève et à l'épisode de Motiers sont particulièrement à retenir. Il est seulement regrettable que l'auteur paraisse ignorer les travaux parallèles de M. Corbaz, dont l'étude sur Micheli de Crest est plus poussée, et n'ait pas consulté certains dépôts familiaux.

Cf. les nos 427, 435, 437, 446.

§ 5. Sciences exactes.

294. **Brunet** (**Pierre**). Un grand débat sur la physique de Malebranche au xviiie siècle. *Isis*, t. 20, p. 267-395.

Privat de Molières et Le Corgne de Launay, contre Banières, Sigorgne. Contribution importante à l'histoire des luttes entre les idées cartésiennes et newtoniennes.

295. Costantin (J.). Aperçu historique des progrès de la Botanique depuis cent ans (1834-1934). Paris, Masson, in-4, cciii p. (Fig., pl.) (Mém. publ. dans les « Annales des sc. naturelles botaniques », 1934, 10e Sér., t. XVI, à l'occasion du centenaire de cette publication.)

Publié à l'occasion du centenaire des « Annales des sciences naturelles ». Passe en revue, dans une première partie, quelques questions primordiales et générales traitées dans les Annales depuis 1834, dans la deuxième les travaux de systématique, dans la troisième et les suivantes les problèmes fondamentaux de la Science contemporaine. (III. Reproduction des végétaux. IV. Les suites de la fécondation et les problèmes qui en dérivent. V. Divers aspects de l'action du milieu (ecologie). VII. Morphologie et physiologie végétales normales et pathologiques. VIII. Botanique appliquée).

296. Dubois (E.). Les hommes de science et les naturalistes du Pays d'Ain, aux xvi, xvii et xviiie siècles. *B. Soc. Nat. Archéol. Ain*, n° 48, p. 159-202.

Suite de l'étude consacrée aux hommes de science du pays de l'Ain. Consacré surtout à Philibert Commerson, qui fut un compagnon de Bougainville et au grand savant Lalande. Exposé précis, écrit en partie d'après des pièces d'archives; mais n'apporte pas grande nouveauté.

297. Enriques (Federigo). Signification de l'histoire de la pensée scientifique, Paris, Hermann, in-8, 69 p. (Actualités scientifiques et industrielles, n° 161. Philosophie et histoire de la pensée scientifique. I.)

La science et l'histoire; La conception positiviste de la science; Le postulat de la raison; Vérité et erreur; Le problème du non-sens; La raison pure de Kant; Les postulats rationnels dans la construction de la science; Pragmatisme et idéalisme; La civilisation et les motifs de la science; Les problèmes de la philosophie éclairés par l'histoire de la pensée scientifique; Rationalisme et historisme; L'unité de la science; Construction de l'histoire; Traduction et valeur des textes; L'histoire objective de Duhem; La continuité de la pensée scientifique.

297 *bis*. Metzger (Hélène). La littérature scientifique française au xviiie siècle. *Archeion*, t. 16, p. 1-17.

La littérature scientifique s'est adressée au xviiie siècle à un public très étendu, aussi et peut-être plus étendu que celui qui s'intéressait à la littérature artistique. Cette expansion fut rendue possible par l'abandon du latin, qui cède presque partout la place au français. Au XVIIIe siècle l'esprit scientifique est identique à l'esprit philosophique. La science se diffuse en même temps que la philosophie nouvelle.

298. **Mineur (H.).** Histoire de l'astronomie stellaire jusqu'à l'époque contemporaine. Paris, Hermann, in-8, 59 p (Cartes, portr. h. t.) (Coll. Exposés d'astronomie stellaire ; t. I.)

Le monde antique et l'astronomie médiévale. — Galilée et ses successeurs. Naissance de l'astronomie stellaire. — Herschel. — Les grands instruments modernes. — La photographie du ciel. — La spectroscopie. — Développement des recherches sur les étoiles doubles et les étoiles filantes. — Les entreprises internationales. — La statistique stellaire. — Esquisse très sommaire, sans références ni bibliographie.

299. **Mouy (Paul).** Le développement de la physique cartésienne 1646-1712. Paris, Vrin, in-8, 343 p. (Bibl. d'Histoire de la Philosophie.)

Cet ouvrage de premier ordre comprend une introduction et cinq longs chapitres pleins de faits et d'idées que l'auteur expose avec simplicité, clarté, non sans recourir à de nombreux exemples et à de judicieuses comparaisons. La thèse de l'auteur, qui est exposée à la page 330 est celle-ci : Le mécanisme des Principes est le symbole anticipé de la physique mathématique moderne. M. Mouy qui la démontre avec valeur, montre que presque tous les savants du XVIIe siècle sont les fils spirituels de Descartes : de Clerselier, Fermat, M. Petit, aux professeurs cartésiens : H. de Roy, Cordemoy, Régis et surtout Rohault. Les chapitres II-IV qui constituent le corps de l'ouvrage, définissent l'influence de Descartes sur son ami et disciple Huyghens, sur les adversaires même du système, comme Newton et Leibniz.
Livre indispensable au savant, au philosophe, à l'historien.

Cf. les n°s 435, 459.

§ 6. Médecine et pharmacie.

300. **Fourmestraux (J. de).** Histoire de la Chirurgie française. 1790-1920. Paris, Masson, in-8, 232 p.

Depuis l'ouvrage périmé de J. Rochard, datant de 1875, aucun ouvrage d'ensemble n'avait paru sur cette période de l'histoire de la chirurgie. Il est d'ailleurs conçu sur un plan nouveau, s'attachant moins au classement méthodique des faits chirurgicaux qu'au perfectionnement de la technique, aux détails pittoresques, aux portraits personnels.

301. **Preney (F.).**   Une lettre inédite de Pasteur. *M. Soc. Emul. Doubs*, 10e sér., t. 3, p. 77-87.

Du 12 juin 1885. Pasteur refuse de soigner deux hommes, mordus par des chiens enragés, tant que les premiers symptômes ne seront pas déclarés. Il déclare d'ailleurs que le moment où il appliquera son procédé à l'homme est proche, et en effet c'est du 6 juillet suivant que date sa première inoculation.

302. **Vernadeau (Pierre).**   Le médecin de la Reyne. Paris, s. d., Denoël et Steele, in-4, 89 p., (8 ill.)

Il s'agit du Dr Pardoux Goudinet (1617-1679) médecin d'Anne d'Autriche, femme de Louis XIV. Le travail a paru précédemment dans la Revue *Æsculape*.

Cf. les nos 183, 184, 186.

F

HISTOIRE ÉCONOMIQUE ET SOCIALE

§ **1.** Généralités. 303-314. — § **2.** Doctrines politiques, économiques et sociales. 315-326. — § **3.** Démographie et statistique. 327-331. — § **4.** Législation civile. Condition des personnes et des biens. 332. — § **5.** Agriculture et subsistances. 333-339. — § **6.** Industrie et organisation du travail. 340-341. — § **7.** Commerce, Marine marchande, Communications et transports, Travaux publics. 342-345. — § **8.** Assistance et prévoyance. 346-347. — § **9.** Vie sociale et moeurs. 348-353.

§ 1. Généralités.

303. **Sée (Henri).** Bulletin historique. Histoire économique et sociale (1931-1932). *R. hist.*, t. 173, p. 107-156.

---

304. **Baudin (Louis).** Le Crédit. Qu'est-ce que le crédit? L'essor du crédit au xixe siècle. L'ébranlement du crédit au xxe siècle. La crise actuelle. Paris, Edit. Montaigne, in-16, 269 p. (Hist. du travail et de la vie économique.)

Ce volume — le premier d'une nouvelle collection — comprend à côté de développements techniques, un résumé clair, informé, de l'évolution du crédit à l'époque contemporaine. Très utile à l'étudiant d'histoire, d'ordinaire peu au courant de ces problèmes.

305. **Bloch (Marc).** Le salaire et les fluctuations économiques à longue période. *R. hist.*, t. 173, p. 1-31.

Analyse très élogieuse des travaux de H. Simiand. Çà et là, comme toujours chez l'auteur, des idées personnelles, intéressantes.

306. **Bondois (P.-M.).** Colbert et le développement éco-

nomique de la Basse-Normandie. *B. Soc. Antiq. Normandie,* t. 41, p. 41-141.

I. Les premiers efforts. La draperie et la bonneterie à Caen et dans la province. Le rôle des officiers locaux et de Jacques Legendre. Les travailleurs protestants et la lutte contre la concurrence étrangère. II. La dentelle à Alençon et à Argentan. L'établissement du « Point de France » et le rôle de Jacques Prévost. La révolte des travailleurs. III. Le développement de la verrerie. La question des tanneries. L'emploi de la main-d'œuvre étrangère dans la draperie. IV. Le rôle de l'intendant Chamillart et la bonneterie mécanique. La chaudronnerie à Villedieu-les-Poêles. V. L'intendant B. H. de Marle et l'industrie dentellière à Alençon. Les entreprises de serges, chapeaux et bas dans les généralités de Caen et d'Alençon. V. La crise économique de 1668. La contrebande anglaise. Les abus de la réglementation, la raréfaction des échanges, le marasme et la misère. La ffabrication du point de Paris à Alençon. Les nouvelles activités industrielles. VII. Développement de la crise, par suite de la guerre. Généralisation du marasme. Décroissance de l'activité économique. Les derniers efforts de Colbert. A sa mort paralysie de l'industrie et du commerce en Basse-Normandie. VIII. Conclusion : Echec de la tentative. Tableau de la Basse-Normandie économique à la fin du xviie siècle. — Etude très fouillée qui reproduit de nombreux documents d'archives. Conclusion : « L'œuvre de création industrielle et d'organisation commerciale tentée par Colbert en Basse-Normandie, a été considérable... Mais en définitive n'a guère réussi, ce ne sont que les industries et les productions qui existaient avant l'intervention du ministre, qui se sont réellement développées durant les vingt-cinq années. »

307. **Canet (L.).** L'Aunis et la Saintonge. Vol. III : de Henri IV à la Révolution. La Rochelle, Pijollet, in-8.

Suite de petits tableaux souvent pittoresques parfois un peu sommaires. Ouvrage utile surtout par la bibliographie jointe à chaque chapitre.

308. **Donat (Jean).** Une abbaye cistercienne (Beaulieu-en-Rouergue) et son budget au xviiie siècle. *A. Midi,* t. 45, p. 262-322, 373-399 ; t. 46, p. 5-36, 218-255.

Monographie intéressante sur le temporel d'une abbaye, d'après des comptes inédits.

309. **Dousse (Marc).** Le Livradois au xviiie siècle, d'après la correspondance inédite du financier Abraham Peirenc de Moras et de Jean Teyras, bailli de Saint-Amat-Roche-Savine (1725-1733). Clermont-Ferrand, Impr. générale, in-8, 152 p.

Cette correspondance d'un commerçant de modeste origine, qui a fait fortune à l'époque de Law, avec son intendant, nous donne de précieux renseignements sur la situation économique du Livradois et sur le fonctionnement des institutions administratives. Une bonne introduction de 32 pages et de nombreuses notes ajoutent encore à l'intérêt de cette publication qui dépasse le cadre local.

310. Dubois (G.). La Normandie économique'à la fin du xviie siècle d'après les mémoires des intendants. *R.Hist. écon.*, 33, 21e ann., p. 337-388.

Répertoire détaillé de la situation économique de cette province. La conclusion le rattache brièvement à l'histoire générale de la France.

310 *bis*. Esmonin. Données statistiques sur le règne de Louis XIV. *B. Soc. Hist. mod.*, 32e ann., 7e sér., n° 8, p. 64-67.

« En conclusion il apparaît que : 1° Les données statistiques sur la France au temps de Louis XIV — et *à fortiori* au xviiie siècle — ne sont ni si rares ni si incertaines qu'on le dit généralement. Beaucoup sont encore totalement inconnues; des autres, on n'a pas toujours tiré tout le parti possible; 2° Ces statistiques ne sont pas toujours utilisables immédiatement : la critique doit s'appliquer à en rechercher la valeur, le degré d'exactitude et la signification. Les « recoupements » des données les unes par les autres ont à cet égard une importance primordiale : l'utilisation des nombreux documents financiers peut rendre pour cela de grands services, précisément parce qu'ils ont été établis pour d'autres fins que celles de la statistique; 3° les résultats que l'on peut espérer de ce travail aboutiront non seulement à préciser nos connaissances, mais encore à changer notablement les notions traditionnelles que nous avons sur cette époque. »
Note complémentaire, 7e sér., n° 10, p. 92-97.

311. Hauser (Henri). Les caractères généraux de l'histoire économique de la France du milieu du xvie siècle à la fin du xviiie. *R. hist.*, t. 173, p. 312-328.

La France du xvie siècle avait un centre financier de premier ordre à Lyon, une industrie dont quelques branches seulement avaient une forme « capitaliste », une agriculture rudimentaire; la crise financière, qui agit profondément sur la société, va favoriser la formation du mercantilisme. Au xviie siècle, dès avant Colbert et sous son ministère l'industrie se développe, le commerce, organisé par des compagnies mal soutenues par l'opinion, reste précaire. Au xviiie, le commerce est généralement prospère; des industries nouvelles se libèrent des entraves corporatives; l'agriculture même tend à se perfectionner; mais les difficultés financières permanentes vont aboutir à la crise révolutionnaire.

312. Onde (H.). Le malaise économique en Savoie au milieu du xixe siècle. Le cas de la Tarentaise. *R. savoisienne*, t. 75, p. 28-42.

Examen consciencieux des causes du mécontentement observé dans une des provinces de la Savoie en 1849, d'après le rapport d'un membre de la Junte Provinciale de Statistique.

La Tarentaise souffre alors particulièrement de l'abus du protectionnisme, qui paralyse l'écoulement de ses cuirs et peaux et de ses gruyères, et de l'absence sur son territoire de travaux publics à la charge du Trésor, la route du Petit Saint-Bernard étant négligée au profit de celle du Mont-Cenis.

Le rapport utilisé par l'auteur dénonce aussi les causes générales de mécontentement communes à l'ensemble de la Savoie, et qu'on a souvent mises en relief : le Piémont absorbe tout; les Savoyards accèdent trop rarement aux fonctions publiques; les charges du pays n'ont pas diminué depuis 1814, mais ses produits luttent plus difficilement contre la concurrence piémontaise ou française.

313. Reynier (Elie). Le pays de Vivarais. Troisième édition entièrement renouvelée. Valence, Impr. Charpin et Reyne, in-8, 269 p.

La première édition a paru en 1913. Contient de nombreux renseignements sur l'histoire économique et le mouvement de la population. Pays montagneux, dépourvu de bonnes routes, le Vivarais a vécu jusqu'au milieu du xixe siècle dans un certain isolement dont la création d'un réseau routier puis la construction d'un réseau ferré l'ont fait sortir.

314. Sayous (André-E.). L'évolution de Strasbourg entre les deux guerres (1871-1914). *A. Hist. écon. soc.*, t. 6, p. 1-19, 122-132.

Tableau très en raccourci du développement urbain (extension de la ville, constructions nouvelles et à bon marché, cités-jardins); humain (émigration, immigration des fonctionnaires et d'industriels, israélites, allemands); économique de Strasbourg (régularisation du Rhin, ports, réseau ferré, perfectionnements de l'industrie, banques). La vieille ville de 1870 est devenue une grande place de commerce, surtout grâce à la volonté tenace des Alsaciens.

Cf. le n° 15.

§ 2. Doctrines politiques, économiques et sociales.

315. Babel (Antony). Jacques Necker et les origines de l'interventionnisme. (In : Mélanges d'économie politique et sociale offerts à Edgard Milhaud. Paris, Presses Universitaires, p. 25-44.)

Sans être capable d'organiser doctrinalement ses idées, et de résoudre la contradiction qu'il enregistre dans sa propre pensée entre les influences mercantilistes et physiocratiques, Necker a mis l'accent sur la nécessité d'une politique interventionniste tant en ce qui concerne les salaires, qu'en ce qui touche la propriété et la population. Il y a dans Necker quelque chose qui annonce Sismondi.

316. Gaucher (François). Contribution à l'histoire du socialisme français (1905-1933). Paris, Les presses modernes, in-8, 377 p.

Thèse de droit consacrée à l'étude de la doctrine et de la tactique socialistes en France depuis la guerre, avec un rappel rapide sur l'évolution du socialisme français depuis 1905. La guerre et la révolution bolcheviste ont bouleversé les traditions : la scission de Tours, en décembre 1920, a mis en lumière ce bouleversement, opéré également dans les formations syndicalistes. Mais le socialisme n'est pas resté figé dans ses formules de 1920, des courants multiples s'y sont manifestés : aux tenants du marxisme strict se sont opposés les révisionnistes inspirés d'un jauressisme évolué ou de la doctrine d'Henri de Man. Quelles sont les idées du socialisme touchant le nouvel humanisme, l'expérience bolcheviste, l'évolution capitaliste, la construction même du socialisme, l'auteur l'examine tour à tour en concluant en faveur du néo-socialisme.

317. Guitton (Henri). Le véritable apport de l'ingénieur Dupuit à la science économique. *R. Hist. écon.*, 33, 21e ann., p. 281-300.

Analyse déliée des idées essentielles de l'ingénieur en chef des Ponts-et-Chaussées Paul Dupuit, qui fut au milieu du xixe siècle « le premier instigateur de l'économie marginaliste ».

318. Herzkowiza (P.). Proudhon et le monde primitif. *R. Hist. écon.*, 33, 21e ann., p. 301-318.

Montre que les idées de Proudhon procèdent du courant idéologique du xviiie siècle, spécialement des loges maçonniques et des sociétés savantes de cette époque. L'article prend comme point de départ la lettre de Proudhon à l'Académie de Besançon en 1837 et s'appuie surtout sur son ouvrage : *La célébration du dimanche.*

319. Law (John). Œuvres complètes publiées pour la première fois par Paul HARSIN. T. I-III. Paris, Recueil Sirey, 3 vol. in-8, LXXXVIII-221 p., 327 p., 430 p.

La présente édition comprend toutes les œuvres et opuscules de Law, présentés dans l'ordre chronologique, sans distinction d'imprimés et d'inédits, et à l'exclusion de ceux dont l'attribution est douteuse et de la presque totalité de la correspondance. Le tome I, qui contient les écrits de caractère doctrinal concernant le problème monétaire, comprend : *Money and Trade considered with a Proposal for supplying the Nation with Trade* (publié en 1705); le *Mémoire sur l'usage des monnaies* (posthume, publié déjà en 1757); le *Mémoire pour prouver qu'une nouvelle espèce de monnaie peut être meilleure que l'or et l'argent* (inédit, 1707); le *Projet d'établissement d'une Banque à Turin* adressé au duc de Savoie en 1711-1712 (réimpression). Le tome II contient treize mémoires, imprimés ou inédits, consacrés à l'exposé des idées de Law en matière bancaire et rédigés en France, dans le courant de 1715. Le tome III est principalement consacré aux écrits relatifs au « Système » : projets, exposés, et mémoires justificatifs, au nombre de trente-sept environ (outre deux mémoires de 1716 et de 1720 consacrés à des matières fiscales). Les écrits rédigés en langue anglaise sont accompagnés d'une traduction. Les multiples questions relatives aux attributions, à l'authenticité, et à l'établissement des textes sont amplement discutées dans une longue et solide introduction.

320. Mahieu (Robert-G.). Les enquêteurs français aux Etats-Unis de 1830 à 1837. L'influence américaine sur l'évolution démocratique en France. Paris, Champion, in-8, VII-157 p. (Thèse Doct. Univ. Paris.)

Etude sérieuse et utile, bien que mal composée. L'auteur donne justement la place d'honneur à Tocqueville et Michel Chevalier, sans oublier les autres voyageurs français, comme le comte de Saint-Victor, un légitimiste qui exprima d'une façon amusante son horreur pour la démocratie. L'accueil fait en France aux récits de ces voyageurs est présenté d'une façon assez confuse.

321. Marchal (André). Les doctrines financières de Necker. *R. Hist. écon.*, 33, 21e ann., p. 237-254.

Les idées financières de Necker étaient « insuffisantes du point de vue scientifique ». Sa force et sa faiblesse furent d'être « l'homme de l'opinion publique ».

322. Marcy (G.). Constantin Pecqueur, fondateur du collectivisme d'Etat (1801-1887). Paris, Recueil Sirey, in-8, 268 p.

L'auteur a lu les œuvres, oubliées, de Pecqueur et replacé celui-ci dans son milieu. Collectiviste juridique, Pecqueur diffère énormément de K. Marx, il s'en rapproche par les idées qu'il a pu développer touchant les rapports entre l'infrastructure et la suprastructure économique et sociale. D'autre part, Pecqueur a eu une certaine influence sur des socialistes contemporains, comme Georges Renard.

323. ,Mercier (Charles). Les théories politiques des calvinistes en France au cours des guerres de religion. *B. Prot. franç.*, t. 83, p. 225-260, 381-415.

Étude très fouillée, d'après les documents, sur l'évolution des théories politiques des calvinistes, depuis 1559 environ jusqu'après la révocation de l'édit de Nantes : importance primordiale des circonstances dans cette évolution si curieuse : comparaison avec les variations des théories politiques chez les catholiques. Ce travail solide présente un réel intérêt.

324. Vigreux (Pierre-Benjamin). Sismondi et le progrès technique du machinisme. *R. hist. écon.*, 33, 21e ann., p. 255-268.

« Sismondi nous apparaît avoir eu raison de dénoncer les conséquences funestes que... le progrès du machinisme *pouvait* avoir pour les classes laborieuses.

Il a eu le mérite d'attirer l'attention des économistes sur cet aspect essentiel qu'est l'aspect social du problème du progrès technique du machinisme. »

325. Volney (Constantin-François). La loi naturelle ou Catéchisme du citoyen français. Paris, Colin, in-8, 164 p. (« Les classiques de la Révolution française ».)

Édition critique faite d'après les textes de 1793 et de 1826. Dans l'introduction M. GASTON-MARTIN, donne une bonne esquisse biographique de Volney. De nombreuses notes aident à l'intelligence du texte.

326. Zévaès (Alexandre). Le socialisme en France depuis 1904. Paris, Fasquelle, in-16, 187 p.

Après avoir exposé les conditions à l'unité socialiste en France le parti unifié (S. F. I. O.), suit l'évolution du socialisme de 1904 jusqu'à la guerre, étudie les tendances qui les divisent pendant la guerre, la scission de Tours, et, plus rapidement, le mouvement jusqu'à la scission des néo-socialistes et aux journées des 6-12 février 1934.

Cf. les nos 89, 381, 395, 414, 434, 449, 463.

§ 3. Démographie et statistique.

327. Bourdon (Jean). Ouvrages récents de démographie. *R. Synthèse*, t. 7, p. 249-260.

---

328. Arbos (Ph.). Un rapport du préfet Ramond sur l'émigration saisonnière dans le Puy-de-Dôme. *R. Auvergne*, p. 89-102.

Élaboré par le célèbre Ramond, l'observateur des régions alpestres et pyrénéennes, qui fut préfet de l'Empire.

329. Callon (G.). Le mouvement de la population dans le Lot de 1821 à 1930. *B. Soc. Et. litt. sci. art. Lot*, t. 55, p. 243-271.

Un modèle d'étude démographique positive.

330. Stremoukhoff (D.). Les Russes à Strasbourg au xviiie s. *R. Alsace*, t. 81, p. 3-21.

« De 1760 à 1790 il y a eu en cette ville une véritable colonie russe », composée surtout d'étudiants, dont I. I. Lepekhine (1740-1802), Alexis Polenov (1738-1816), Alexis et André Razoumovski (1748-1822 et 1752-1836). « La culture russe du xviiie siècle doit à Strasbourg la formation de bon nombre d'érudits, de littérateurs et de diplomates qui jouèrent en Russie un rôle important et y propagèrent la culture française. »

331. Wlocevski (Stéphane). L'Installation des Italiens en France. Préface de C. Bouglé. Paris, Alcan, in-8, 97 p.

Le premier chapitre de cette étude très documentée donne un aperçu de l'immigration italienne en France du moyen âge au xixe siècle.

§ 4. Législation civile, Condition des personnes et des biens.

332. Lévy-Bruhl (Henri). Le régime fiscal des Sociétés de commerce au xviiie siècle (Documents inédits). *R. hist. Droit*, 4e sér., 13e ann., p. 65-80.

L'ordonnance sur le commerce de 1673 avait institué pour les sociétés commerciales un régime de publicité qui consistait dans l'enregistrement au greffe des juridictions consulaires d'extraits des

actes de société. A cette occasion il était perçu un droit de contrôle.
Les auteurs et les arrêts du xviiie siècle s'accordent à nous dire que
ces prescriptions n'étaient pas observées. Peut-être y a-t-il là quelque exagération, car le nombre des actes de société enregistrés tant
à Paris qu'à Lyon et dans les grandes villes de commerce du royaume
n'était pas négligeable. En tout cas le défaut d'enregistrement n'en-
traînait pas la nullité de la société. Il est évident que ce régime de
clandestinité de fait n'allait pas sans inconvénients. Aussi les pouvoirs publics cherchèrent-ils à plusieurs reprises à assurer l'enregistrement en diminuant les formalités ou en abaissant le droit de contrôle. Après une première tentative infructueuse en 1734, le Bureau
du commerce prépara une déclaration royale dont il envoya le projet, pour avis, aux membres des différentes juridictions consulaires.
Les papiers de la juridiction consulaire de Paris conservés aux Archives de la Seine, contiennent sous la cote B⁶34, 5531 l'avis motivé
des juges de commerce de Paris; ils s'y montrent hostiles à toute
innovation en cette matière, faisant surtout ressortir les inconvénients que présenterait, spécialement pour les sociétés en comman-
dite, la publicité demandée. Ce serait un moyen d'effaroucher « des
personnes riches qui ne veulent pas se montrer et qui font cependant
tous ou presque tous les fonds ».

§ 5. Agriculture et subsistances.

333. Bloch (Marc). Champs et villages. *A. Hist. écon. soc.*,
p. 467-489.

Rend compte de diverses études relatives à l'organisation agraire.

334. Cahiers de la Révolution française. Les paysans. La
question du pain. Le partage des biens. Babeuf. Paris, Sirey,
106 p. (« Centre d'études de la Révolution »).

La 1ʳᵉ étude, par L. CAHEN, résume ses recherches, et montre que le
problème du pain n'était pas résolu en 1789, malgré les services rendus par l'extension de la mouture économique. — La 2ᵉ écrite par
G. LEFEBVRE, est une excellente mise au point de la question; enfin,
dans la 3ᵉ partie, G. BOURGIN s'est occupé de Babeuf; exposé précis,
documenté qu'il conviendrait de rapprocher des vues, parfois diver-
gentes, de Mathiez.

335. Cival (A.). Les origines de l'Association agricole
dans le Département de la Côte d'Or. *M. Acad. Dijon*, année
1933, p. 202-219.

Le département ne fut point un précurseur. Malgré la reconstitu-
tion en l'an VI, à Dijon, sous un autre nom, de l'Académie, les associations agricoles ne datent guère que de la Restauration. L'auteur

les étudie avec précision, d'après des actes administratifs et des pièces d'archives.

336. Dauphin (Victor). Recherches pour servir à l'histoire des prix des céréales et du vin en Anjou sous l'ancien régime, xie siècle-1789. Extr. de la *Revue de l'intendance.*

Précieuses données sur les prix, abondantes surtout pour les xviie et xviiie siècles, extraites de documents inédits de l'Anjou.

337. Leroy (Ch.). Notes sur une exploitation agricole en Normandie, dans le Roumois, au xviiie siècle. Rouen, A. Lestringant.

L'auteur a surtout utilisé des livres de comptes, qui fournissent d'abondantes données, sur les prix, les salaires, la culture et le détail de l'exploitation agricole.

338. Rousier (Paul de). Une famille de hobereaux pendant six siècles. Firmin-Didot, in-8, 276 p.

D'après ses papiers de famille, l'auteur décrit la vie de hobereaux limousins, qui se sont perspétués sur le même domaine depuis le xvie siècle. Récit alerte et vraiment instructif.

339. Simiand (François). Une enquête oubliée sur une grande crise méconnue (Mélanges d'économie politique et sociale offerts à Edgard Milhaud, Paris, Presses Universitaires, p. 331-339.)

Analyse de l'enquête française sur la situation des ouvriers de l'industrie et de l'agriculture en France en 1884, enquête dont la valeur est remarquable du point de vue tant politique qu'économique et social.

§ 6. Industrie et organisation du travail.

340. Baud (Paul). Les origines de la grande industrie chimique en France. *R. hist.*, t. 179, p. 1-18.

Travail qui résume des recherches personnelles très étendues. Consacré à quelques produits chimiques particulièrement importants comme la soude.

341. Nigeon (René). Etats financiers des corporations parisiennes d'arts et métiers au xviiie siècle. Paris, Rieder, in-8, 180 p. (Etudes et documents divers).

L'auteur étudie l'histoire de la commission d'enquête de 1716, chargée de réviser les comptes et de liquider les dettes des communautés d'arts et métiers de Paris. Il montre, par un examen détaillé des finances de quelques corporations quelle fut son influence au sein de celles-ci.

Étude sérieuse appuyée sur des textes. Appendice contenant différents arrêts du Conseil d'État concernant les corporations d'arts et métiers.

§ 7. Commerce, Marine marchande, Communications et transports, Travaux publics.

342. Blanchard (Marcel). La politique ferroviaire du Second Empire. *A. Hist. écon. soc.*, p. 529-546.

Bonne étude sur le développement des chemins de fer français de 1850 à 1870.

343. Gaston-Martin. Négriers et bois d'ébène. Grenoble, Arthaud, in-12, 119 p.

Ouvrage de vulgarisation, qui donne des indications sommaires, mais fondées sur une documentation abondante et précise concernant l'armement des navires négriers, les sites de traite, les conditions d'existence des esclaves.

344. Laurent (Benoît). La Commune de 1871. Les postes, le ballon, le télégraphe, d'après les documents et des souvenirs inédits. Préface de M. Lucien DESCAVES. Paris, Dorbon, in-8, 280 p. (Ill.)

Travail remarquablement précis sur le fonctionnement d'un des services les mieux organisés de la Commune. L'auteur reproduit de nombreux documents et fournit des renseignements multiples sur plusieurs Communards, parmi lesquels Theisz.

345. Lemaire (Dr L.). Dunkerque et la traite des noirs au XVIIIe siècle. Dunkerque, Impr. du Nord maritime, in-12, 52 p. (Extr. *B. Union Faulconnier*, t. XXXI.)

Utilise les ouvrages antérieurs, principalement Malo, mais apporte des documents extraits des archives communales de Dunkerque et l'étude mérite d'être signalée aux spécialistes.

§ 8. Assistance et prévoyance.

346. Musy (Chanoine). L'administration de l'Hôpital Saint-Jacques de Besançon (1666-1793). *M. Soc. Doubs*, 10e sér., t. 3, p. 127-151.

Étude détaillée indiquant les noms des administrateurs, les fonctions du bureau, les difficultés auxquelles l'institution eut à faire face. Mais pas d'indication de sources, pas assez de place faite à l'histoire sociale. Intérêt par suite restreint et local.

347. Sée (Henri). Statistique des pauvres de Rennes vers la fin de l'ancien régime, d'après les rôles de la capitation. *A. Bretagne*, t. 41, p. 474-477.

Montre que ces rôles, très détaillés, permettent de déterminer avec assez de précision le nombre des pauvres.

§ 9. Vie sociale et mœurs.

348. Aynard (Joseph). La bourgeoisie française. Paris, Perrin, in-16, 517 p. (Bibliothèque du Musée social.)

L'auteur ne semble pas avoir étudié la question de première main, mais il est bien au courant des travaux qui en traitent. Des vues suggestives. L'exposé, qui suit l'ordre chronologique, est assez clair, mais non exempt de longueurs.

349. Boone (H.). La visite d'un académicien à Cambrai en 1820. *M. Soc. Emul. Cambrai*, t. 81, p. 113-140.

Il s'agit de l'académicien Jouy qui tint à aller voir la résidence de Fénelon et celle où Louis XVIII avait rédigé sa proclamation. Le récit n'a rien de particulièrement intéressant. L'éditeur brode autour du document original, dont il est difficile de marquer le caractère précis.

350. Germain. Une fête nataliste à Besançon. *M. Soc. Doubs*, 10e sér., t. 3, p. 103-117.

L'article ne justifie pas le titre donné. Il s'agit d'une fête donnée à Besançon en 1781 à l'occasion de la naissance du Dauphin. Il y eut diverses solennités, notamment le mariage de sept couples dotés par M. et Mme de Lacoré, et le Magistrat décida de payer pendant huit mois les frais de nourrice de quarante enfants pauvres de Besançon.

351. Pouthas (Charles-H.). Une famille de bourgeoisie française de Louis XIV à Napoléon. Paris, Alcan, in-8, viii-212 p.

Travail intéressant sur la famille de Guizot, moins parce que les personnages étudiés ont par eux-mêmes une valeur historique, qu'en raison de la description des divers « milieux protestants » (Midi, Cévenol, Genève) par où ils ont passé.

352. Sandre (Thierry). Le corsaire Pellot qui courut

pour le Roi, pour la République et pour l'Empereur et qui
était Basque. Paris, Renaissance du Livre, in-16, 256 p.

Aucun intérêt historique. L'auteur émet des jugements très superficiels sur les événements auxquels il fait allusion.

353. Zurich (Comte Pierre de). Madame de la Briche
(1755-1844). Paris, de Boccard, in-8, 589 p.

Biographie d'une aimable mondaine, belle-mère du comte Molé,
qui sut faire vivre son salon avant, pendant et après la Révolution.

G

HISTOIRE COLONIALE

§ **1.** Généralités. 354-356. — § **2.** Colonies d'Afrique. 357-363. — § **3.** Colonies d'Amérique. 364-370. — § **4.** Colonies d'Asie. 371-380.

§ 1. Généralités.

354. **Renouvin (Pierre).** Indications bibliographiques pour les agrégations de 1934 : La formation de l'Empire colonial français (1830-1904). *B. Soc. Prof. Hist.*, janv., p.146-152.
Notes critiques.

---

355. **Elicona (Anthony Louis).** Un colonial sous la Révolution en France et en Amérique : Moreau de Saint-Méry. Paris, Jouve, in-8, 271 p. (Portr.) (Thèse Doct. Univ. Paris.)
Etude intéressante et documentée sur le grand colonial que fut Moreau de Saint-Méry, mais n'éclairant suffisamment ni la psychologie de ce curieux personnage, ni la valeur des événements auxquels il fut mêlé, aux Colonies, aux Etats-Unis et enfin en Italie.

356. **Hanotaux (Gabriel)** et **Martineau (Alfred).** Histoire des colonies françaises et de l'expansion de la France dans le monde. T. VI. Madagascar au XVIᵉ s. à 1811 par H. Froidevaux. De 1815 à 1906 par Marius et Ary Leblond. De 1906 à la période contemporaine par M. Delellé-Desloges. Les Comores par Alfred Martineau. Les Iles de France et de Bourbon par Pierre Crépin. Le Pacifique français par Marguerite Verdat. Les Français dans l'Afrique du Sud par Henri Dehérain. Conclusion générale par Gabriel Hanotaux. Paris, Plon, in-4, 584 p. (Fig., cartes, pl.)
Dernier tome de l'Histoire des Colonies Françaises et excellente mise au point générale. La partie la plus nouvelle est celle due à

M. Dehérain qui nous expose l'histoire des réfugiés français au Cap de Bonne-Espérance (XVIe siècle) et du développement de l'influence française au XVIIIe siècle dans cette même colonie.

Cf. le nº 183.

§ 2. Colonies d'Afrique.

357. Algérie. Atlas historique, géographique et économique. Paris, Horizons de France, in-4,100 p.(Ill., cartes,graphiques.)

La première partie de cet Atlas est consacrée au *Passé*. G.Marçais et G.Esquer donnent un aperçu sommaire et exact,le premier de l'Algérie musulmane, le second de l'Algérie française. Les cartes ont été établies par le Service cartographique du gouvernement général de l'Algérie. Leur reproduction laisse à désirer. L'illustration a été établie par Roger Irriera et Jacques Bille, au mépris des règles les plus élémentaires de la critique iconographique.

358. Bourde de la Rogerie (H.). Les Bretons aux îles de France et de Bourbon.(Maurice et Réunion) aux XVIIe et XVIIIe siècles. Rennes, Plihon.

Travail très intéressant, remarquablement documenté et dont la portée est plus grande que le titre ne pouvait le donner à penser. Important, à la fois, pour l'histoire de la colonisation, l'histoire des voyages, l'histoire sociale.

359. Correspondance du Conseil supérieur de Bourbon de la Compagnie des Indes publié avec un résumé par Albert Lougnon. T. II. Saint-Denis, 33, in-8, 54-184 p.

Le tome Ier a paru en 1933. Celui-ci renferme un grand nombre de lettres, venues de Paris pour la plupart et comprises entre le 22 janvier 1724 et le 30 décembre 1731, c'est-à-dire à l'époque des gouverneurs Desforges, Boucher et Dumas. Cette correspondance est surtout intéressante pour les débuts de la culture rationnelle du café, l'exposé des difficultés monétaires et l'étude de la défense de l'île, restée d'ailleurs à l'état de projet.

360. Deloncle (Pierre). L'Afrique occidentale française. Découverte, pacification, mise en valeur. Paris, Leroux, in-4, 462 p. (Ill., 3 cartes h. t.)

Ouvrage magnifiquement établi, qui résume exactement le passé et donne l'essentiel sur le présent de l'Afrique occidentale française. Mais trop volumineux pour les renseignements qu'il donne, et fait pour le grand public, plus que pour les historiens.

361. Howe (Sonia E.). Madagascar colonie britannique. *R. Hist. Col.*, 22e ann., p. 1-32.

Etude sur les divers projets de colonisation de l'île et des îles Maurice et Nossi-Bé, projetés ou entrepris par l'Angleterre au xviie siècle et qui échouèrent tous assez misérablement.

362. La défense de l'Ile de la Réunion en 1810. *R. Génie milit.*, p. 559-577.

Rapport sur la défense de l'île par le général Sainte-Suzanne, commandant 80 hommes de troupes de ligne contre 6.000 Anglais.

363. Lespès (R.). Oran, ville et port avant l'occupation française. *R. africaine*, t. 75, p. 277-335.

Excellente étude très documentée, résumant l'histoire urbaine et économique d'Oran, de l'époque de sa fondation, à celle de son occupation par la France (1831). Pendant la domination espagnole, le commerce y fut en décroissance continue, du xvie à la fin du xviiie siècle. Oran ne fut bientôt plus qu'un comptoir fortifié, fort onéreux pour l'Espagne, jusqu'au tremblement de terre de 1790, qui précéda de peu l'évacuation de la ville.

§ 3. Colonies d'Amérique.

364. Buron (Edmond). Deux pionniers de la Nouvelle France : De Monts et Poutrincourt. *R. Quest. hist.*, t. 121, p. 26-49.

Cite une bibliographie imposante, dont il ne semble pas se servir. — L'instrument de travail reste le livre de Huguet.

365. Gobillot (René). Jean Talon, intendant de la Nouvelle France. *R. Quest. hist.*, t. 121, p. 55-69.

Biographie de Jean Talon né à Châlons-sur-Marne (1625), élève des Jésuites, commissaire des guerres devant Stenay (1654) intendant de la Nouvelle-France (1665-1668; 1670-1672). Au cours de sa première intendance, il favorise le peuplement, encourage les familles nombreuses et développe la prospérité des campagnes et des métiers. L'auteur justifie cette parole de Salone : « Certes, au Canada, avant lui il y a des colons... mais ce n'est qu'après lui qu'il y a une colonie ». Au cours de la seconde intendance, il veut faire du Canada une base de colonisation vers l'intérieur. Utile et clair.

366. La Roque de Roquebrune (R.). Les deux derniers défenseurs du Canada : Montcalm et Lévis. *R. Quest. hist.*, t. 121, p. 85-89.

Article de vulgarisation écrit à l'occasion du quatrième centenaire de J. Cartier. Met au premier plan les qualités militaires de Lévis.

367. Leclerc (Lucien). La « trahison » des colons aristocrates de Saint-Domingue en 1793-1794. *A. Hist. Révol.*, t. 11, p. 348-360.

Ce sont les aristocrates qui les premiers ont essayé de rendre l'île indépendante avec l'aide des Anglais et des Américains. M. Leclerc publie plusieurs documents inédits.

368. Lichtenberger (André). Montcalm ou la tragédie canadienne. Paris, Plon, in-16, xii-244 p.

Ouvrage de haute vulgarisation, bien écrit, au courant de la littérature récente du sujet.

369. Pollet (Georges). Saint-Domingue et l'autonomie (1629-1730). Paris, in-8, 287 p. (Thèse de droit, Paris.)

Étude méthodique de l'origine et du développement des diverses juridictions administratives et financières régissant la partie française de Saint-Domingue, de ses débuts (1629) à 1730. L'auteur met bien en valeur l'importance grandissante du pouvoir royal à dater de 1640 et assigne aux troubles de 1723 et 1724 une triple cause : entraves à la liberté de commerce, législation non adaptée à la colonie et dissensions du clergé.

370. Villiers (Baron Marc de). Un explorateur de la Louisiane. Jean-Baptiste Bénard de la Harpe (1683-1765). Rennes, Oberthur, in-8, 46 p.

De la Harpe fit trois voyages en Louisiane de 1718-1724. La présente brochure présente la biographie du personnage et détermine l'importance exacte de ses nombreux ouvrages.

Cf. les nos 456, 462, 468.

§ 4. Colonies d'Asie.

371. Besson (Maurice). Un partisan savoyard aux Indes : De Motz de la Sale de Lallée. *R. Hist. Col.*, 32e ann., p. 57-72.

Né à Rumilly (Haute-Savoie) le 25 janvier 1752 et destiné d'abord au cloître, Lallée quitta le couvent et prit du service dans les troupes de la Compagnie des Indes. Il servit sous les ordres de Lally, puis, après 1763, fut capturé en mer par les Anglais, dépouillé et emprisonné. Retourné aux Indes, il servit dans les armées de Bassalet-Jinq, puis d'Haider-Aly. Breveté colonel et chevalier de Saint-Louis en 1777, il mourut vers 1799. La lettre datée du 1er septembre 1783 que publie M. Besson contient des renseignements sur le rôle de Lallée près d'Hayder-Aly.

372. Closets d'Errey (H. de). Précis chronologique de l'histoire de l'Inde française (1664-1816). Pondichéry, Impr. du Gouvernement, in-8, 102 p.

Comporte 2 parties : 1º Le précis proprement dit; 2º p. 67-102, un relevé des faits marquants de l'Inde française du xive à la fin du xixe siècle.

373. Froidevaux (Henri). Les derniers jours de Pondichéry en 1693. *R. Hist. Col.*, 22e ann., p. 33-56.

Histoire de la prise de Pondichéry par les Hollandais, à qui Ram Raja, seigneur de Gingy, l'avait vendue par trahison, et de la belle conduite de François Martin, qui, jusqu'à la fin, tenta de déjouer les complots hollandais et indiens tramés contre son petit comptoir.

374. Gaebelé (Yvonne Robert). Créole et grande dame : Johanna Begum, marquise Dupleix (1706-1756). Paris, Leroux, in-8, 304 p.

Histoire romantique, mais non « romancée », de la femme de Dupleix. Ce travail, établi en grande partie d'après le journal d'Ananda Rangapoullé, nous montre que si la *begum* Jeanne fut la fidèle et intelligente collaboratrice de son mari, elle se montra également cupide et âpre au gain et que sa vanité eut quelquefois, pour Dupleix, de fâcheuses conséquences.

375. Gaudard (Edmond). Robert Surcouf. Un épisode inédit de sa carrière maritime. Son bannissement de Pondichéry. *R. Hist. Col.*, 22e ann., p. 169-186.

Surcouf, n'ayant pas encore seize ans, s'embarqua à Saint-Malo en 1789 pour un voyage aux Indes. Arrivé à Pondichéry après de nombreuses aventures, il se prit de querelle avec un autre officier de la marine marchande et tira un coup de pistolet en l'air. Poursuivi comme « perturbateur du repos public » pour ce fait assez anodin, il fut condamné à dix ans de bannissement et 5 roupies d'amende. Ce fait n'a été mentionné jusqu'ici par aucun de ses biographes.

376. Martin (François). Mémoires de François Martin,

Fondateur de Pondichéry (1665-1694) Publiés par A. Martineau. T. III. Paris, Soc. d'Edit. géogr. mar. et colon., in-8,
xxxii-410 p. (Bibl. d'hist. coloniale.)

Dernière partie des Mémoires du véritable fondateur de l'Inde
française, donnant la suite des événements et accusant l'hostilité
croissante des Comptoirs hollandais, de janvier 1689 à février 1694.
Ces cinq dernières années des Mémoires sont relatives au siège et
à la perte de Pondichéry, qui dut capituler le 8 septembre 1693.

377. **Masson (André).** Correspondance politique du Commandant Rivière au Tonkin (avril 1882-mai 1883). Préface
de Paul Boudet. Société de Géographie, section des Amis du
vieux Hanoï (Coll. de Documents publiés avec le Concours de
la Direction des Archives et des Bibl. de l'Indo-Chine). Paris
et Hanoï, 33, in-4, 314 p. (Grav. et cartes).

Publication du registre de correspondance du Commandant
Rivière conservé aux Archives de l'État-Major de l'Indo-Chine,
accompagné de nombreuses notes, cartes et reproduction d'auto-
graphes. Documents très suggestifs sur les débuts et les difficultés
politiques et militaires de notre prise de possession.

378. **Pouvourville (Albert de).** Francis Garnier. Paris,
Plon, in-8, 256 p. (Les grandes figures coloniales.)

Assez sobre de détails sur les premières années de Garnier, mais
intéressant en ce qui concerne sa psychologie et sa formation coloniale, lors de son séjour en Indo-Chine, comme administrateur de
Cholon, et sa participation à l'expédition Doudart de Lagrée.
Curieux et émouvants détails sur les difficultés de l'amiral Dupré et
de Garnier avec le gouvernement français et avec Philastre, ancien
ami de Garnier et opposé, comme le ministère lui-même à toute
occupation permanente du Tonkin.

379. **Salvini (G.).** Un colonial chatelleraudais : Renault
de Saint-Germain (1697-1777). Poitiers, Soc. franç. d'imprimerie, in-8, 30 p.

Récit de la longue carrière coloniale (1725-1777) de Renault, qui
débuta comme commis de la Compagnie des Indes, devint commandant de Chandernagor, défendit cette place contre les Anglais
en 1757, dut capituler devant la supériorité des forces de l'amiral
Watson, et fut nommé, après la conclusion de la paix, membre du
Conseil de Chandernagor, poste qu'il occupa jusqu'en 1768.

380. **Thomazi (A.).** La Conquête de l'Indo-Chine. Paris, Payot, in-8, 288 p. (22 cartes et croquis.) (Bibl. hist.).

Très bonne mise au point, appuyée sur les plus récents travaux et les derniers documents publiés sur le sujet, mais dépourvue de notes et de bibliographie.

Cf. les n°s 7, 21.

TRAVAUX DE LANGUE ALLEMANDE CONSACRÉS A L'HISTOIRE DE FRANCE

TRAVAUX DE LANGUE ALLEMANDE CONSACRÉS A L'HISTOIRE DE FRANCE

N⁰ˢ 381-428.

381. Bahlsen (Gerhard). Joseph de Maistre als Philosoph des politischen Konservativismus. *Europ. R.*, 10ᵉ ann., p. 156-162.

Ce résumé correct de la philosophie politique de Maistre n'apporte rien de nouveau.

382. * Bernoulli (Fernand). Die helvetischen Halbbrigaden im Dienste Frankreichs, 1798-1805. Diss. Phil. I. Bern, Frauenfeld, Huber, in-8, viii-119 p. (1 plan.)

383. Blassneck (Marce). Frankreich als Vermittler englisch-deutscher Einflüsse im 17. und 18. Jahrhundert. Leipzig, Tauchnitz, in-8, 181 p. (Kölner anglistische Arbeiten, Bd. 20.)

Les facteurs qui déterminent aux xviiᵉ et xviiiᵉ siècles l'utilisation par les rédacteurs allemands de traductions françaises d'ouvrages anglais ont été les suivants : l'expansion de la langue française, fort répandue dans les milieux intellectuels et de haute bourgeoisie, alors que l'anglais était d'un emploi beaucoup plus rare; la difficulté d'obtenir des éditions anglaises, alors que les ouvrages français, notamment ceux imprimés en Hollande, circulaient largement; le niveau élevé des traductions françaises, dont le langage limpide et compréhensible contrastait souvent favorablement avec la lourdeur des originaux. L'action médiatrice de la France, commencée vers 1705, atteint son apogée vers 1725 pour tomber à son déclin vers 1758.

384. Böhmer (Hans). Forschungen zur französischen Bündnispolitik im 17. Jahrhundert. Wilhelm Egon von Fürstenberg und die französische Diplomatie in Deutschland, 1668-72. *Rhein. Vjbl.*, 4ᵉ ann., p. 225-259.

Le rôle de Guillaume de Fürstenberg dans les tentatives faites par la diplomatie de Louis XIV pour étendre les alliances du roi dans l'Empire en vue de la guerre de Hollande est étudié avec précision et quelques corrections de détail sont apportées aux travaux antérieurs.

385. Brenning (Herbert Emil), Die grossen Mächte und Marokko in den Jahren vor dem Marokko-Abkommen vom 8. April 1904 (1898-1904). Berlin, Ebering, in-8, 195 p. (Hist. Stud. H. 254.)

Il va de soi que, dans cette étude, le premier rôle appartient à la politique française, puisque c'est entre 1900 et 1904 que Delcassé négocie, au sujet du Maroc, avec les puissances, — sauf avec l'Allemagne. L'analyse des documents diplomatiques publiés est correcte mais n'apporte pas grand'chose de nouveau au lecteur français, Mais il y a, dans cet ouvrage, des passages intéressants, bien que trop brefs, sur l'attitude de l'Allemagne.

386. Die auswärtige Politik Preussens 1858-1871. Diplomat. Aktenstücke, hrsg. von d. Hist. Reichskommission, unter Leitung von Erich Brandenburg, Otto Hoetzsch, Hermann Oncken. (12 Bde). Abt. 3. Die auswärtige Politik Preussens und des Norddeutschen Bundes vom Prager Frieden bis zur Begründung des Reiches und zum Friedensschluss mit Frankreich. (5 Bde). Bd. I. Aug. 1866-Mai 1867. Bearb. von Herbert Michaelis. Oldenburg, Stalling, in-4, 840 p.

Ce tome VIII contient 622 pièces et couvre la période du 23 août 1866 (Traité de Prague) au 11 mai 1867 (Traité de Londres relatif au Luxembourg). Les pièces sont tirées pour la plupart des Archives allemandes, mais aussi de celles de Vienne, de La Haye et de Londres. L'éditeur indique qu'il ne lui a pas été permis de consulter les Archives de Moscou. Les dépêches de Goltz publiées déjà par H. Oncken dans le recueil intitulé *Die Rheinpolitik Kaiser Napoleons III*, ont presque toutes été reproduites, à cause de « leur fondamentale importance » pour la compréhension des relations franco-allemandes. Au contraire celles des *Origines diplomatiques de la Guerre de* 1870-1871 ne l'ont pas été, parce que, nous dit-on, elles sont trop nombreuses; peut-être cette raison ne devait-elle pas empêcher de retenir celles qui avaient, elles aussi, une « fondamentale importance ». Il y en a. Lorsque l'on sait tout ce que contiennent les fonds du *Record Office*, à Londres, on s'étonne un peu que l'éditeur en ait tiré si peu de pièces, et l'on se demande ce qui lui a fait choisir celles-là parmi tant d'autres. La publication apparaît donc comme un peu trop sélective. Elle n'en constitue pas moins un recueil documentaire extrêmement utile.

387. Dietrich (Richard). Die Bemühungen Frankreichs

zur Festigung der Entente cordiale 1911-12. *Berlin. Mh.*, 12e ann., p. 767-784.

L'auteur constate, avec juste raison, « l'effort de tous les gouvernements français pour arriver à une *alliance* avec l'Angleterre ». A la lumière des documents anglais et français récemment publiés, et des témoignages, il étudie les tentatives faites en ce sens pendant la crise marocaine de 1911 et la première guerre balkanique. L'article est honnête, mais n'apporte guère de données nouvelles. En conclusion, M. Dietrich constate que l'entente avait été fortifiée, mais que la France n'avait obtenu « aucun accord diplomatique absolument obligatoire »; il estime pourtant que l'Angleterre avait contracté un « engagement d'honneur ».

388. **Ecker (Franz u. Alfred).** Der Widerstand der Saarländer gegen die Fremdherrschaft der Franzosen 1792-1815. Saarbrücken, Saarbrücker Druckerei u. Verl., in-8, 312 p.

Malgré une documentation assez consciencieuse, cet ouvrage est un véritable réquisitoire contre les historiens français qui ont publié des livres sur la Sarre. A noter que les auteurs n'ont pu utiliser les thèses de M. Capot-Rey. Cependant certains chapitres, et surtout certains documents intégralement publiés pourront être de quelque ressource pour les travailleurs.

389. **Frahm (Friedrich).** Frankreich und die Hohenzollernkandidatur bis zum Frühjahr 1869. *Hist. Vjschr.*, 29e ann., p. 342-370.

L'auteur remonte aux origines de la candidature Hohenzollern, en se servant surtout des historiens espagnols, Pirala et Bermejo. Il en fut question dès 1867, et surtout après la révolution de 1868, soit directement, soit indirectement, puisque beaucoup d'Espagnols voulaient donner la couronne à l'ancien roi de Portugal, Ferdinand de Cobourg, beau-père de Léopold de Hohenzollern qui lui succéderait. Bismarck, de même que Napoléon III, suivait de près les affaires d'Espagne. M. F. ne cache pas son antipathie pour la France, pour Napoléon, comme pour les historiens français.

390. **Göhring (Martin).** Die Feudalität in Frankreich vor und in der grossen Revolution. Berlin, Ebering, in-8, 320 p. (Hist. Studien 247.)

Etude faite consciencieusement à l'aide des documents publiés. Mais n'ajoute rien à nos connaissances, et n'offre guère d'intérêt pour les étudiants français. Même pour les autres, l'ouvrage ne saurait dispenser de recourir aux études maîtresses sur la question, et notamment aux travaux de M. Lefebvre.

391. * **Grimm (Friedrich).** Frankreich an der Saar. Die

Kampf um die Saar im Lichte der historischen französischen Rheinpolitik. Hamburg, Hanseatische Verlags-Anstalt, in-8, 135 p.

392. Güthling (Wilhelm). Das französische Archiwwesen. I. Entwicklung und Aufbau. *Archival. Z.*, t. 42-43, p. 28-51.

Tableau rapide et correct de l'administration des Archives de France et de leur contenu essentiel.

393. Hallmann (Hans). Methoden Paul Cambons. Ein Blick in die Vorgeschichte der Entente. *Hist. Z.*, t. 150, p. 290-305.

En examinant, d'après les documents diplomatiques et les témoignages, les conversations Grey-Cambon de 1902-1903, préliminaires à la conclusion des accords d'avril 1904, l'auteur cherche à montrer que Paul Cambon, pour amener les Anglais à ses vues, prêtait à l'Allemagne, au sujet du Maroc, des desseins qu'elle n'avait pas.

394. Heep (Karl) Die letzten Jahrzente französischer Herrschaft in Saarlouis (1793-1815). Saarbrück, in-8, 76 p.

Ouvrage consciencieux pour lequel l'auteur a épuisé les Archives départementales de la Moselle, les Archives municipales de Sarrelouis et les Archives d'État de Coblence. La question des langues rapidement examinée mériterait quelques compléments.

395. Heinrichs (Katharina). Die politische Ideologie des französischen Klerus bei Beginn der grossen Revolution. Berlin, Ebering, in-8, 172 p. (Hist. Stud. H. 253.)

Travail consciencieux, mais très scolaire, sur les idées du clergé français au début de la Révolution. Aucun document d'archives n'a été consulté, la bibliographie est sommaire, l'auteur n'a pas même dépouillé tous les cahiers du clergé aujourd'hui publiés.

396. Hellwig (Fritz). Der Kampf um die Saar 1860-1870. Beiträge zur Rheinpolitik Napoleons III. Leipzig. Univ. Verl. Noske, in-8, xxiv-277 p. (Forschungen zur neuen u. neuesten Geschichte H. 3.)

Travail intéressant, très documenté, mais dont la documentation présente cette singulière lacune de ne comporter aucune source archivistique française. La presse française est de même beaucoup moins citée que la presse allemande ou locale. Certaines conclusions appellent naturellement des réserves.

397. Henderson (G. B.). Ein Beitrag zur Entwicklung

der napoleonischen Ideen über Polen und Italien während des Krimkrieges. *Z. f. osteurop. Gesch.*, t. 8, p. 552-567.

Intéressante étude sur les négociations entre la France et l'Autriche en 1854-55. Le duc Ernest de Saxe-Cobourg, après une entrevue avec Napoléon III, envoya au prince consort Albert, son frère, un compte-rendu détaillé. L'auteur a pu consulter aux Archives royales de Windsor ce compte-rendu, très différent du récit que le duc a donné dans ses Mémoires imprimés.

398. * **Herold (Martin), Niessen (Josef), Steinbach (Franz).** Geschichte der französischen Saarpolitik. Ausgangstellung und Angriff. Von d. Saar zum Rhein. Wende u. Wiederkehr. Bonn, Röhrscheid, in-8, 103 p. (Croquis.)(Veröff. aus d. Inst. f. geschichtl. Landeskunde d. Rheinlande an d. Univ. zu Bonn.)

399. * **Herold (Martin) u. Steinbach (Franz).** Frankreichs Saarpolitik nach 1814. *Nachrichtenbl. f. rhein. Heimatpflege*, 5e ann., p. 252-275. (Ill.)

400. **Holdegel (Kurt).** Frankreichs Politik im Nahen Orient und im Mittelmeer in der Zeit vom Ausbruch des italienisch-türkischen Krieges bis zum Zusammentritt der Londoner Botschafterkonferenz (Oktober 1911-Dezember 1912). Dresden, Risse-Verl., in-8, 109 p. (Croquis.)

L'auteur estime que, jusqu'en avril 1912, le gouvernement français est resté fidèle, en Orient, à une politique « conservatrice », c'est-à-dire tendant au maintien de l'Empire ottoman, mais qu'il a abandonné ce principe à l'automne de 1912, sous la pression des événements, pour se lier davantage à la politique russe : il reconnaît d'ailleurs que la situation de la France, en l'occasion, était difficile. L'étude n'est pas très poussée, mais elle est d'un ton assez mesuré.

401. * **John (Willi).** Das Dardanellenproblem und die grossen Mächte im Jahre 1911. Ohlau in Schleswig, Eschenhagen, in-8, 71 p.

402. **Kabisch (Ernst).** Englands und Frankreichs Werben um Belgien 1906 bis 1914. *Wissen u. Wehr*, p. 56-77.

L'article commente les données nouvelles fournies par les documents diplomatiques anglais et français et par les Mémoires du maréchal Joffre. L'auteur reconnaît que le gouvernement belge ne s'est pas départi de ses devoirs de neutralité, mais ajoute que le roi Albert, personnellement, se plaçait nettement du côté de l'Entente.

Les conclusions qu'il veut tirer des ordres données par Joffre le
2 août 1914 (variante au plan XVII) sont inexactes.

403. Kircheisen (Friedrich Max). Napoleon I. Sein
Leben u. seine Zeit. Bd. 9 : 1812-1821. München, Albert
Langen-Georg Muller, in-8, vi-615 p. (Ill., facs.)

L'ouvrage de Kircheisen est classique, et, pour beaucoup, fait
autorité. Néanmoins il est trop un catalogue de dates, de faits; ne
pose pas les problèmes sous un angle nouveau, et ne critique pas à
fond les sources dont nous disposons. On ne peut donc le considérer
comme une véritable mise au point, ni une contribution originale et
suggestive. Dans ces conditions la longueur même de l'œuvre rend
son emploi moins utile. Toutefois travail estimable, et probe. Le volume 9 en particulier laisse dans l'ombre la valeur des offres de paix
faites aux alliés et les modalités des rapports, en ce qui concerne la
France, de Castlereagh et Metternich.

404. Klein (Walther). Der Napoleonkult in der Pfalz.
München, C. H. Beck, in-8, vii-196 p. (Pl.)

Importante contribution à l'étude du culte de Napoléon et de la
légende napoléonienne dans le Palatinat. L'auteur passe successivement en revue les sociétés de vétérans de la Grande Armée qui se
sont fondées en Rhénanie de 1833 à 1852, et qui ont contribué dans
une mesure importante à la diffusion de la légende impériale; les
poètes et les historiens de Napoléon; les chants et dictons populaires;
les images et enfin la diffusion du nom de l'empereur comme pré-
nom. L'appendice, égal à la moitié environ du volume, comprend la
publication intégrale des poésies napoléoniennes les plus caractéristiques.

405. Koelle (William). Englische Stellungnahme gegen-
über Frankreich in der Zeit vom deutsch-franz. Kriege 1870-
71 bis zur Besetzung Aegyptens durch England 1882. Ein Beitr.
zur Vorgeschichte d. Weltkriegs. Berlin, Ebering, in-8, 137 p.
(Hist. Stud. H. 242.)

Ouvrage sérieux, bonne bibliographie, mais n'apporte aucun élément nouveau à nos connaissances.

405 bis. * König (Hermann). Die Einheit der Kirche
nach Joseph de Maistre und Johann Adam Möhler. Ein dog-
mengeschichtlicher Beitrag zum Vatikanum. Freiburg i. Br.,
Dissertation de théologie, in-8, 58 p.

406. * Kossatz (Heinz). Untersuchungen über den fran-
zösisch-englischen Weltgegensatz im Faschodajahr (1898).

Breslau, Marcus, 34, in-8, vi-88 p. (Historische Untersuchungen H. 13.)

406 *bis*. Kulturwissenschaftliche Bibliographie zum Nachleben der Antike. Hrsg. von d. Bibliothek Warburg. In Gemeinschaft mit Fachgenossen bearb. von Hans MEIER (u. a.). Bd. 1 Die Erscheinungen d. J. 1931. Leipzig, Teubner, in-8, xxviii-333 p.

Il s'agit d'une bibliographie, composée de 1238 analyses dont la plupart très développées, d'ouvrages et d'articles rentrant dans le cadre des recherches poursuivies par l'Institut Warburg, actuellement installé à Londres. Le plan de classement laissera apercevoir la variété des matériaux réunis grâce aux ressources très riches qu'offre la Bibliothèque de l'Institut : 1re partie : Histoire par matières et types (Folklore, Religion et mythologie, Magie et sciences naturelles, Philosophie, Droit et Institutions, Histoire du théâtre, Tradition picturale, Ecriture et langue, Musique). 2e partie : Epoques et civilisations (« Kulturkreise ») (Fin de l'antiquité; Byzance, Moyen Age, Renaissance, Humanisme, Réforme, Contre-Réforme, xviie siècle, xviiie et xixe siècles, l'Humanisme et l'époque contemporaine). Un modèle de science et de méthode, appelé à rendre de grands services. Index très détaillé de personnes et de matières.

407. **Lehmann (Konrad).** Die Rettung Berlins im Jahre 1813. Das Feldherrntum Barnadottes, Bülows, Oudinots und Neys im Grosbeeren und Dennewitz-Feldzuge. Berlin, Ebering, in-8, xvi-255 p. (Hist. Stud.·H. 244.)

Consciencieuse mise au point des opérations de Bernadotte depuis la rupture de l'armistice de Plesswitz (12 août 1813) jusqu'à la fin de la campagne d'automne de 1813. Dans une première partie, l'auteur s'efforce d'analyser la mentalité et les projets de Bernadotte au début de la campagne. Faute de documents nouveaux, il ne semble pas qu'il ait abouti à des résultats bien importants. Dans la seconde partie, il étudie en détail à l'aide de documents puisés surtout dans les archives prussiennes les batailles de Grosbeeren et de Dennewitz. Le système de références employé rend malheureusement toute vérification très difficile si ce n'est impossible.

408. **Ludwig (Irmgard).** Treitschke und Frankreich. München, Oldenbourg, in-8, 132 p. (*Hist. Z.* Beih. 32.)

Treitschke est connu comme un ardent gallophobe. L'auteur montre que les jugements de l'historien sur la France ont beaucoup varié selon le cours des événements politiques. Cette étude minutieuse et nuancée ne manque pas d'intérêt.

409. Max (Hubert). Die Satire in der französischen Publizistik. München, Institut für Zeitungswissenschaft, in-8, 154 p.

Étude laborieuse, sinon toujours exacte (les ouvrages de Hatin sont une source bien périmée et que des recherches ultérieures ont corrigée sur de nombreux points, de la bibliographie très compliquée de ces publications) de la presse satirique, notamment de la période de 1789-1880.

410. Meyers (Joseph). Die strategische Bedeutung Luxemburgs unter Ludwig XIV. *Ons Hémechl*, 40e ann., p. 169-174.

Court article, sans apport personnel, qui se réfère uniquement à un autre article de M. Herold, dont le titre même indique l'esprit : *Von Saarlouis zum Mont-Royal, ein Wegstück französischer Rheinpolitik der Vergangenheit und Gegenwart.* Les mêmes préoccupations, qui ne sont pas d'ordre historique, se retrouvent dans l'article de M. Meyers.

411. Neef (Erich). Die europäische Politik vom Sommer 1897 bis zum Sommer 1898 im Spiegel des « Temps «. Köln, Dissertation de doctorat, in-8, 52 p.

Dans la politique considérée, les relations entre les grandes puissances ont été marquées surtout par les initiatives russes et allemandes en Extrême-Orient, et par les discussions ouvertes autour du règlement du conflit gréco-turc; mais c'est aussi à cette époque que l'amiral von Tirpitz devient ministre de la Marine du Reich. Dans cette « dissertation », l'auteur a cherché comment un journal français, qu'il considère comme « très influent », prenait position à l'égard de ces problèmes; mais il s'est attaché aussi à montrer quelle était l'attitude du « *Temps* » à l'égard de l'éventualité d'une « ligue continentale » : à cet égard le résultat de ses recherches a été maigre. C'est un petit travail de débutant.

412. Platzhoff (Walter). Frankreichs Bestrebungen auf eine Revision des Frankfurter Friedens von 1871 bis 1914. *Berlin. Mh.*, 12e ann., p. 91-111.

La thèse de l'auteur est que la France, de 1871 à 1914, n'a jamais cessé d'avoir pour but une revision future du traité de Francfort et que cette préoccupation a été « le *leitmotiv* de la politique extérieure de la IIIe République ». A l'appui de cette affirmation, M. Platzhoff cite de nombreux extraits de documents diplomatiques et de témoignages. L'article est intéressant, mais tendancieux : il vise à démontrer que le désir de revanche a toujours été vivace en France, au lieu de se borner à constater qu'aucun gouvernement français n'a jamais voulu prononcer une renonciation explicite à la revendication nationale.

413. * **Richter (Carl Roderich) u. Fox (N.).** Saarlouis und Frankreich. Eine Auseinandersetzung mit d. angeblich hist. Ansprüchen Frankreichs auf Saarlouis. Mit e. Beitr. von Prof. F. STEINBACH. Saarbrücken, Saarbrücker Druckerei u. Verl., in-8, 156 p. (Cartes.)

414. **Riemer (Siegfried).** Die Staatsanschauung des Grafen d'Antraigues in seiner Denkschrift über die General-stände. Berlin, Ebering, in-8, 131 p. (Forschungen zur Ge-schichte d. Ancien Régime u. d. grossen Revolution. Nr 3 — Hist. Stud. H. 243.)

Ce travail n'est qu'une amplification dépourvue d'originalité des premiers chapitres de l'ouvrage connu de Pingaud sur le Comte d'An-traigues. La bibliographie, très sommaire, n'est pas à jour. L'auteur cite les Mémoires du marquis de Ferrières publiés en 1880, mais non les Lettres du même parues en 1932, il ignore l'ouvrage fondamental de Mornet sur les origines intellectuelles de la Révolution, il cite le vieux livre de Lavergne sur les Assemblées provinciales sous Louis XVI, mais omet celui de Renouvin, etc...

415. **Ritter (Edwin).** Die Elsass-lothringische Presse im letzten Drittel des 19. Jahrhunderts. Strasbourg, Elsass-Lothringische Gesellschaft, in-8, 390 p.

1re partie : La presse d'Alsace-Lorraine de 1860 à 1880. Chap. 1er : La presse alsacienne et lorraine de 1868 à 1870. Chap. 2 : Le statut légal de la presse alsacienne. Chap. 3 : Origines et développement de la presse officieuse[« Regierungspresse », c'est-à-dire presse expri-mant le point de vue gouvernemental]. Chap. 4 : La presse autochtone [c'est-à-dire créée et dirigée par des Alsaciens, par opposition à la « Regierungspresse » dirigée, en majeure partie, par des journalistes immigrés du *Reich*] après l'annexion. 2e partie : la presse d'Alsace-Lorraine de 1880 à 1920. Chap. 1er : La presse favo-rable au gouvernement. Chap. 3 : La presse d'opposition. Chap. 4 : La presse catholique. Chap. 5 : La presse social-démocrate. Chap. 6 : La lutte pour la liberté de la presse. L'abolition de la législation d'exception. En appendice, liste alphabétique des journaux d'Alsace-Lorraine 1870-1918. — Travail sérieux, qui s'occupe surtout du rôle politique de la presse alsacienne et lorraine.

416. **Roloff (Gustav).** Französische Geschichte. Berlin, de Gruyter, in-8, 174 p. (Cartes) (Sammlung Göschen. 85.)

Ouvrage très sommaire, et qui ne rendra point de services à nos lecteurs. Le seul intérêt est de montrer comment un historien tel que l'auteur comprend un manuel élémentaire d'histoire.

417. * **Rothfritz (Herbert)**. Die Politik des preussischen Botschafters Grafen Robert von der Goltz in Paris 1863-69. Ein Beitr. zum Problem d. deutsch-franz. Verständigung im Zeitalter d. Reichsgründung. Berlin-Grunewald, Verl. f. Staatswissenschaften u. Geschichte, in-8, 145 p. (Abh. zur mittleren u. neueren Geschichte H. 74.)

418. * **Rupprecht (Friedrich)**. Der Pariser Frieden von 1856. Sein Zustandekommen und seine Bedeutung f. d. Entwicklung des Völkerrechts. Würzburg, Dissertation de droit, in-8, 79 p.

419. * **Schmitt (Heinrich)**. Die Vorgeschichte der in der Pariser Seerechtsdeklaration niedergelegten Grundsätze. Würzburg, Thèse de droit, in-8, 89 p.

420. **Schneider (K. G.)**. Die grundlegende Bedeutung der Zeit von 1552 bis 1648 für die neuere französische Ausdehnungspolitik. *Rhein. Vjbl.*, 4e ann., p. 11-25.

Le titre ne donne pas une idée très juste du sujet. L'auteur a étudié la situation très différente des Trois Évêchés, de la Lorraine et de l'Alsace en tant que pays frontières de l'Empire et montre comment les gouvernements de Henri IV, de Louis XIII et de Louis XIV ont su tenir compte de ces différences par la diversité des moyens qu'ils ont employés pour y étendre peu à peu la souveraineté du roi. Étude précise et instructive.

421. **Schüle (Ernst)**. Die Verhandlungen zwischen Russland und Frankreich vor dem italienischen Kriege 1858-59. Nach Dokumenten aus dem Archiv des französischen Aussenministeriums. *Z. f. osteurop. Gesch.*, t. 8, p. 188-221.

Cet article, accompagné d'une bonne bibliographie, donne le premier exposé complet des pourparlers qui aboutirent au traité secret du 3 mar 1859. Napoléon III présentait à la Russie des projets révolutionnaires, surtout la destruction de l'Autriche; Alexandre II et Gortchakov, mécontents de ne pas obtenir la révision du traité de 1856, n'acceptèrent qu'une convention beaucoup plus modeste.

422. **Schwertfeger (Bernhard)**. Das deutsch-österreichische Bündnis vom 7. Oktober 1879 im Lichte der französischen Akten. *Hist. Vjschr.*, 29e ann., p. 145-176.

L'auteur analyse les rapports de Saint-Vallier, publiés dans les *Documents diplomatiques français*, et reproduit les passages les plus

importants. Il indique l'intérêt que présentent ces documents pour
l'étude de la méthode diplomatique de Bismarck.

423. Schwertfeger (Bernhard). Die militärpolitischen
Beziehungen Frankreichs und Englands zu Belgien 1912.
Berlin. Mh., 12e ann., p. 599-614.

L'article est fondé sur les documents diplomatiques anglais et français récemment publiés, dont il reproduit de nombreux extraits. Ce
n'est, en somme qu'une analyse de ces pièces. L'auteur ne cache pas
qu'il convient d'attendre l'achèvement des publications de documents pour reprendre la question dans son ensemble.

424. Steffen (A.). Der Prinz von Chimay, der Verteidiger
Luxembourg. *Ons Hémecht*, 40e ann., p. 200-204.

Courte notice sur le Prince de Chimay, qui commandait la forte-
resse de Luxembourg en 1684. Il avait peu d'autorité, peu d'expérience de la guerre et sa hauteur lui aliéna la bourgeoisie de la ville.
Mais il n'était pas responsable de l'insuffisance des forces qui avaient
été mises à sa disposition.

425. Stern (Alfred). Eine Unterhaltung Emile Olliviers
mit Georg Klindworth. Paris, 15 März 1870. *Hist. Z.*, t. 149,
p. 298-302.

Dans ce document, conservé aux archives de Vienne, Klindworth,
qui fut l'agent secret de divers gouvernements, rapporte un entretien curieux : Emile Ollivier parle amèrement du pape et manifeste
le désir de mettre fin bientôt à l'occupation de Rome.

426. Van Volxem (Josef). Frankreichs Ardennenpolitik
unter Ludwig XIV. *Rhein. Vjbl.*, 4e ann., p. 259-278.

Etude précise sur les méthodes de la diplomatie de Louis XIV pour
ouvrir aux armées du roi une nouvelle route vers la moyenne Meuse
et Liége à travers l'Ardenne. Beaucoup d'indications intéressantes
sur la longue préparation des « réunions » dans cette région médiane
des Pays-Bas. Quelques phrases sur la « Rheinpolitik » de la France,
aujourd'hui obligatoires pour tout historien allemand, n'enlèvent
rien à la valeur documentaire de l'étude.

427. * Wais (Kurt). Das antiphilosophische Weltbild des
französischen Sturm und Drang 1760-1789. Berlin, Junker u.
Dünnhaupt, in-8, 262 p.

428. Wegerer (Alfred v.). Bibliographie zur Vorgeschichte des Weltkrieges. Berlin, Quaderverlag, in-8, 128 p.

Cette bibliographie contient tous les recueils de documents concernant la politique mondiale à l'époque de l'avant-guerre et les mémoires, biographies, recueils de lettres qui les complètent. Le classement par pays (Belgique, Bulgarie, Danemark, Allemagne, France, Grèce, Grande-Bretagne, Italie, Japon, Luxembourg, Pays-Bas, Norvège, Autriche, Hongrie, Portugal, Roumanie, Russie, Espagne, Tchécoslovaquie, Turquie, U. S. A.), et à l'intérieur de ces rubriques la subdivision en « Documents », « Mémoires », « Articles de périodiques », ainsi qu'une table des noms de personnes, rendent très aisée la consultation de l'ouvrage. Un supplément indique : 1º les principales études d'ensemble sur l'histoire diplomatique et politique de l'Europe de 1871 à 1914 (une lacune importante : J. Susta, Svetova politika v letech 1871-1914 (La politique mondiale 1871-1914) 6 vol.). 2º la littérature sur la crise de juillet 1914, 3º celle sur l'attentat de Sarajevo et 4º quelques ouvrages sur la mobilisation en juillet-août 1914.

TROISIÈME PARTIE

TRAVAUX DE LANGUE ANGLAISE CONSACRÉS A L'HISTOIRE DE FRANCE

TRAVAUX DE LANGUE ANGLAISE CONSACRÉS A L'HISTOIRE DE FRANCE

429. Abernethy (Thomas P.). Commercial activities of Silas Deane in France. *Am. hist. R.*, vol. 39, p. 477-485.

Un neveu de Franklin, Jonathan Williams, devint la cheville ouvrière d'une organisation qui permit au Congrès d'obtenir des subsides de la France, encore neutre. L'article est sévère pour Silas Deane.

430. Achorn (Eric). European civilization and politics since 1815. New-York, Harcourt, Brace, in-8, 879 p.

Le titre même de l'ouvrage en précise le caractère. Fait avec conscience et méthode, il reste un ouvrage de vulgarisation qui intéresse plutôt encore les étudiants américains que le public français. Cependant, il présente le grand intérêt de mettre l'accent sur les aspects économiques et culturels de la vie; des rapprochements suggestifs; et, à côté de développements un peu touffus et obscurs, des résumés nets. Mérite donc d'être connu, moins pour la nouveauté qu'il apporte que comme expression des vues de l'école historique contemporaine.

430 *bis*. Artz (Frederic B.). Reaction and revolution 1814-1832. New-York, Harper, in-8, 317 p.

Résumé, exact et nuancé, pourvu d'une bonne bibliographie, qui rendra de réels services aux étudiants américains auxquels il est destiné. Les historiens français continueront à se servir du livre de G. Weill publié dans la collection Halphen-Sagnac (*L'Eveil des nationalités et le mouvement libéral*, 1815-1848, Paris, 1930).

431. Baisnée (Jules A.). France and the establishment of the American Catholic hierarchy; the myth of French interference. (1783-1784). Baltimore, Johns Hopkins Press, in-8, ix-182 p.

Grâce au dépouillement de nombreux documents (Archives des Affaires étrangères) dont l'auteur ne donne pas une bibliographie critique, le présent livre démontre l'erreur commise par les historiens qui, à la suite de Gilmary O'Shea, ont attribué au gouvernement de Louis XVI le désir d'établir aux États-Unis un évêque catholique français ou soumis à l'influence française. L'exposé est solide, judicieux, et rendu plus probant par de nombreux appendices. On regrette quelques erreurs de détail et l'absence d'un Index.

432. Barnard (H. C.). Madame de Maintenon and Saint-Cyr. London, Black, in-8, 252 p.

Etude consciencieuse des méthodes d'éducation adoptées à Saint-Cyr sous l'influence de Mme de Maintenon, de leur origine, et de leur influence à l'étranger, notamment à Vienne sur les créations de Marie-Thérèse. L'auteur est trop favorable à son héroïne, qu'il idéalise, mais il y a des pages pénétrantes sur les différences qui font l'originalité de la méthode de Saint-Cyr et sur les raisons des succès de celle-ci.

433. Brinton (C.). A Decade of Revolution 1789-1799. London, Harper, in-8, 332 p.

Ce volume est à la fois une sorte de manuel de l'histoire de la France et de l'Europe (y compris le mouvement des idées) et un exposé des vues de l'auteur sur l'explication à donner de la Révolution et les principaux auteurs qui ont parlé d'elle. Le manuel est assez sommaire surtout pour la période antérieure à la Convention : c'est aux Jacobins que l'auteur s'intéresse surtout parce qu'il regarde la Révolution comme un phénomène religieux (il y en a deux autres, dit-il, dans l'histoire moderne : le calvinisme et le bolchevisme).

434. * Brogan (D. W.). Proudhon (Makers of the New World). London, H. Hamilton, 34, in-8, 96 p.

435. Brown (Harcourt). Scientific organizations in seventeenth century France (1620-1680). Baltimore, Williams and Wilkins, in-8, 305 p.

Ouvrage intéressant et suggestif fondé sur un dépouillement très étendu des correspondances scientifiques conservées dans la bibliothèque de la Royal Society de Londres, la bibliothèque de l'Université de Leyde, la Bibliothèque nationale (Fonds Dupuy, correspondance de Mersenne, etc.) et autres. Montre comment des réunions amicales d'érudits et d'amateurs, des échanges d'informations scientifiques donnent naissance, sur l'initiative d'hommes comme Peiresc à Aix, les frères Dupuy à Paris, à des « Académies » privées, cercles fermés où se réunit l'élite intellectuelle. Insiste avec juste raison sur l'étendue des relations épistolaires et sur leur importance pour la diffusion de nouvelles tant scientifiques que politiques. Le chapitre II traite de l'activité du père Marin Mersenne et des *Conférences du Bureau d'adresses* de Théophraste Renaudot. Dans le chapitre III, indications détaillées sur les relations épistolaires de Mersenne avec des savants anglais, dont Thomas Hobbes. Les chapitres III, V et VI décrivent les milieux qui se rencontrent dans l'hôtel de Henri-Louis Hubert de Montmor et qui se groupent en 1657 en une « Académie » mais dont les querelles et jalousies provoquent après huit ans d'existence la dissolution du cercle. Une partie de ses membres se rassemble à nouveau autour de Melchisedec Thévenot, forme une *Compagnie des sciences et des arts*, noyau de la future Académie des sciences. Le chapitre VIII parle de Henri Justel (1620-1693), protestant, secrétaire du roi, dont les « Conférences » sont très fréquentées et qui maintient des rapports réguliers avec un grand nombre de savants étrangers. Le chapitre suivant, consacré aux débuts de la presse scientifique *(Journal des Savants)* apporte, d'après des lettres inédites dépouillées par l'auteur, quelques menus compléments à ce que nous savons déjà. Les Académies de province forment le sujet du chapitre X. Des cercles scientifiques de Montpellier, Toulouse et Caen dont il est question, seul le dernier mérite le nom d' « Académie ». Constituée en 1662, subventionnée par Colbert, elle se voua à de la « connaissance de la nature en général, et en particulier à l'Anatomie et à perfectionner les Arts les plus utiles ». Après cette excursion en province (qu'il eût mieux valu placer à la fin) l'auteur revient à la description d'une académie parisienne qui a été une des plus populaires de toutes : celle de l'abbé Bourdelot fondée vers 1664. — En appendice : A. 10 lettres inédites 1) et 2) Th. Haak à Mersenne; 3) Edward Sherbourne à Elias Ashmole; 4) Pierre Petit à Henry Oldenbourg; 5) Carcavya à Oldenbourg; 6) Oldenbourg à l'abbé Gaulois; 7) Henry Justel à P. D. Huet; 8) Justel à Windekeller; 9) Lettre anonyme; 10) Pierre Boyle à Robert Boyle; B. Prospectus de Paul Boccone « herboriste du feu grand duc de Toscane » de passage à Paris, invitant à fréquenter ses conférences sur la botanique.

436. Bury (J. P. T.). Gambetta and the Revolution of 4 september 1870. *Cambridge hist. J.*, vol. 4, p. 263-282.

Partie de l'ouvrage publié depuis par M. Bury sur Gambetta. Etude critique attentive, fondée sur les papiers de la Commission d'Enquête parlementaire et notamment la déposition de Dréolle. N'ajoute pas grand'chose aux éléments déjà à la disposition du public français.

437. Cobban (Alfred). Rousseau and the modern state. London, Allen and Unwin, in-8, 288 p.

Ouvrage très approfondi et qui montre une connaissance avertie à la fois des œuvres de Rousseau et de la pensée française contemporaine. Mais l'ouvrage est dominé par le souci de démontrer que le système de Rousseau est un, que les contradictions reprochées sont futiles. N'a pas assez insisté sur l'influence du milieu genévois et, à travers celui-ci, des influences allemandes et anglaises. Insuffisant notamment sur Micheli de Crest et Vattel.

438. Conversations with Napoléon III. A Collection of documents, mostly unpublished and almost entirely diplomatic. Selected and arranged with Introductions by Sir Victor WELLESLEY and Robert SENCOURT. London, Benn, in-8, 388 p.

L'ouvrage est un ensemble d'extraits empruntés à la correspondance de trois diplomates éminents de la période de l'Empire : lord Cowley, Metternich, et Hübner. L'un des éditeurs, Sir Wellesley, a écrit une introduction fort intéressante sur les tendances diplomatiques de l'époque, et, dans son travail de publication, il a été aidé par Rob. Sencourt, dont l'ouvrage sur Napoléon III a été récemment traduit en français. La plupart de ces textes étaient inédits : Le personnage qu'ils concernent est naturellement l'Empereur. Mais le volume présent ne facilite pas l'appréciation des historiens sur ce souverain, dont les boutades, mêlées de puérilités et de vues profondes, défient l'analyse. Les auteurs croient à la sincérité de Napoléon III. Alors la politique du souverain après 1863 devient inintelligible. Il est à regretter que le commentaire, en général pertinent, ne s'étende pas à certains passages, ou faits peu connus et obscurs.

439. Cooper (Duff). Talleyrand. London, Cape, in-8, 399 p.

Biographie destinée au grand public, très bien écrite, exacte dans l'ensemble. L'auteur a pu consulter les papiers du comte de Flahaut, mais il ne nous apporte malheureusement rien de nouveau sur les relations de Talleyrand avec le général dont les deux importantes missions à Londres, ayant pour objet de proposer un partage de la Belgique, sont expédiées en quelques lignes.

440. * **Dawson (Marshall).** Oberlin : A protestant saint, Chicago, Willett, Clark, in-12, 175 p.

440 *bis*. Erskine Hume (E.)... La Fayette and the Society of the Cincinnati. Paris, Droz, in-8, 65 p. (4 illustrations.)

Dans cet ouvrage, l'auteur étudie la part que prit La Fayette à la constitution de la société des Cincinnati. Il y fit admettre ses compatriotes pourvus de commissions du Congrès, acquitta une partie des frais de fabrication des aigles sous la direction du major L'Enfant, répondit aux critiques adressées à l'institution par les adversaires de la Société. L'ouvrage se termine par quelques détails donnés sur le sort, pendant la Révolution, des membres français de la Société des Cincinnati. Ni bibliographie, ni index.

441. Furber (Holden). Fulton and Napoleon in 1800 : new light on the submarine Nautilus. *Am. hist. R.*, vol. 39, p. 489-491.

Reproduit une lettre de Fulton et un rapport de P. L. A. Forfait, ministre de la marine, adressés au premier consul (Arch. nat. Paris, A. F. IV, 1187, 15 oct., 16 juin 1800) qui prouvent que le sous-marin construit par Fulton n'a pas été lancé fin juillet 1800 à Rouen comme on le croyait jusqu'ici, mais au milieu de juin 1800 à Paris, sur la Seine, en face des Invalides.

441 *bis*. Grant (A. J.). The Huguenots. London, Thornton Butterworth, in-16, 256 p. (Home Univ. Library.)

Etude brève, mais exacte et claire de l'histoire des Huguenots. L'auteur se borne à marquer les principaux caractères des guerres de religion, sans prétendre en donner un récit suivi. Il consacre la plus grande partie du volume au règne de Louis XIV et termine par un court appendice sur le XIXe siècle.

442. Guedalla (Philipp). The hundred days. London, Davies, in-8, 171 p.

Ouvrage d'un vulgarisateur connu, ce petit volume est destiné à un public de curieux plutôt que d'historiens, et, du point de vue critique, les nouveautés qu'il apporte sont dénuées d'importance.

443. Habig (Marion A.). The Franciscan Père Marquette. A critical biography of Father Zénobe Membré O. F. M. La Salles chaplain and missionary companion, 1656 (ca) 1689. New-York, Wagner, in-8, XIII-301 p. (Franciscan Stud., fasc. 13.)

Biographie très fouillée d'un compagnon de la Salle, assassiné par les Cénis.

444. Hartmann (Cyril Hughes). Charles II and Madame. London, Heinemann, in-8, 414 p.

L'intérêt de l'ouvrage réside dans la découverte et la publication de six lettres originales et inédites de « Madame ». L'auteur est au courant des principaux travaux, et son analyse est en général bien conduite. Contrairement à la tendance générale des biographes, il rabaisse la place historique de son héroïne, en qui il voit seulement une intermédiaire. Mais il y a en somme peu de nouveau soit dans l'interprétation des faits et détail, soit dans la présentation de la politique générale.

445. Hayes (R.). Irish swordsmen of France. Dublin, Gill, in-8, 327 p. (Illus.)

Ouvrage consciencieusement établi, mais d'un intérêt historique limité.

446. Hendel (C. W.). Jean-Jacques Rousseau : moralist. London, Oxford Univ. Press, 2 vols in-8, 328 p.

Ouvrage important, non seulement en lui-même, par l'étude patiente et probe qu'il contient de la pensée de Rousseau, mais comme indice de la réaction précédente, manifestée aux Etats-Unis parmi les disciples de Irving Babbitt. La plupart des idées exposées dans ces deux volumes sont déjà connues des lecteurs français. Cependant leur mise en forme précise leur valeur, et l'auteur ajoute des vues pénétrantes à l'héritage de ses devanciers.

447. Howard (H. E.). Lord Cowley on Napoleon III in 1853. *Eng. hist. R.*, vol. 49, p. 502-505.

Extraits très intéressants d'une lettre de lord Cowley, ambassadeur d'Angleterre à Paris en 1853. On trouve l'opinion de lord Cowley sur Napoléon III et ses collaborateurs. Il est sévère et nous donne des détails très utiles. Deux pages de commentaires.

448. Hudson (N. E.). The circulation of the Ultra-Royalist press under the French restoration. *Eng. hist. R.*, vol. 49, p. 687-697.

Malgré le titre, c'est l'histoire de toute la presse française pendant la Restauration qu'on cherche à nous présenter dans ces quelques pages, naturellement très superficielles. Ce qui fait l'intérêt de l'article, ce sont plusieurs statistiques, venant des Archives Nationales, sur le tirage des principaux journaux parisiens à diverses dates.

449. Hyslop (Beatrice Fry). French nationalism in 1789 according to the national cahiers. New York, Columbia Univ. Press, in-8, xi-343 p.

La plupart des historiens français critiquent la conception générale de l'ouvrage. Le « nationalisme » français en 1789 est en effet une pure vue de l'esprit, le mot lui-même n'était pas en usage. Le dernier tiers du livre renferme de nombreux appendices utiles, notamment une liste systématique des cahiers classés d'après certaines revendications typiques.

450. * Jones (Howard M.). The importation of French books in Philadelphia, 1750-1800. *Mod. Philol.*, vol. 32, p. 157-177.

451. * Kite (Elizabeth S.). Lafayette and his companions on the « Victoire. « *Am. cath. hist. Soc. Rec.*, vol. 45, p. 1-32, 144-178, 212-245, 275-311.

452. Knapton (E. J.). Some aspects of the Bourbon restoration of 1814. *J. mod. Hist.*, vol. 6, p. 405-424.

L'auteur montre que cette restauration, nullement décidée par les souverains coalisés au début de 18 4, eut des causes très diverses, et en partie accidentelles. La proclamation de Louis XVIII à Bordeaux et plus tard la défection de Marmont y contribuèrent beaucoup.

453. Le Mesurier (A. M. C.). The Anglo-French struggle for the control of Dutch policy, (1755-1763) (Summary of thesis). *B. Inst. hist. Research.*, 34-35, vol. 12, p. 122-125.

454. Letters of Napoleon. Ed. by J. M. Thompson. Oxford, Blackwell, in-8, 374 p.

Sans intérêt pour le lecteur français : Choix arbitraire et pas irréprochable des textes. Traduit les documents, ce qui enlève à la prose impériale une partie de ses qualités intrinsèques. Commentaire consciencieux, mais sans nouveauté.

455. Lokke (Carl L.). The Trumbull episode : a prelude to the « X Y Z « affair. *New Eng. Quar.*, vol. 7, p. 100-114.

Tout en racontant les aventures à Paris du peintre Trumbull (1797), l'auteur expose les origines des difficultés franco-américaines sous le Directoire.

456. Lyon (E. Wilson). Louisiana in French diplomacy, 1759-1804. Norman, Okla., Univ. of Oklahoma Press, in-8, 268 p.

Ouvrage consciencieux, fait en partie d'après des documents inédits. Particulièrement intéressant à consulter à propos des pourparlers qui aboutirent à la cession de la Louisiane.

457. Macdonnel (A. G.). Napoleon and his marshals. London, Macmillan, in-8, 268 p.

Ouvrage de vulgarisation dans lequel l'auteur suit les maréchaux de Napoléon Ier depuis l'armée d'Italie de 1796 dont presque tous firent partie, jusqu'à l'abdication, en notant leur rôle dans les principales campagnes de l'Empire.

458. Manuel (F. E.). An American's account of the Revolution of 1848. *J. mod. Hist.*, vol. 6, p. 294-307.

Témoignage d'un Américain sur les journées révolutionnaires de février 1848 à Paris. Particulièrement intéressant et exact sur la séance de la Chambre des députés du 24 qui aboutit à l'échec de la

Régence de la Duchesse d'Orléans et à la proclamation d'un Gouvernement provisoire.

459. Meldrum (A. N.). Lavoisier's early work in science. *Isis*, 33, t. 19, p. 330-363; 34, t. 20, p. 396-425.

La simple mention table des matières met en évidence l'intérêt de ce travail : Part I. 1. Lavoisier's training in science. 2. Meteorology. Appendix : Lavoisier on Meteorology. 3. Lighting. Appendix : Lavoisier on lighting. 4. Guettard-Mineralogy and Geology. Appendix : Lavoisier on mineralogical and geological subjects. Part II. 1. The water supply of Paris. 2. Déparcieux. Effects of his second memoir. 3. Hydrometry. 4. Hydrometry as a method in water analysis. Appendix : Lavoisier on Hydrometry. 5. The apparent weight of water : the density of water. Part III. Introduction 1. Leroy on the nature of water. 2. Lavoisier's work on the nature of water : its origin. 3. Lavoisier's experiments. 4. Lavoisier's memoir : the delayed reading. 5. Lavoisier's memoir : the different versions. 6. The sequel.

460. * Nasatir (Abraham P.). The French Consulate in California, 1843-1856. *Cal. hist. Soc. Quar.*, vol. 13, p. 355-385.

460 bis. Nolan (Bennett). Lafayette in America day by day. Baltimore, Johns Hopkins Press, in-8, x-324 p. (Institut français de Washington.)

Type d'étude de plus en plus fréquente en Amérique, qui implique un travail énorme de recherches et conduit trop souvent — c'est le cas — à des résultats historiques médiocres.

461. Ratchford (B. U.). An international debt settlement : the North Carolina debt to France. *Am. hist. R.*, vol. 40, p. 63-69.

Résumé bref, mais clair, de la question.

462. * Saville (Marshall H.). Champlain and his landings at Cape Ann, 1605-1606. *Am. antiq. Soc. Proc.*, vol. 43, p. 447-469.

463. Schapiro Salwyn (J.). Condorcet and the rise of liberalism in France. New-York, Harcourt, Brace, in-8, 311 p.

Rien d'original. Reproduit les matériaux et les idées mis en œuvre par L. Cahen et Alengry. Montre l'intérêt très grand que les Anglo-Saxons attachent à la pensée de Condorcet, considéré comme précurseur des sciences sociales.

464. Serpell (David Radford). The condition of protestantism in France and its influence on the relations of France and England 1650-1654. Toulouse, E. Privat, in-8, 155 p. (Thèse Doct. Univ. Toulouse.)

Aucune recherche d'archives. Mais l'auteur a tiré des imprimés, dont beaucoup sont peu connus, tout ce qu'ils contiennent sur la situation des Églises protestantes en France après la Fronde et sur le rôle de la question religieuse dans les négociations engagées entre Mazarin et Cromwell. C'est sur ce dernier point que l'on trouvera les indications les plus neuves. Le chapitre intitulé *L'opposition*, qui passe en revue tous les adversaires du protestantisme à ce moment-là et définit leur activité, est lui-même une très utile mise au point.

465. Taylor (A. J. P.). The Italian problem in European diplomacy, 1847-1849. Manchester, Univ. Press, in-8, 260 p.

Etude remarquable (on a regretté seulement que l'auteur n'ait pas utilisé les procès-verbaux du Comité des Affaires étrangères de la Constituante). Après avoir exposé la situation générale de l'Europe et de l'Italie avant la Révolution, suit les événements de la guerre austro-sarde, la tentative de médiation franco-anglaise, la reprise de la guerre et l'écrasement des Piémontais par les Autrichiens et conclut sur les conditions de la paix en 1849.

466. Thompson (J. M.). « Le Maitre, alias Mara ». *Eng. hist. R.*, vol. 49, p. 55-73.

Cet art'cle a pour objet de résumer les discussions relatives à la vie de Marat en Angleterre où il aurait été condamné sous le nom de Le Maître. M. Thompson ne croit pas l'accusation suffisamment prouvée pour qu'on puisse clore le débat.

467. Ward (R. S.). Maximilien Robespierre. London, Macmillan, in-8, 371 p.

Travail assez bien informé, mais conçu d'un po.nt de vue dogmatique complètement étranger à l'histoire, comme l'indique le soustitre : « A study in deterioration ». L'auteur, sympathique à Robespierre, tout compte fait, pose pourtant en principe qu'il a « détérioré » son âme et cherche à expliquer pourquoi son étude de la vie politique de Robespierre, et surtout de son gouvernement, subit l'influence de cet *à priori*, elle n'apporte rien de nouveau d'ailleurs.

468. Webster (John Clarence). Acadia at the end of the seventeenth century. Letters, journals and memoirs of Joseph Robineau de Villebon, commandant in Acadia 1690-1700. Saint-John, New Brunswick Museum, in-8, 232 p. (Cartes, portr.)

Publication de documents d'archives mis en vente à New-York en 1925. Robineau de Villebon, second fils (du Grand-Voyer de la Nouvelle-France, était né à Québec en 1655. Devenu en fait gouverneur de l'Acadie dans la période singulièrement critique qui suivit la prise de Port-Royal en 1690, il défendit contre « les gens de Boston » l'Acadie continentale, de concert avec le gouverneur Frontenac, le baron de Saint-Castin et les vaisseaux de d'Iberville et de Bonaventure, jusqu'au traité de Ryswick, et mourut en 1700.

469. Wickham Legg (L. G.). British Diplomatic Instructions 1689-1789, vol. 7, France, part 4, 1745-1789. (Camden Third Series, vol. XLIX.) London, Royal Historical Society, in-8, xxxiii-338 p.

Dernier volume consacré à la France dans la précieuse collection des *British Diplomatic Instructions*. Comme dans les volumes précédents, on y trouvera, outre les instructions proprement dites (qui n'avaient pas à beaucoup près, on le sait, la même importance qu'en France), de très nombreux extraits de la correspondance entre le Secrétaire d'Etat et l'ambassade de Paris. On regrettera que les dimensions restreintes de la collection, autant peut-être qu'une décision de principe, aient empêché l'éditeur de publier aucune des lettres privées qu'échangeaient Newcastle et Albemarle, Fitz Herbert et Shelburne. C'est aussi en vertu d'une décision de principe que la correspondance relative à la négociation du traité de commerce a été reléguée dans un Appendice.

470. * Woodward (E. L.). French Revolutions. London, Oxford Univ. Press, in-8, 256 p.

QUATRIÈME PARTIE

TRAVAUX DE LANGUE FRANÇAISE CONSACRÉS A L'HISTOIRE ÉTRANGÈRE

TRAVAUX DE LANGUE FRANÇAISE CONSACRÉS A L'HISTOIRE ÉTRANGÈRE

Allemagne.

471. **Aubin (Gustave).** Les origines de la grande industrie allemande. *R. hist.*, t. 174, p. 229-239.

A propos de l'ouvrage de Pierre BENAERTS, *Les origines de la grande industrie allemande*, Paris, 1933.

M. Benaerts examine, dans la conclusion de son ouvrage, les effets du *Zollverein* sur la création de l'Empire allemand et, en adoptant les vues de J. M. Keynes, écrit: « L'empire allemand a été bâti plus exactement avec du charbon et du fer qu'avec du sang et du fer ». M. Aubin remarque à ce propos : « Malgré tout le respect que j'ai pour les auteurs de cette formule, elle me paraît surestimer quelque peu l'influence de l'évolution économique sur l'évolution des destinées politiques de l'Allemagne. Lorsque l'on met en relation ces deux faits, la formation du Zollverein et la naissance de l'empire allemand, on oublie trop facilement qu'à l'époque de la politique prussienne d'union, en 1849, comme plus tard, en 1866, l'unité de politique commerciale, réalisée depuis des décades d'années sous la direction de la Prusse, n'a pas empêché la plupart des Etats allemands de se ranger, au moment du conflit politique, du côté de l'Autriche. Si, en 1866, la décision n'avait pas été obtenue de façon si nette et surtout si rapide sur les champs de bataille de Bohême, qui donc voudrait déterminer la voie qu'auraient suivi les destins politiques du peuple allemand? Mais, par ailleurs, que le charbon et le fer aient contribué pour leur part à la supériorité politique et militaire de la Prusse, cela est tout aussi sûr que le fait que la création de l'empire d'Allemagne, quatre ans seulement après la guerre de 1866, aurait difficilement été possible sans l'œuvre d'éducation et de liaison réalisée par le Zollverein depuis 1834. »

472. **Barrière (Marcel).** Guillaume II et son temps. Paris, Edit. du Siècle, in-8, 316 p. (Coll. L'Hist. vivante.)

L'auteur essaie de poser « quelques jalons fermes » pour l'histoire du règne de Guillaume II, entre 1908 et 1914 seulement. Il ut lise surtout les « observations » qu'il avait réunies à l'époque, et dont quelques-unes provenaient d'un informateur dont il ne connaissait pas l'identité : c'est dire que la valeur de sa documentation est très contestable. Par ailleurs, il ne semble pas connaître les documents et témoignages allemands récemment publiés (par exemple sur l'affaire du *Daily Telegraph*). Le ton est trop souvent celui de la polémique. Le thème général est que Guillaume II voulait faire la guerre pour « détruire ou absorber le socialisme allemand ».

473. Bousquet (G.). List et les chemins de fer. *R. hist. écon.*, 33, 21e ann., p. 269-280.

List a été, en matière de chemins de fer « un remarquable prophète » : par sa foi, par ses prévisions pour les vitesses réalisables, par ses idées sur la disposition possible des réseaux français et allemands, par ses vues sur les conséquences économiques de la construction des chemins de fer. Il fut aussi un praticien, qui fit construire une voie ferrée en Amérique et une autre en Allemagne. Sa supériorité sur Fourier ou les Saint-Simoniens « ne peut même pas être discutée ».

474. Cornu (Auguste). Karl Marx. L'homme et l'œuvre. De l'hégélianisme au matérialisme historique (1818-1845). Paris, Alcan, in-8, xi-427 p.

Œuvre, très fouillée et très pleine, d'un historien, qui, tout en sympathisant avec Marx, étudie sa carrière en véritable objectivité, et le situe dans les courants et les milieux de son temps. Malheureusement d'une lecture assez pénible. Le tome I d'ailleurs porte sur la période de la jeunesse, et n'aborde pas encore les points capitaux de l'œuvre et de la vie de K. M.

475. Feldman (Joseph). Bismarck et la question polonaise. *R. hist.*, t. 173, p. 540-558.

Etude critique du sujet par un spécialiste connu. Montre que Bismarck a été souvent déçu par les différends surgis avec la Russie, et que son attitude envers la Pologne a dépendu des événements. On peut regretter la conc sion de certains aperçus. S'appuie souvent sur les recherches de Lord.

476. Fuchs (Albert). Les apports français dans l'œuvre de Wieland de 1772 à 1789. Paris, Champion, in-8, xi-750 p. (Bibliothèque de la Revue de littérature comparée, t. 101.)

Wieland n'a jamais séjourné en France, mais il connaissa t notre langue et c'est la littérature française qui lui fournissait un sujet inépuisable pour ses chroniques et comptes rendus du *Merkur*. Ces « apports français » sont étudiés par M. Fuchs d'une manière très minutieuse. Il conclut que la France a été « la seconde patrie spiri-tuelle de Wieland ».

477. Lote (René). Histoire de la culture allemande. Paris, Alcan, in-4, 320 p.

Très bel ouvrage, du point de vue matériel, écrit par un spécialiste distingué. Il fournit à l'étudiant et même au professeur des cadres et des idées directrices. Malgré une grande densité, a su éviter la confusion. Mais l'ouvrage n'indique pas suffisamment les problèmes historiques qui demeurent obscurs, et l'auteur n'a pas jugé possible d'indiquer même les éléments sélectifs de la bibliographie contemporaine.

477 *bis*. Mélanges Henri Lichtenberger, hommage de ses élèves et ses amis, juin 1934. Gœthe et son temps. Wagner et son temps. L'Allemagne contemporaine. Paris, Delamain et Boutelleau, in-8, 448 p.

Contient notamment :
P. 29-32 : P. Bertaux, Gœthe et Voltaire.
P. 33-48 : R. Guignard, Arnim et Gœthe.
P. 49-70 : H. Loiseau, La légende de l'olympisme de Gœthe.
P. 71-78 : A. Robinet de Cléry, Les débuts de Soret à Weimar.
P. 79-98 : G. Varenne, Gœthe et David d'Angers.
P. 99-122 : V. Basch, Le Kallias de Schiller.
P. 123-132 : J. Boyer, Les Cahiers de Beethoven.
P. 133-144 : H. Buriot-Darsiles, Waiblinger et Hœlderlin.
P. 145-166 : R. Leroux, La philosophie de l'histoire chez Herder et Humboldt.
P. 167-184 : A. Robert, Un pamphlet contre Metternich [*Austria as it is* par Charles Sealsfield, 1828].
P. 185-204 : J. Rouge, Wackenroder et le romantisme.
P. 205-214 : W. Thomas, Walter Scott et la littérature allemande.
P. 215-218 : H. Tronchon, Lettre de Sismondi à Quinet.
P. 219-246 : R. Vieux, Klopstock et la Révolution française.
P. 247-256 : Vulliod, Heine et Börne aux prises.
P. 295-306 : L. Brun, Hérode et Marianne de Hebbel.
P. 307-318 : P. Doll, Une nouvelle de Stifter, Die Mappe meines Urgrossvaters.
P. 319-346 : H. Gillot, Delacroix et l'Allemagne.

478. Ponteil (Félix). Le Zollverein et les débuts de la grande industrie allemande. *R. Hist. mod.*, t. 9, p. 48-54.

A propos de l'ouvrage : P. Benaerts, *Les origines de la grande industrie allemande*, Paris, 1933. « L'auteur s'est proposé un double but : montrer le rôle de premier plan joué par les faits économiques et sociaux dans la formation de l'unité allemande et la large part que la constitution du Zollverein par la Prusse a eue à la solution prussienne du problème germanique. »... « Bibliographie copieuse... Ouvrage... qui comble très heureusement une lacune de notre littérature économique. »

479. Schlagdenhauffen (A.). Frédéric Schlegel et son groupe. La doctrine de l'Athenaeum 1798-1800. Paris, Belles-Lettres, in-8, 430 p. (Publ. de la Fac. des Lettres de Strasbourg, Fasc. 64.)

Importante étude, plus littéraire et philosophique qu'historique. L'auteur met en lumière : l'idée d'entente fraternelle *(Verbrüderung)* qui caractérise le groupe de l'Athenaeum et en fait l'unité; sa tendance à créer un courant révolutionnaire en littérature, en opposition avec l'esprit du xviiie siècle; l'évolution de ses conceptions : parti du vitalisme ironique, il passe par la sympathie universelle et l'amour principe d'humanité pour aboutir à la religion et à l'idée mystique. Une description vivante des milieux intellectuels de Dresde et d'Iéna; une bien moindre du milieu berl'nois. Peu d'éléments biographiques sur les collaborateurs de l'Athenaeum. Un index commode.

480. Vermeil (Edmond). L'Allemagne, du Congrès de Vienne à la Révolution hitlérienne. Grandeur et décadence du IIe Reich. Paris, Edit. de Cluny, in-16, 205 p. (Coll. de Cluny, vol. II.)

Courte synthèse sur l'évolution de l'Allemagne du IIe Reich. Travail de construction systématique qui part de la Réforme luthérienne pour expliquer cette évolution. L'auteur insiste sur le heurt du conservatisme et des idées occidentales de 1815 à 1850, sur le caractère particulier que revêt le libéralisme occidental une fois implanté outre-Rhin. Bismarck essaie de concilier les extrêmes et d'obtenir un équilibre entre la Confédération germanique trop autoritaire, et la Constitution de Francfort trop libérale. De ce compromis, serait sortie la décomposition finale du IIe Reich économique, sociale, politique.

Amérique.

480 *bis*. Barret (P.). Bibliographie américaniste. *J. Scc. Américanistes*, t. 26, p. 335-428.

Anthropologie, Archéologie, Ethnographie, Sociologie, Folklore, Linguistique, Histoire, Géographie, Démographie, Voyages. — Bibliographie-titres (ouvrages et articles de périodiques) utile à cause du dépouillement d'un grand nombre de périodiques de l'Amérique latine. Fait double emploi en ce qui concerne l'histoire

de l'Amérique du Nord avec *Writings on American history*, mais,
paraissant plus rapidement que cette dernière bibliographie rend
dans l'intervalle de précieux services.

Pays balkaniques.

481. Savadjian (Léon). Bibliographie balkanique. 1933.
Paris, Soc. gén. d'édit. et d'impr., in-8, 120 p. (Cartes.)

Comporte des analyses et des comptes rendus quelquefois très
détaillés. Liste-titre d'articles de revues. Index des auteurs. Cette
bibliographie n'indique que les travaux en langues de grande circulation relatifs aux Balkans et non, comme on pourrait le croire, les
travaux publiés dans les pays balkaniques en langues autochtones.

482. Iorga (N.). Origine et développement de l'idée nationale, surtout dans le monde oriental. *R. Hist. Sud-Est
europ.*, t. 11, p. 1-23.

Reproduit les vues bien connues de M. Iorga. A surtout trait au
moyen âge.

483. Iorga (N.). Trois voyageurs en Orient de 1841 à
1921 (Alexandre Buchon, Georges Perrot, Repington). *R. hist.
Sud-Est europ.*, t. 11, p. 103-127.

Donne des renseignements sur les voyages faits par ces trois personnalités, renseignements curieux : on ne peut dire que ces publications jettent un jour nouveau sur l'histoire des Balkans.

Pays baltiques.

484. Meuvret (Jean). Histoire des pays baltiques. Li-
tuanie. Lettonie. Estonie. Finlande. Paris, Colin, in-16, 195 p.
(Coll. A. Colin, n° 168.)

Esquisse nécessairement très sommaire, mais exacte dans l'ensemble, de l'histoire de la Finlande, de l'Estonie, de la Lettonie et de
la Lithuanie traitée non séparément pour chacun de ces pays, mais
de front. Les chapitres qui entrent dans le cadre de la présente bibliographie sont le troisième, qui traite des « Servitudes et dominions.
étrangers » et le quatrièmes consacré au « Régime russe ».

Belgique.

485. Debouxhtay (P.) et **Dutilleux (M.).** Bulletin d'histoire liégeoise : 4ᵉ bulletin, période 1931-1932. *R. belge Philol. Hist.*, t. 13, p. 377-407, 902-944.

Importante bibliographie d'intérêt général aussi bien que local.

486. Kauch (P.). Ouvrages belges nouveaux. *R. belge Philol. Hist.*, 34, t. 13, p. 408-412, 945-951.

« Cette liste comprend : 1º les ouvrages d'histoire, de philologie et d'histoire littéraire publiés en Belgique; 2º les ouvrages publiés à l'étranger par des auteurs belges; 3º les ouvrages qui, dans le cadre de la Belgique se rapportent à son histoire, à ses parlers romains et germaniques, son histoire littéraire. Les articles parus dans les revues qui ne sont pas régulièrement dépouillées sont également mentionnés dans cette liste. »

---

487. Alsteen (P.). L'évolution agricole du Luxembourg belge depuis cent ans. *A. Gembloux*, p. 285-313.

Dans un rapide aperçu l'auteur fait ressortir l'augmentation considérable du rendement agricole dans la région luxembourgeoise depuis cent ans. Très peu favorisé sous le rapport du climat et de la nature du sol, cette contrée est restée très pauvre jusqu'à la fin du xixᵉ siècle : c'est seulement vers 1880 que s'amorcent de réels progrès.

Les facteurs à la base de cet essor paraissent être d'abord l'amélioration de la technique agricole, sous l'impulsion d'un Corps d'agronomes fondé à ce moment. Ensuite une meilleure organisation économique de la région (associations coopératives laitières, etc.) favorisée par le développement des voies de communications.

488. Bonenfant (Paul). Le problème du pauperisme en Belgique à la fin de l'ancien régime. Bruxelles, Lamertin, in-8, 579 p. (Mém. de la Cl. des Lettres de l'Acad. royale de Belgique, t. XXXV.)

M. Bonenfant a traité dans ce copieux volume une question d'histoire sociale extrêmement importante, mais qui, peut-être à cause de la difficulté du sujet et de l'abondance de la documentation, n'avait jamais été sérieusement étudiée. Il nous livre l'histoire complète et détaillée du paupérisme en Belgique, nous révélant toute l'étendue de cette plaie sociale à la fin de l'Ancien Régime, ses causes profondes, les remèdes particuliers qu'on tente d'y apporter, enfin les réformes générales que le gouvernement autrichien voulut y appliquer. Pour combattre ce mal endémique, les initiatives particulières inspirées par la charité chrétienne, autant que les pouvoirs publics se liguent avec un médiocre succès. La laïcisation de l'Assistance publique depuis la fin du xve, début du xvie siècle, multipliera les interventions gouvernementales, surtout à la fin du xviiie siècle. M. Bonenfant étudie, à fond, les réformes importantes tentées sous le gouvernement du prince de Starhemberg et le plan de l'empereur Joseph II voulant centraliser toutes les œuvres d'assistance qui, désormais, relèveront exclusivement de l'Etat. Mais, dans ce domaine comme ailleurs, les tentatives de l'empereur philosophe furent mal accueillies et la Révolution brabançonne les détruisit, sauf en ce qui concerne certains progrès dans l'hospitalisation. Il faut attendre, conclut M. Bonenfant, les grands bouleversements sociaux consécutifs à la chute de l'Ancien Régime et à la Révolution économique du xixe siècle pour améliorer sérieusement la situation des classes indigentes.

489. **Collard (Auguste)**. Gœthe et Quetelet. Leurs relations de 1829 à 1832. *Isis*, t. 20, p. 426-435.

Adolphe Quetelet rendit visite à Gœthe en août 1829, à l'occasion d'un voyage d'études en Allemagne. Leurs entretiens, dont Quetelet nous donne un récit dans son ouvrage : *Sciences mathématiques et physiques chez les Belges au commencement du XIXe siècle* portèrent surtout sur les sciences naturelles. Quetelet ayant assisté à un congrès scientifique à Heidelberg, rendit compte à Gœthe de l'accueil favorable qu'a trouvé, à cette assemblée, sa théorie des couleurs.

490. **Daye (Pierre)**. Léopold II. Paris, Fayard, in-16, 584 p. (Les grandes Etudes historiques.)

L'auteur, globe-trotter, et journaliste de talent, a voulu faire œuvre d'historien, et il y a réussi dans une très large mesure.

Ce n'est pas seulement une biographie qu'il a voulu écrire, mais il a tenté de faire un exposé général de tout le règne du second roi des Belges. Aussi est-il malaisé de résumer en quelques lignes ce récit, où il y a de tout, de l'essentiel comme de l'accessoire, des faits historiques comme des anecdotes. Sans doute l'auteur raconte-t-il beaucoup de choses connues, sans doute ne distingue-t-on pas toujours bien (il n'y a pas d'appareil critique) ce que l'auteur a vu lui-même, ce qu'on lui a raconté, ce qu'il a trouvé dans les archives (dont certaines sont utilisées pour la première fois) ou dans la bibliographie abondante qu'il nous donne *in fine*; mais il convient de le louer d'avoir réussi à écrire une « histoire » vraie, et suffisamment riche de faits, pour intéresser les historiens. M. Daye n'a pas prétendu, ainsi qu'il le dit lui-même dans sa préface, remplacer les ouvrages remarquables, tels celui du comte de Lichtervelde, qui ont montré le roi dans sa fonction constitutionnelle, mais il croit que « le vrai Léopold, c'est celui du Congo et de la Chine, le correspondant de Bismarck, et le cousin de la reine Victoria, le visiteur assidu de Paris, le créateur d'entreprises dans tous les continents... ». L'homme d'action est aussi poète, et Léopold rêvait de conquérir le Soudan, et de créer le long du Haut-Nil une sorte d'empire pharaonique... Tout ceci touche à des problèmes de politique étrangère que M. Daye ne fait qu'effleurer, mais les indications qu'il suggère peuvent amorcer des recherches.

491. **Delatte (I.).** Etude critique des sources relatives à la vente des biens nationaux. (Annales du XXIXe Congrès (Liége 1932) de la Fédération hist. et archéol. de Belgique, fasc. 5, p. 131-146.)

Les observations critiques présentées par M. I. Delatte sont d'un grand intérêt; elles sont le résultat de l'étude approfondie qu'il a faite de la vente des biens nationaux dans l'arrondissement de Namur. Il examine successivement la valeur des actes de vente, des actes de recette et des archives notariales. D'une manière générale, on peut tenir pour exactes les données de superficie des actes de vente. Pour déterminer les acquéreurs réels, il faut distinguer suivant que les acquéreurs mentionnés dans les actes de vente sont d'anciens religieux, des religieux agissant en groupes, des sociétés financières ou des laïcs. Dans le premier cas, on peut considérer comme véritables acquéreurs les personnes figurant dans les actes notariés des ans VI et VII comme acquéreurs de biens aliénés par l'administration en l'an V à des religieux isolés. Dans le deuxième cas, le plus souvent les biens ont fait retour, au moins partiellement, à des institutions religieuses. Dans le troisième cas, les compagnies financières sont parfois fictives et dissimulent d'autres personnalités. Dans le quatrième cas, ces laïcs sont généralement les véritables acquéreurs. Les livres aux recettes peuvent être considérés comme des documents « d'une véracité exceptionnelle » hormis le cas des achats faits par les sociétés financières. Pour arriver à des résultats certains, il faut rechercher les transferts éventuels des biens nationaux de 1796 jusqu'en 1815. Faute de pouvoir disposer des archives de l'enregistrement, il faut recourir aux archives notariales dont l'examen demande beaucoup de temps parce qu'elles sont disséminées et se rapportent à des objets très divers. Aussi une telle étude ne peut être menée à bonne fin que pour des régions limitées.

492. **Delvaux (F.).** La citadelle d'Anvers; ses modifications successives de 1567 à 1820 (Annales du XXIXe Congrès (Liége 1932) de la Fédération archéol. et hist. de Belgique, fasc. 5, p. 79-85.)

Bonne monographie d'un ouvrage militaire important auquel des

ingénieurs italiens et français mirent successivement la main et qui
conserva son efficacité jusqu'en 1832, date à laquelle le général
Chassé y soutint le siège célèbre.

493. Demoulin (R.). La classe sociale des insurgés de
septembre 1830. (Annales du XXIXe Congrès (Liége 1932) de
la Fédération archéol. et hist. de Belgique, fasc. 5, p. 150-
154.)

Question souvent discutée à laquelle R. D. apporte une réponse
qui semble définitive. Les Archives provinciales et communales lui
fournirent des documents encore inutilisés qui renforcent ses conclusions (liste de blessés et de tués, états de service des postulants de
récompenses) : les combattants belges de septembre 1830 appartien-
nent surtout au prolétariat, ouvriers, petits artisans et commerçants,
tous énergiques et audacieux, mais derrière les barricades les bourgeois sont présents et en province l'entente entre patriotes et peuple
est complète. A l'origine, un groupe de patriotes décidés, disséminés
dans tout le pays; de toutes les classes : ce sont les meneurs que le
peuple suit avec enthousiasme. Mais avant le 23 septembre, clergé,
noblesse et la grande majorité de la bourgeoisie gardent une pru-
dente réserve.

494. Demoulin (Robert). Les journées de septembre
1830 à Bruxelles et en province. Etude critique d'après les
sources. Liége, in-8, 280 p. (2 plans.) (Bibl. de la Fac. de Phil.
et Lettres de l'Univ. de Liége, fasc. LXIII.)

Travail très documenté précédé d'un examen approfondi des
sources utilisées (Belgique, France, Angleterre, Hollande) et suivi de
deux plans l'un de Bruxelles, l'autre du Parc, théâtre de la bataille
du 26 septembre.

R. Demoulin s'attache à rest tuer à ces journées si discutées leur
valeur réelle. Il révoque deux théories fréquemment défendues jusqu'ici : le 1830 belge est un soulèvement social, il est d'inspiration
française. L'auteur conclut au contraire que la révolution belge a
nettement le caractère d'une insurrection nationale. Elle est née
d'une volonté unanime de liberté, la majorité des bourgeois se serait
contentée de séparation administrative d'avec la Hollande, mais, après
la victoire du Parc ils se sont vite ralliés, ainsi que le clergé, à la mi-
norité révolutionnaire que n'effrayait pas la perspective d'une guerre
civile. C'est le peuple poussé par l'instinct national et par la faim
aussi qui prit l'initiative d'abandonner « la légalité ».et c'est l'appro-
bation des bourgeois qui permet d'affirmer la direction nationale du
mouvement et non le résultat d'influences françaises secrètes.

Enfin le succès de la révolution est dû à la médiocrité des chefs
d'armée hollandais et à sa mauvaise organisation tandis que le ralliement rapide de l'immense majorité du peuple belge démontre l'in-
tensité du sentiment national.

495. De Roover (R.). L'organisation administrative et commerciale de la Compagnie d'Ostende. *B. Inst. St-Ignace*, p. 659-681.

Description précise de l'organisation de cette grande compagnie. A la différence des sociétés contemporaines, elle faisait, outre l'armement, du négoce pour son propre compte; elle avait aussi des droits politiques dans l'Inde. Ses affaires d'armement étaient gérées comme dans les compagnies d'aujourd'hui.

496. Garsou (Jules). La Fayette et la Belgique. *Flambeau*, 17e ann., n° 9, p. 299-313.

Cet article est le texte du discours prononcé par l'auteur à Rochefort (province de Namur) le 19 août 1934, à l'occasion du centenaire de la mort de La Fayette, lors de l'inauguration du monument qui commémorera l'arrestation arbitraire du général dans cette petite ville des Ardennes en 1792.

A deux reprises, dit Mr. Garsou, à l'occasion de deux révolutions d'aspect et de sort bien différents, La Fayette fut mêlé aux vicissitudes de la Belgique. Chaque fois, par ses conseils et son action il s'efforça de venir en aide à nos pères. Et il manifesta toujours le plus noble désintéressement.

En 1789, La Fayette se rendit compte de la difficulté pour la Belgique de conserver sa pleine indépendance, et envisagea l'idée de la constituer en monarchie constitutionnelle sous un prince autrichien.

En 1830, ayant gardé l'ardeur et la foi de ses jeunes années, il fit de la Révolution belge sa fille adoptive, et ne cessa de veiller sur ses jeunes années; mais il refusa, à plusieurs reprises, les offres de Gendebien qui le pressait de se mettre à la tête du nouvel état; il préconisait la candidature de Félix de Mérode. Mr. Garsou a fort bien noté les deux tendances de la politique française de cette époque : d'une part la sympathie un peu réservée, mais certaine de Louis-Philippe et de Casimir-Périer, d'autre part la tendresse de La Fayette, qui rêvait pour notre pays les frontières les plus étendues.

497. Garsou (Jules). Les débuts d'un grand règne. Notes pour servir à l'Histoire de la Belgique contemporaine. Tome II, De la démission du général Chazal à la retraite de Rogier et Vandenpeereboom (octobre 1866-janvier 1868). Préface de M. Albert Devèze. Bruxelles, L'Éventail, in-8, 184 p. (15 hors-texte.)

Le second tome de l'ouvrage de Mr. Garsou, consacré à l'étude des débuts du règne de Léopold II, continue le dépouillement critique des Notes et Souvenirs d'Alphonse Vandenpeereboom, ministre de l'Intérieur dans le cabinet libéral de Rogier « déjà à son déclin ». Il concerne une période assez courte, mais qui, ainsi que le remarque dans sa préface le ministre actuel de la Défense Nationale, « fut féconde en

événements dont se prolongent encore les lointaines répercussions ».
Bornons-nous à citer le problème militaire toujours sur le métier en
Belgique, l' « affaire » hollandaise, et la question des langues. L'attention des historiens français sera retenue surtout par le chapitre V,
relatif à l' « affaire du Luxembourg » de 1867, « qui reste pour les uns
une grande occasion manquée, tandis qu'elle apparaît aux autres
comme une des circonstances capitales où notre pays sut imposer à
ses sentiments les plus légitimes la règle inexorable de la froide raison ».

Le jeune roi, encore énigmatique, apparaît déjà comme l'arbitre
des partis, préoccupé avant tout de l'indépendance du pays et de
la défense du territoire, et l'ennemi de tout sectarisme.

Mr. Garsou nous apporte sur tous ces points le témoignage (maintes fois contrôlé aux meilleures sources) d'un homme politique assez
médiocre, mais dont les notes écrites au jour le jour ont la fraîcheur
de la nouveauté et le précieux mérite d'une extrême sincérité. C'est
une importante contribution à l'étude de l'époque léopoldienne.

498. **Halkin (Léon).** Quelques notes sur Warnkoenig et
sa correspondance. *B. Assoc. Amis Univ. Liége*, t. 6, p. 1-27.

La correspondance de W., historien belge, professeur aux Universités de Liége (1817-1827), de Louvain (1827-1830) et de Gand (1831-
1836) est conservée à Strasbourg (Bibl. de l'Université).

499. **Jacquemyns (G.).** Les réactions contre l'individua-
lisme de 1789 à 1848. *R. Univ. Bruxelles*, t. 39, p. 421-437.

Dans cette intéressante vue d'ensemble, l'auteur examine successivement les réactions de la classe ouvrière, des anciennes aristocraties et de certains intellectuels. La suppression des corporations,
dit-il, ne rencontra pas d'opposition sérieuse « ces organisations
étant relativement peu nombreuses et en pleine décadence ». Dans
la première moitié du xixe siècle, l'ouvrier belge compte parmi les
plus mal payés de l'Europe; sa misère est très grande; les ouvriers à
domicile sont plus malheureux que les ouvriers des fabriques. Les
uns et les autres ressentent leur misère mais ne réagissent pas. Leur
résignation s'explique par l'ignorance, les sentiments religieux et la
crainte de l'application impitoyable de l'article 415 du Code pénal.
La réaction des anciennes aristocraties hostiles à la nouvelle bourgeoisie est tout aussi inconsistante. Les seules critiques serrées sont
l'œuvre d'intellectuels influencés par les théories de Sismondi, de
Saint-Simon et de Fourier.

500. La Commission royale d'histoire (de Belgique). Livre
jubilaire composé à l'occasion du centième anniversaire de sa
fondation par les membres de la commission. Bruxelles, Palais
des Académies, in-8, 372 p. (9 portraits.)

1re partie. La Commission royale d'Histoire depuis sa fondation (1834-1934), par H. PIRENNE. — 2e partie. Les Membres de la Commission de 1834 à 1934 : 1. Etienne-Constantin baron de Gerlache (1785-1871) par Charles TERLINDEN. 2. Pierre de Ram (1804-1865), par L. VAN DER ESSEN. 3. Frédéric-Auguste-Ferdinand-Thomas baron de Reiffenberg (1795-1850) par Ch. TERLINDEN. 4. Louis Dewez (1760-1834) par Edouard PONCELET. 5. Louis-Prosper Gachard (1800-1885), par J. CUVELIER. 6. Léopold-Auguste Warnkoenig (1794-1866) par H. VAN DER LINDEN. 7. Jan-Frans Willems (1793-1846) par H. VAN DER LINDEN. 8. Jean-Joseph De Smet (1794-1877) par H. VAN HOUTTE. 9. Barthélemy-Charles-Joseph Dumortier (1797-1878) par Ch. TERLINDEN. 10. Jean-Henri Bormans (1801-1878) par Edouard PONCELET. 11. Adolphe Borgnet (1804-1875) par L. VAN DER ESSEN. 12. Le baron Joseph Kervyn de Lettenhove (1817-1891) par H. VAN HOUTTE. 13. Alphonse Wauters (1817-1898) par J. CUVELIER. 14. Stanislas Bormans (1835-1912) par J. CUVELIER. 15. Edmond Poullet (1839-1882) par L. VAN DER ESSEN. 16. Charles Piot (1812-1899) par J. CUVELIER. 17. Léopold Devillers (1830-1910) par Edouard PONCELET. 18. Louis Gilliodts-Van Severen (1827-1915) par H. VAN HOUTTE. 19. Léon Vanderkindere (1842-1906) par H. VAN DER LINDEN. 20. Le baron Napoléon de Pauw (1835-1922) par H. VAN HOUTTE. 21. Pierre Genard (1830-1899) par L. VAN DER ESSEN. 22. Godefroid Kurth (1847-1916) par J. VANNÉRUS. 23. Louis Mathot (1830-1895) par L. VAN DER ESSEN. 24. Alfred Cauchie (1860-1922) par L. VAN DER ESSEN. 25. Ursmer Berlière (1861-1932) par J. CUVELIER. 26. Edmond-Henri-Joseph Reusens (1831-1903) par Ch. TERLINDEN. 27. Le baron Camille de Borman (1837-1922) par Edouard PONCELET. 28. Paul Fredericq (1850-1920) par H. VAN DER LINDEN. 29. Sylvain Balau (1854-1915) par Edouard PONCELET. 30. Eugène Hubert (1853-1931) par Ch. TERLINDEN. 31. Guillaume Des Marez (1870-1931) par J. VANNÉRUS. 32. Alfred De Ridder (1865-1933) par Ch. TERLINDEN. 33. Henri Pirenne. 34. Edouard Poncelet. 35. Joseph Cuvelier. 36. Le vicomte Charles Terlinden. 37. Herman Van der Linden. 38. Léon Van der Essen. 39. Hubert van Houtte. 40. Jules Vannérus. — Appendice. L'Institut historique belge de Rome depuis 1922, par M. MAES. Liste des publications de la Commission royale d'Histoire.

501. * **Leclercq (L.).** Documents inédits sur l'histoire de l'imprimerie à Malines, 1639-1810. Malines, Dierickx-Beke, in-8, 84 p. (3 pl.)

502. **Leclercq (L.).** L'Imprimerie Hanicquienne à Malines (1778-1885). *Collectanea mechliniensia*, 34, t. 23, p. 125-151.

Histoire très documentée d'une maison spécialisée dans l'impression et l'édition de livres de piété.

503. **Leconte (Louis).** La légion belge de Londres et les tirailleurs de la Meuse du major Le Charlier (1830). Bruxelles, L'Avenir, in-8, 84 p. (1 pl.)

L'étude de Louis Leconte est à la fois anecdotique et historique. Le centenaire de l'indépendance belge, en donnant aux épisodes de la Révolution de 1830 un regain d'actualité, demandait l'historique de la « Légion belge de Londres et des tirailleurs de la Meuse du major Le Charlier ».

Récit attachant par le commentaire précis de l'activité de ces corps, levés spontanément pour la défense du territoire; récit captivant par la psychologie curieuse des chefs improvisés qui les menaient au combat; récit historique aussi, selon la méthode minutieuse de Louis Leconte qui éclaire ses héros des feux d'une profonde érudition et note l'héroïsme; les rivalités aussi de ces chefs de la première heure et donne au sujet de Pontecoulant, de Le Charlier et des intrigues de Mellinet des détails fort peu connus qui font le grand mérite de ce travail.

504. **Lefèvre (Joseph).** La Secrétairerie d'état et de guerre sous le régime espagnol (1594-1711). Bruxelles, Hayez, in-8, 268 p. (Mém. de la Cl. des Lettres de l'Acad. royale de Belgique, t. XXXVI.)

A partir de 1559, les Pays-Bas deviennent un domaine de la Couronne espagnole. Dès le gouvernement de Marguerite de Parme, des Espagnols interviennent activement dans les affaires du Pays. La Secrétairerie d'Etat et de guerre s'organise sous les archiducs (1598-1621). Elle est entièrement entre les mains du roi. Elle disparaît sans formalité en 1711, lors de la cession des Pays-Bas par Philippe V à l'Electeur de Bavière. Elle a joué un rôle très important dans l'histoire du xviie siècle grâce à la personnalité de plusieurs de ses titulaires qui furent de véritables conseillers des gouverneurs généraux.

505. **Lefèvre (Joseph).** Les nominations faites dans la magistrature pendant l'occupation française en 1746-1747. *R. belge Philol. Hist.*, t. 13, p. 697-711.

L'intérêt de cet article réside dans l'examen de la nature juridique de l'occupation au milieu du xviiie siècle. Il s'agit en l'espèce de la désignation de magistrats pour trois conseils de justice provinciaux Brabant, Namur, Hainaut. Ces organismes locaux eurent l'occasion d'exercer leur droit habituel de présentation des candidats, l'intendant français fit l'usage complet de son droit de nomination, en respectant l'usage établi. L'autorité autrichienne réagit sans tarder par la voix du Conseil Privé. Celui-ci blâma occupants et nouveaux élus, les uns d'avoir procédé à des nominations, les autres de les avoir tolérées si pas sollicitées. Il contesta la validité des choix français et préconisait l'annulation de toutes charges nouvelles. Marie-

Thérèse se rallia à l'opinion de son Conseil Privé sauf à écarter systématiquement les sujets désignés par les Français. Après enquête sur la liberté de l'élection et les aptitudes des nouveaux conseillers, ils furent confirmés dans leur emploi par de nouvelles patentes. Seul le Conseil de Brabant s'excusa d'avoir agi de concert avec les pouvoirs d'occupation.

En fait, les trois Conseils ont reconnu le droit du gouvernement français de combler les vacances et lui ont prêté le même concours qu'à l'autorité autrichienne; théoriquement l'impératrice fit table rase des dispositions prises par l'occupation étrangère; mais elle les laissa subsister pourtant par une condescendance particulière qui trouve sa raison d'être dans la courtoisie du temps, le désir de gagner la sympathie populaire et surtout dans le fait que les magistrats installés par les Français n'étaient en rien « hommes nouveaux » mais d'anciens candidats connus et appréciés déjà par le gouvernement autrichien.

506. **Masy (S.).** Les débuts de la révolution industrielle à Verviers. (Annales du XXIXe Congrès (Liége 1932) de la Fédération archéol. et hist. de Belgique, fasc. 5, p. 127-130.)

Le rythme du développement économique de la région verviétoise fut assez lent jusqu'au jour où les marchés de l'Empire s'ouvrirent aux lainiers. Des industries traditionnelles du pays : métallurgie de la région forestière, textile de la vallée de la Vesdre et du plateau de Herve, la première devait disparaître par suite de l'utilisation des bassins houillers, tandis que la deuxième allait se développer grandiosement par l'application des procédés techniques anglais introduits par Biolley, Cockerill, etc.

507. **Melot (A.).** Le parti catholique en Belgique. Louvain, Editions Rex, in-8, 131 p. (Coll. d'études de doctrine politique catholique.)

M. Melot est à la fois historien et militant catholique; aussi son livre a-t-il un caractère mixte : c'est, pour ainsi dire, une « apologie objective » du parti catholique, présentée sous la forme historique. Les faits, continuellement entourés de commentaires apologétiques, sont notés exactement, et avec cette rigoureuse loyauté que donne la discipline historique. Il n'y en a guère qui ne soient connus; toutefois, on lira avec intérêt l'explication (toute subjective, donc sans valeur scientifique) que donne M. Mélot de l'évolution du « Parti » : d'abord lamennaisien et unioniste, il devient vers 1895 sectaire et résolument réactionnaire (loi scolaire, loi communale, hostilité aux réformes sociales)... à cause, et au fur et à mesure des progrès du socialisme, qui devient de plus en plus révolutionnaire! Tandis qu'un accord sur les principes du droit public rapprocherait les catholiques et les libéraux! Cette étonnante explication est purement politique, voire dialectique, et ne tient nul compte des facteurs sociaux, ni même de la plus évidente réalité. En effet, ne voit-on pas aujourd'hui les socialistes se proclamer, à tout propos, les meilleurs défenseurs de la Constitution, tand s que le parti catholique est menacé de scission par une organisation « corporatiste », basée sur une hiérarchie autoritaire, et dirigée par un certain M. Degrelle, qui s'intitule « chef de Rex », et combat précisément le « Parti » sous le même vocable que la raison sociale de la maison d'éditions qui a publié le livre de M. Melot! Comment la thèse de M. Melot pourrait-elle être démentie de façon plus éclatante?

508. Nève de Mevergnies (Joseph). Gand sous l'occupation de Louis XV (1745-1749). *B. Soc. Hist. Archéol. Gand,* 41e ann., p. 28-108.

Le travail de M. Nève est puisé aux sources et contient des documents fort intéressants; mais il est curieux de n'y trouver aucune allusion aux beaux volumes de M. van Houtte.

509. Pirenne (Henri). Un précurseur de la commission royale d'histoire en 1827. *B. Comm. Hist. Belgique,* t. 98, p. 127-134.

La création, en 1834, de la Commission royale d'histoire se rattache directement à l'initiative prise sept ans auparavant, sous le régime hollandais, par le Ministre de l'Intérieur P. J. S. Van Gobbelschroy. Celui-ci, reprenant d'ailleurs un projet (1790) dû à l'évêque de Nélis, proposait de faire publier aux frais de l'Etat les chroniques inédites conservées dans les bibl'othèques.

Ceci n'était qu'un point du programme de rénovation des études historiques arrêté par le roi en 1826. Il comportait en outre un appel aux historiens pour établir le plan d'une Histoire Générale des Pays-Bas basée uniquement sur des documents authentiques et chargeait, d'autre part, le Ministre de l'Intérieur de faire procéder au classement et à l'inventaire de tous les dépôts d'archives du pays.

510. Silveryser (Abbé Fl.). Godefroid Wendelen. Sa vie, son ambiance et ses travaux (1580-1667). *B. Inst. archéol. liégeois,* t. 58, 72 p. (Illustr.)

Wendelen, astronome et polygraphe... « a contribué à établir sur des fondements solides l'astronomie moderne; il l'a fait en montrant la constance et l'uniformité des lois astronomiques, notamment à propos de la précession des équinoxes et du déplacement de l'apogée. Il a corrigé de nombreuses longitudes géographiques. Il est le premier qui ait osé soutenir une parallaxe solaire de quatorze secondes. Il a développé les idées du physicien anglais Gilbert en fait de magnétisme. Il a énoncé équivalemment la troisième loi de Kepler, et cela huit ans plus tôt que lui. Il a entrevu les lois de Newton plus d'un demi-siècle avant que Newton les découvr.t. Il a soutenu bien avant le P. Kircher la présence au sein de la terre d'une masse ignée s'épanchant par des volcans. Il s'est insurgé contre les égarements de l'astrologie. Il a détruit de nombreuses superstitions, ne connaissant que la rigueur de la science inductive. »

511. Tassier (Suzanne). Histoire de la Belgique sous l'occupation française en 1792 à 1793. Bruxelles, Falk, in-8, 382 p.

Ouvrage très précis, et qui met en œuvre les résultats de recherches fort étendues dans les Archives belges et françaises. Montre que la Belgique était déjà travaillée par les idées philosophiques et réformatrices, mais qu'elle n'était point prête à accueillir les principes de 1789, à plus forte raison à accepter l'emprise française. L'intervention a été demandée dès le début de la guerre par Dumouriez et Lebrun. Ceux-ci voulaient établir d'abord un régime de large autonomie et les Belges furent appelés à élire des représentants pour établir leur statut ultérieur. Mais ces élections n'allèrent pas sans divergence, et la volonté de la Convention d'imposer là législation révolutionnaire et le financement de la guerre, ne permit pas à cet essai de gouvernement libre de se préciser et d'aboutir à des effets utiles. La réaction qui suivit explique l'abandon des Français par les Belges.

512. Terlinden (Ch.). Quelques notes inédites concernant les préparatifs de la révolution brabançonne en territoire liégeois (1789). (Annales du XXIXe Congrès (Liége, 1932) de la Fédération archéol. et hist. de Belgique, fasc. 5, p. 90-97.)

Ces notes sont puisées dans les très intéressants Mémoires de J. B. Vanderlinden que le vicomte Ch. Terlinden a eu l'heureuse idéé de publier en novembre 1932 dans le Bulletin de la Commission royale d'Histoire et qui constituent une source importante pour l'étude de la préparation de la Révolution brabançonne. Elles mettent en relief le rôle marquant joué par ce jeune et hardi collaborateur de Vonck. Vanderlinden fut un des membres les plus zélés du comité créé à Hasselt, en territoire liégeois, dans le dessein d'organiser et d'équiper les troupes révolutionnaires belges. Il déploya une extraordinaire activité notamment dans les achats d'armes, de poudre et de draps, et assura courageusement la liaison entre les Comités de Hasselt et de Bruxelles sans crainte des patrouilles autrichiennes. Son fils Joseph Vanderlinden fut membre et secrétaire du Gouvernement provisoire en 1830.

513. Ullmann (S.). Histoire des Juifs en Belgique (1700-1830). Anvers, S. Kahan; La Haye, Martinus Nijhoff, in-8, 62 p.

Notes éparses puisées dans certains fonds d'archives et mises bout à bout. Le titre est trompeur : il faut insister sur le sous-titre « Notes et documents ». On doit critiquer la publication intégrale de pièces d'une valeur très mince au lieu de bons résumés, des lacunes sur des points qu'on voudrait voir éclairer : les Juifs à Anvers au xix⁰ siècle, des tournures de phrases défectueuses. On trouve du moins d'utiles indications sur la tolérance de certains milieux d'Ostende et d'Anvers au xviii⁰ siècle, sur l'application à Gand du décret de Napoléon du 20 juillet 1808 forçant les Juifs à changer de nom, sur l'attitude bienveillante de Guillaume I⁰⁰ à leur égard.

514. **Un siècle de l'église catholique en Belgique 1830-1930.** Ouvrage publié sous le patronage de S. E. le cardinal de Malines et de L. L. E. E. les évêques de Belgique et la direction de C. Joset, T. I. Courtrai-Bruxelles-Paris, Vermant, in-4, 559 p.

Ouvrage de vulgarisation mais de sérieuse valeur; car son directeur M. C. Joset s'est adjoint, comme collaborateurs, des spécialistes dont les noms seuls sont un gage de la sincérité scientifique de leur exposé.

Le premier volume (le seul paru) ne permet pas de se rendre compte du plan adopté; il semble, d'après la diversité et même l'inattendu des chapitres, qu'il a dépendu de l'activité plus ou moins grande des collaborateurs. Après une *Présentation* par le comte H. Carton de Wiart le volume est divisé en cinq parties d'importance très différente : *Un siècle de relations diplomatiques belgo-vaticanes* par le vicomte Ch. Terlinden; *Introduction à l'histoire des diocèses belges* par le chanoine De Schrevel; *Nos archevêques depuis* 1830, par le Père Ignace Beaufoys; *Le diocèse de Tournai* (la plus longue partie) par le regretté chanoine Warichez; *Les Missions catholiques* par le Père E. de Moreau.

L'ouvrage se termine par une bibliographie sommaire.

515. **Van Kalken (F.).** Les commotions populaires en Belgique contemporaine. *R. Cercle Alumni Bruxelles*, 33-34.

Evocation des journées d'émeute d'avril 1834 (mouvement antiorangiste) des agitations anti-catholiques de 1871 (démission de De Decker) et de 1884 et du meeting de protestation de 1862 contre le projet de fortification d'Anvers — s'appuyant sur une documentation abondante (nombreux extraits des Archives du Musée de l'armée). M. V. K. cherche à établir le partage des responsabilités dans ces différentes crises d'autorité. Cette étude éclaire d'un jour nouveau l'attitude des bourgmestres, des gouvernants de la garde civique et de l'armée. [Cf. du même auteur, L'Armée de l'intérieur, *R. Hist. mod.*, t. 9, p. 439-448.]

516. **Verhaegen (Paul).** Le conseiller d'Etat comte Cornet de Grez (1735-1811). Bruxelles, Renaissance du Livre, in-8, 383 p.

Publication de la correspondance de Cornet de Grez, fonctionnaire autrichien, anticlérical et partisan de réformes, mais hostile à celles de Joseph II qu'il jugeait difficilement applicables en Belgique. Au début de la révolution il s'installe à Douai et achète des biens nationaux. Rentré en Belgique en 1792, il refusa de siéger à l'administration provisoire, prévoyant son échec. De nouveau en France en 1793, il fut arrêté en avril puis libéré en août. En 1795 Cornet de Grez rentre définitivement en Belgique, où il vit retiré jusqu'à sa mort en 1811. Les lettres de Cornet de Grez adressées à son notaire et à son homme d'affaire à Douai sont accompagnées d'exposés copieux de l'éditeur et suivies de 38 documents complémentaires.

517. Verlinden (Ch.). La répercussion de la révolution liégeoise à Thuin et dans la châtellerie de Thuin (1789-1791). (Annales du XXIXe Congrès (Liége 1932) de la Fédération archéologique et historique de Belgique, fasc. 5, p. 98-123.)

Utilisant le dossier des procès intentés au bourgmestre révolutionnaire Mengal, lors de la Restauration épiscopale de 1791, l'auteur met en lumière les difficultés économiques, les oppositions sociales entre ville haute et ville basse, les caractères des principaux leaders. L'article est fondé sur une source unique; cela entraîne un manque de contrôle et des liens assez lâches entre certains épisodes. L'auteur aurait dû voir les fonds des Archives de l'Etat à Liége. Le livre de M. Fr. DUMONT, *La Révolution Liégeoise dans le Pays de Charleroy* (1789-1790), Thuin (1935) renouvelle le problème.

518. Verlinden (Ch.). L'organisation du travail et de la production à Thuin et dans l'Entre Sambre et Meuse liégeois sous l'ancien régime et principalement de la draperie. *B. Inst. archéol. liégeois*, 34, t. 58, p. 5-39.

Etude d'après les archives du métier des drapiers à Thuin. La draperie d'un type mi-urbain, mi-rural, d'une technique empruntée à Hondschoote via Amiens atteignit une certaine prospérité au début du XVIIIe siècle. La politique douanière mercantiliste de la France et des Pays-Bas Autrichiens entraîne sa disparition. Notes très succinctes sur les fèvres, tanneurs et bouchers travaillant exclusivement pour le marché local.

519. Verniers (L.). Les transformations de Bruxelles et l'urbanisation de sa banlieue depuis 1795. *A. Soc. Archéol. Bruxelles*, t. 37, p. 84-220 (8 pl.) et t. à p., Léau [1934], in-8.

L'introduction de ce travail esquisse la situation et le développement de la ville et de sa banlieue à l'extrême fin de l'Ancien Régime. Un premier chapitre est consacré à l'analyse des facteurs principaux du développement de l'agglomération bruxelloise au

XIXe siècle : on retiendra de cet exposé le rôle prépondérant assigné
au facteur géographique, ce mot étant pris dans son acception la
plus large. L'étude du développement historique de l'agglomération
de 1795 à nos jours est conçue selon un plan géographique, distin-
guant, comme il se doit : 1º la ville proprement dite; 2º les quartiers
« annexés » par l'administration communale à diverses époques;
3º les faubourgs bruxellois (une dizaine de monographies). A cette
dernière étude se rattache celle des extensions territoriales de la
ville et des tentatives d'y incorporer les faubourgs (ch. VII). L'ouvrage se termine par une partie démographique : essai de dénom-
brement statistique des maisons de l'agglomération à diverses
époques; ici encore réparaît le classement géographique. Excellent
travail, d'un auteur auquel on doit de nombreuses contributions
à l'histoire de l'urbanisme bruxellois, et qui rejoignent les travaux
de même objet dus à M. Guillaume Jacquemyns.

Cf. les nᵒˢ 120, 193 *ter*.

Canada.

520. **Roz (Firmin).** Vue générale sur l'histoire du Canada.
Paris, Hartmann, in-8, 320 p.

Publié à l'occasion du quatrième centenaire du débarquement
de J. Cartier au Candda, le livre de M. Firmin Roz donne une idée
claire, précise, exacte des grands faits de l'histoire politique canadienne et de l'occupation du sol. Ouvrage indispensable et essentiel.

Chine.

521. **Ma Te Chih.** Le mouvement réformiste et les événements de la Cour de Pékin en 1898. Lyon, Bosc et Riou, in-8,
125 p. (Thèse Doct. Univ. Lyon, 34.)

« Le mouvement réformiste et le coup d'Etat du 21 septembre
1898 » que l'on désigne sous le même titre « Affaire de l'année Won
syu..... fut une tentative très significative de l'esprit nouveau qui
chercha à appliquer au gouvernement arbitraire d'un grand empire
le cadre d'une monarchie parlementaire ». Résumé utile, fondé principalement sur des ouvrages chinois. Conclusion, p. 109-112. Bibliographie, p. 113-117.

522. **Verbrugge (Dr R.).** Yuan Che-K'ai, sa vie, son
temps. Paris, Geuthner, in-8, 242 p. (18 pl.) (Les grandes
figures de l'Orient, t. IV.)

Ecrit par un missionnaire, au courant des choses chinoises et qui a consciencieusement dépouillé les ouvrages et périodiques occidentaux consacrés à la Chine, mais dont les connaissances historiques sont insuffisantes pour nous donner d'une époque les plus troubles de l'histoire de la Chine un tableau nuancé et exact.

Egypte.

523. Clerget (Marcel). Le Caire. Etude de géographie urbaine et d'histoire économique. Le Caire, impr. E. et R. Schindler, in-4, t. I : 8-355 p. (24 pl., 12 h. t.), t. II : 477 p. (14 pl., 6 h. t.) (Thèse Lettres Paris.)

A citer ici : 2e partie : L'évolution historique (p. 89-207); 3e partie : La population (p. 209-250); 6e partie : Les fonctions de production (p. 119-376); 7e partie : Rôle intellectuel et politique du Caire. Le problème social (p. 377-395). Nombreuses illustrations et cartes. Une des monographies de ville les meilleures et les plus détaillées publiées à ce jour.

524. Deherain (Henri). L'Egypte turque. Pachas et Mamelucks du xvie au xviiie siècle. L'expédition du général Bonaparte. Paris, Plon, in-4, 571 p. (12 pl. h. t.) (Histoire de la Nation égyptienne, t. V.)

Le nom et la probité scientifique de l'éditeur indiquent la valeur de l'ouvrage, établi d'après les meilleures sources par un spécialiste de ces questions. A la vérité le plan même de la collection impose d'insister à l'excès sur des incidents minimes, et il ne fait pas doute que l'ouvrage eût pu être utilement abrégé. D'autre part l'absence de toute référence est gênante.

525. Sabry (M.). Episode de la question d'Afrique. L'Empire égyptien sous Ismaël et l'ingérence anglo-française (1863-1879). Paris, Geuthner, in-8, 570 p. (Cartes h. t.)

L'ouvrage de M. Sabry repose sur une abondante documentation, dont certaines pièces sont inédites ou peu connues. Ecrit avec une très grande probité, l'ouvrage mérite d'être lu par ceux qui s'intéressent à la question d'Egypte. Cependant la version des événements ne s'écarte pas beaucoup de ce qu'on connaissait déjà; et les principaux documents anglais ont été publiés dans la collection sur les origines de la guerre. On peut dans ces conditions regretter encore plus que l'auteur ait insisté sur un certain nombre de détails. Le livre eût rendu plus de services s'il avait été plus court.

Espagne.

526. Girard (Albert). Note sur les consuls étrangers en Espagne avant le traité des Pyrénées *R. Hist. mod.*, t. 9, p. 120-138.

Par une série d'exemples concrets, l'auteur montre que le statut des Consuls étrangers en Espagne, pendant la seconde moitié du xvie siècle et la première moitié du xviie, était encore très incertain. Ni l'origine, ni la nationalité, ni le mode de nomination des consuls ne sont encore fixés. Mais la France, écrit M. Girard, « apparaît à cette époque en bonne posture; ses consuls en Espagne étaient nombreux et son gouvernement s'appuyait sur une tradition solide de résistance aux empiètements des autorités espagnoles ». A cette époque, en effet, le Roi d'Espagne prétendait encore à la désignation des consuls étrangers et considérait ceux-ci comme des fonctionnaires espagnols.

526 *bis*. Jaryc (Marc). Essai d'une bibliographie de l'histoire de la presse espagnole. *B. int. Com. hist. Sci.*, n° 22, p. 84-101.

Bibliographie annotée. Env. 300 titres. Classement méthodique (A. Annuaires et statistiques. B. Géné alités. C. Précurseurs de la presse pé iodique. D. Histoire, par régions et localités. E. Histoire, par périodes. F. Histoire, par spécialités. G. Histoire, par journaux. H. Législation. I. Le rôle politique, intellectuel et social de la presse. J. Journalisme et journalistes.

527. Jaryc (Marc). Le « Centro de estudios historicos » de Madrid. *B. int. Com. hist. Sci.*, n° 25, p. 435-440.

Bref aperçu de l'activité et des publications de l'organisation centrale des recherches historiques en Espagne.

528. Monbeig (Pierre). Quelques aspects de l'économie espagnole. *A. Géographie*, t. 43, p. 299-306.

Rend compte d'une manière détaillée du livre de M. Schweitzer, *Notes sur la vie économique de l'Espagne en* 1931-1932, Alger, Office algérien d'action économique et touristique, 1933, in-8, 605 p. Détails intéressants surtout sur les progrès de l'industrie minière, l'électrification, mais surtout sur l'évolution de l'agriculture, en particulier la culture des oranges depuis 1852.

529. Rumeau (A.). Un Français à Madrid entre 1824 et 1840 : Chalumeau de Verneuil. *B. hisp.*, t. 36, p. 444-458.

Retrace l'activité d'un écrivain qui fut d'abord un philologue et eut quelque influence sur le mouvement intellectuel et littéraire de l'Espagne entre 1824 et 1840. Détails intéressants sur la censure des livres à la fin du règne de Ferdinand VII et sur son inefficacité.

530. Sarrailh (Jean). Voyageurs français au xviiie s. *B. hisp.*, t. 36, p. 29-70.

Cet article montre le manque d'originalité de certaines relations de voyages en Espagne du xviiie siècle : celle de l'abbé Delaporte, et celle de l'abbé de Vayrac. La première est une compilation d'un ouvrage lui-même peu original (Alvarez de Colmenar, *Les Délices de l'Espagne et du Portugal*, 1707, reproduit et complété en 1741 sous le titre *Annales d'Espagne et de Portugal*), puis des *Lettres juives* de Boyer d'Argens, enfin de la *Relation* de Mme d'Aulnoy. La seconde a été faite en utilisant Mme d'Aulnoy, Colmenar et Nuñez de Castro ((*Solo Madrid es corte*, 1669).

Etats-Unis d'Amérique.

531. Préclin (E.). Bulletin historique. Histoire des Etats-Unis des origines à 1787. *R. hist.*, t. 174, p. 269-303.

532. Préclin (E.). Bulletin historique. Histoire des Etats-Unis depuis 1787. *R. hist.*, t. 174, p. 519-574.

---

533. Brodin (Pierre). Les Quakers dans le New-York au xviie siècle. *R. Hist. mod.*, t. 9, p. 385-422.

Chapitre détaché d'une thèse de Doctorat, soutenue en 1935 devant la Faculté des Lettres de Paris.

534. Brodin (Pierre). Quelques aspects de la vie religieuse en Nouvelle-Angleterre au xviie siècle. *R. Hist. mod.*, t. 9, p. 97-119.

De même que le numéro précédent, chapitre détaché d'une thèse dont il sera rendu compte dans le fascicule suivant de cette Bibliographie.

535. Contenson (Ludovic de). Les combattants français de la guerre d'Amérique. La Société des Cincinnati. *R. Hist. dipl.*, t. 48, p. 293-305.

Cet article est la reproduction de l'Introduction à l'ouvrage du même auteur : *La Société des Cincinnati de France et la Guerre d'Amérique* (p. 1 à 13). Elle retrace l'origine et l'histoire des trois catégories d'officiers français qui combattirent en Amérique : les volontaires isolés, les combattants des corps expéditionnaires de terre et de mer, les officiers de la marine royale. M. de Contenson évoque leurs aventures pendant la Révolution et l'Empire.

536. Faÿ (Bernard). La première légation des Etats-Unis en France (1776). *R. Hist. dipl.*, t. 48, p. 470-476.

Dans ce court article, l'auteur montre que le Quartier général diplomatique de Franklin fut l'Hôtel de Valentinois à Passy; alors que le Quartier général économique de Silas Deane se déplaça de la rue Saint-Guillaume (Hôtel du Grand Villars) à l'Hôtel d'Entraigues (rue de l'Université) et à l'Hôtel de Coislin (place de la Concorde) où fut signé le traité d'alliance avec la France. Notice précise et suggestive.

537. Goulet (Alexandre). Une Nouvelle-France en Nouvelle-Angleterre. Paris, Les Presses modernes, in-8, 158 p. (Thèse Doct. Univ. Paris.)

Histoire des Canadiens français émigrés en Nouvelle Angleterre. Bibliographie complète. L'auteur étudie uniquement la vie religieuse et intellectuelle avec de nombreux exemples, mais n'envisage pas le point de vue économique. La conclusion contient des statistiques récentes et un bon résumé de la situation actuelle.

538. Lambert (Jacques). Histoire constitutionnelle de l'Union américaine. Les conflits entre sections. Lyon, Rey; Paris, Sirey, in-8, viii-431 p.

En quatorze chapitres admirablement documentés, l'auteur expose l'histoire au XIXe siècle des conflits qui ont opposé les Etats à l'Etat fédéral, de Marshall au XIVe Amendement. La partie essentielle, qui compte huit chapitres, évoque les origines juridiques de la guerre de Sécession alors que trois chapitres seulement traitent de la reconstruction. Dans cette étude solide, vivante et de bonne allure historique les points les plus intéressants sont : les effets de la jurisprudence établie par Marshall, l'interprétation judicieuse de l'histoire générale de la période 1815-1860, l'analyse de l'interprétation par la Cour Suprême du XIVe Amendement. Comme le premier volume, cet ouvrage constitue un indispensable instrument de travail.

539. Loture (Robert de). Washington, nous voici. La France au secours de l'indépendance américaine. Paris, Hachette, in-8, 245 p.

Ouvrage de vulgarisation bien écrit, mais qui n'est pas au courant des travaux récents sur la question.

Finlande.

539 *bis*. Silander (A.). Le développement de la Presse finlandaise. *B. int. Comm. hist. Sci.*, n° 22, p. 78-84.

Brève esquisse, utile en l'absence d'étude plus détaillée en langue française.

Grande-Bretagne.

540. Dendias (Michel). La question cypriote aux points de vue historique et de droit international. Paris, Recueil Sirey, in-8, 241 p.

Etude considérable. L'auteur, doyen de la Faculté de droit de Salonique, étudie l'évolution des conditions juridiques et politiques de Chypre depuis 1878. Il montre que le statut actuel ne répond pas aux désirs de la population et préconise au moins la concession des droits de *Dominion*. Mais les revendications nationales et politiques ne réagissent pas sur la discussion des textes et des faits, ni sur la conduite de l'exposé.

541. Doillon (J.). Les Anglais et le Mahdi. Les responsabilités anglaises dans l'abandon de Gordon. *R. Hist. Col.*, 2e ann., p. 73-126.

Résumé de la question, fait par un élève de 2e année de l'Ecole coloniale.

542. Johnsen (Oscar Albert). L'acte de navigation anglais du 9 octobre 1651. *R. Hist. mod.*, t. 9, p. 5-15.

L'étude des registres de douane anglais (port-books) conduit l'auteur à affirmer que le commerce par vaisseaux hollandais dans les ports d'Angleterre a été à peu près éliminé, pendant la première moitié du xviie siècle, par le développement même du commerce anglais. Il n'a donc pas été brusquement ruiné, ainsi que beaucoup d'historiens l'ont admis, par l'Acte de navigation de 1651. Et ce n'est pas la prépondérance du commerce hollandais qui explique la guerre de 1652-1654, ce sont les conflits dans les Indes Orientales, ainsi que les désaccords relatifs aux droits des neutres et aux pêcheries dans la Mer du Nord.

543. Lubimenko (Inna). Les relations commerciales et politiques de l'Angleterre avec la Russie avant Pierre le Grand. Paris, Champion, in-8, xx-310 p. (Bibl. de l'Ec. des Hautes-Etudes. Sect. des Sciences histor. et philol., fasc. 261.)

Ivan IV le Terrible accorde aux Anglais en 1569 un privilège très avantageux, puis restreint leurs libertés. Boris Godounov, en 1586, leur confère une situation juridique précise, mais limite leurs droits commerciaux. La *Moscovy Company* essaye de monopoliser le commerce russe. La Révolution anglaise affaiblit la situation de la Compagnie en Russie. Dans la deuxième moitié du xviie siècle, la politique russe favorise le commerce de ses nationaux.

544. **Nedoncelle (M.).** La philosophie religieuse en Grande-Bretagne de 1850 à nos jours. Paris, Bloud et Gay, in-8, 236 p. (Coll. Les Cahiers de la Nouvelle Journée, n° 26.)

Livre pénétrant et original, malheureusement de pensée philosophique dense et qui touche à des problèmes peu accessibles au commun des historiens. Ne s'occupe pas des courants de la vie religieuse et l'on chercherait en vain une étude du mouvement d'Oxford. A cherché à discerner dans le groupe des historiens croyants des personnalités particulièrement représentatives des diverses influences exercées en Angleterre. Une bibliographie très au point rendra les plus grands services.

545. **Soulié (M.).** La reine scandaleuse Caroline de Brunswick, princesse de Galles, 1768-1821. Paris, Ed. de France, in-16, 249 p.

Sans intérêt historique véritable. N'apporte rien de nouveau, ni comme document, ni comme interprétation des faits.

Grèce.

546. **Bordeaux (Général P. E.).** La fin de l'affaire de Crète (1908-1913). Notes et souvenirs. *R. Et. hist.*, t. 101, p. 55-76.

L'auteur commanda, de 1908 à 1909, le bataillon français qui occupait la Crète conjointement avec des troupes anglaises, italiennes et russes. Quelques détails intéressants montrent l'ardent patriotisme hellénique des Crétois.

Hongrie.

547. Bibliographie française de la Hongrie, 1933. *R. Et. hongroises*, t. 12, p. 208-223.

Bibliographie - titres d'ouvrage et articles de revue. Paragraphe V: Histoire, Archéologie.

548. Turoczi-Trostler (Joseph). Les Cartésiens hongrois. *R. Et. hongroises*, t. 12, p. 100-125.

I. Universités des Pays-Bas. Théologiens hongrois. II. Philosophes. III. Nicolas Apati. Poiret. Spinoza. IV. Poiret et André Teutsch. Samuel Kőlezi. V. Cartésiens allemands. Clauberg. Michel Rhegeni. Tschirnhaus. Thomasius. V. Transylvanie. Jean Csere Apáczai. Martin Tönkö Szilagyi. Jean Pap Szathmari. Samuel Szathmarnémeti. Jean Posahazi. VII. Szepsi Csombor et Nicolas Bethlen.

Inde.

549. Jacquemont (Victor). Etat politique et social de l'Inde du Sud en 1832. Extraits du Journal de voyage de Victor Jacquemont. Introd. de Alfred Martineau. Paris, Leroux, in-8, xxviii-168 p. (Portr. h. t., 9 pl. h. t.) (Bibl. d'Hist. coloniale.)

Les documents publiés par M. Martineau sont d'un extrême intérêt. Jacquemont, dont on publie des extraits de journal, était un observateur perspicace, et qui a su voir nettement bien des aspects du problème hindou, en 1830. Lorsqu'il parle de certains hommes comme lord Bentinck, il les peint comme les historiens les plus modernes le font. Même lorsqu'il semble n'avoir pas compris exactement les choses, ses vues sont personnelles et intelligentes. Les extraits sont bien choisis et la préface de M. Martineau montre que nul n'était plus qualifié que lui pour présenter Jacquemont au public.

Irlande.

550. Rivoallan (A.). L'Irlande. Paris, Colin, in-12, 201 p., (Coll. A. Colin, n° 170.)

La plus grande partie de l'ouvrage concerne « l'ordre nouveau » de l'Irlande; la période antérieure à la guerre n'est considérée que comme un préambule à l'histoire présente. Ecrite par un spécialiste, la synthèse repose sur un fonds solide; mais certains grands faits sont résumés si brièvement qu'elle ne peut être très utile au lecteur désireux d'étudier l'avant-guerre.

Italie.

551. A travers les périodiques. Bibliographie des questions italiennes. *Et. italiennes*, nouv. sér., t. 4, p. 171-192.

Bibliographie annotée. Dépouillement de revues françaises et italiennes de l'année 1933. Divisée en sections : Histoire, Géographie humaine. Folklore, Sociologie. Archéologie, Beaux-Arts. Littérature et philologie. Relations, Echanges intellectuels.

---

552. Bedarida (H.) et Hazard (P.). L'influence française en Italie au xviiie siècle. Paris, Belles-Lettres, in-8, 123 p. (Coll. d'Et. françaises, XXXIVe Cahier.)

Excellente introduction bibliographique et idéologique à l'étude d'une question qui reste à traiter : état des travaux, rapports politiques dans leurs conséquences littéraires, Italiens voyageant ou séjournant en France, connaissance de la langue française, diffusion des œuvres françaises, influence de la pensée et des formes, réaction à l'italianisme.

552 *bis*. Gallaey (F.), O. M. C. Missionnaires capucins et civilisations thibétaines. *Et. francisc.*, t. 46, p. 129-139.

Les Capucins des Marches d'Ancône, dont la mission thibétaine fonctionna de 1707 à 1745, ne limitèrent pas leur activité à l'apostolat religieux. Nous leur devons des vocabulaires et des traductions de textes thibétains.

553. Caraccio (Armand). Ugo Foscolo. L'Homme et le poète, 1778-1827. Paris, Hachette, in-8, xxi-610 p.

Etude très poussée et vivement présentée du poète italien. L'ouvrage est, comme le titre l'indique, divisé en 2 parties : la vie, l'œuvre. Pour l'historien, c'est de beaucoup la première qui l'intéressera. On y verra à la fois les déplacements du jeune officier à travers l'Italie suivant les vicissitudes du régime territorial et politique, puis l'exil en Suisse, et sa rencontre avec Pestalozzi, d'autre part les milieux italiens au milieu desquels il se trouve. Un peu trop de place peut-être consacrée au récit d'amours éphémères et sans beauté.

554. Mollat (G.). Les débuts de l'occupation française à Rome en 1849, d'après une correspondance inédite. *R. Hist. ecclés.*, t. 30, p. 334-360, 587-619.

Ces lettres privées, et certain·s confidentielles, de Caillier, agent politique français à Rome, à Gobineau, écrites du début d'août 1849 à la fin d'octobre, fournissent des renseignements intéressants sur le personnel de la cour romaine, du corps d'occupation français, et la tendance des divers éléments associés ou en opposition dans les états romains. Elles soulignent la progression de la réaction des cardinaux romains, allant jusqu'à menacer les autorités françaises de se placer sous la protection des Autrichiens. L'expédition se solda, du côté français, par un échec complet, et, du côté italien, par un renforcement du régime papalien. Le « chapeau » de l'auteur et ses notes sont du plus grand intérêt.

555. Vidal (C.). Le Royaume de Naples et la Monarchie de juillet (1830-35). *R. Hist. dipl.*, t. 48, p. 203-216.

Fait ressortir le succès de la politique française en face des efforts de l'Autriche pour la prépondérance dans la péninsule. Met en relief l'esprit libéral et réformateur du roi de Naples, Ferdinand II et son penchant pour la France, ainsi que l'intelligente diplomatie de notre représentant, Latour-Maubourg.

556. Vidal (Mgr). Saint-Denis-aux-Quatre-Fontaines à Rome. Paris, Picard, in-8, 161 p.

Fondé en 1620 par des Trinitaires réformés, qui l'occupèrent jusqu'à la Révolution, le couvent de Saint-Denis a servi au XIXe siècle de refuge aux deux congrégations enseignantes, les Apostolines, puis les Filles de Notre-Dame qui l'occupèrent jusqu'en 1932.

Japon.

557. Delattre (Pierre), S. J. Un Institut de médecins de Missions au Japon au XVIe siècle. *R. Hist. Missions*, t. 11, p. 16-28.

Résumé d'un ouvrage allemand : Dorotheus SCHILLING, *Das Schulwesen der Jesuiten in Japan* (1551-1614). Münster i. W., 1931.

558. Sugiyama (N.). L'influence du droit civil français sur le droit civil japonais. *R. Univ. Lyon*, t. 7, p. 103-138.

« Le droit japonais moderne prend son origine dans la promulgation du « Serment impérial des 5 articles » de 1868..... L'article 5 de ce serment énonce le principe de l'internationalisme juridique et implique la valeur du droit comparé. Voilà la base, le point de départ de l'introduction au Japon des institutions juridiques internationales. » « L'idée française du Droit naturel, les idées de la liberté et de l'égalité des individus qui ont influencé notre conception des droits de l'homme. »

Le gouvernement japonais, placé devant la tâche ardue de créer un code moderne sur le modèle des codes occidentaux, fit appel à des conseillers juridiques français : Du Busquet, Boissonade, Georges Appert. C'est à M. Boissonade, nommé peu après son arrivée au Japon (1873) professeur à l'Université impériale de Tokyo, que sont dus le Code pénal et le Code d'Instruction criminelle japonais. L'influence française ne tarda pas cependant à être éclipsée par le droit allemand qui servit de modèle pour la constitution japonaise de 1890, pour le code de procédure civile et pour le code de com-

merce. La guerre mondiale marque un point d'arrêt dans la pré-
dominance au Japon des idées juridiques allemandes. « Depuis ces
dernières années nous assistons à une renaissance limitée mais très
marquée de l'influence du Droit français. »

559. Zischka (Antoine). Le Japon dans le monde. L'expansion nippone, 1854-1915. Paris, Payot, in-8, 320 p. (Ill.
et cartes.) (Coll. d'Et., de Doc. et Témoign. pour servir à
l'hist. de notre Temps.)

Ouvrage superficiel, écrit par un journaliste.

Luxembourg.

560. Medinger (P.). Sur le siège de Luxembourg en
1684. *Ons Hémecht*, 40ᵉ ann., p. 186-194.

Etude précise des troupes qui tenaient garnison dans Luxembourg et des opérations de la défense. Bonnes reproductions, hors
texte, de plans, de vues et de croquis.

561. Meyers (Joseph). Vauban au siège de Luxembourg,
en 1684. *Ons Hémecht*, 40ᵉ ann., p. 195-199.

Détails intéressants sur la façon dont Louis XIV et Louvois sui-
vent les opérations devant Luxembourg et imposent à Vauban
l'obligation de leur envoyer, presque chaque jour, des plans et des
croquis, que Louvois ne se prive pas de critiquer parfois.

562. Noppeney (Marcel). Luxembourg 1830. La révolution belge et la presse luxembourgeoise. Luxembourg, Bel-
fort, in-16, 179 p.

Recueil d'articles parus en 1930 dans le journal *L'Indépendance
luxembourgeoise* sous le titre de : Luxembourg il y a cent ans,
avec quelques photographies. C'est de la petite histoire dans toute
l'acception du terme. L'auteur se borne à aligner des faits minus-
cules qu'il a recueillis dans l'organe semi-officiel du gouvernement
de l'époque, l'écho des journées de juillet à Paris et celles de septembre à Bruxelles est presque nul à Luxembourg. C'est que « le
journal de la ville et du grand-duché de Luxembourg est orangiste
avant tout et que d'autre part la censure est en vigueur ». A la fin
de 1830 il apparaît pourtant que le peuple luxembourgeois qui
sympathise vainement avec les Français se résoudrait volontiers
à devenir belge. La solution adoptée par les puissances est justement la plus impopulaire chez les intéressés.

563. Steffen (A.). L'état de la ville de Luxembourg après le bombardement de 1683 et le siège de 1684. *Ons Hémecht*, 40e ann., p. 205-248.

Etude détaillée sur les résultats du bombardement de Luxembourg par Créqui en 1683 (il avait ordre de brûler la ville) et sur ceux du siège de 1684. Reproduction d'un document français, « Visite générale faicte le 13 juin 1684 », qui donne des renseignements abondants et très précis.

Maroc.

563 *bis*. **Emberger (Louis)** et **Maire (René)**. L'exploration botanique du Maroc du xviie au xixe siècle. *Archeion*, t. 16, p. 168-180.

Jusqu'à la fin du xixe siècle la flore du Maroc est très peu connue.

La première publication botanique moderne sur le Maroc paraît être l'*Histoire de la botanique* de Zanoni, directeur du Jardin botanique de Bologne (1675). Le chirurgien Spootswood publie en 1696 une *Phytologia Tingitana*. Après un arrêt de près d'un siècle l'exploration scientifique du Maroc est reprise par Broussonnet, qui y voyage de 1795 à 1801. Le danois Pierre Kofœd-Aucher Schonsboê, consul du Danemark à Mogador et à Tanger, met à profit son long séjour (1800 à 1832) pour étudier les Phanérogames et les algues. Depuis, les voyages scientifiques au Maroc se sont multipliés; l'auteur donne des détails sur ceux de Philippe Salzmann (1823-1824), Philippe Barker Webb (1827) B. Balansa (1867) J. D. Hooker, John Ball et Maw (1871), etc.

Mexique.

564. **Génin (Auguste)**. Les Français au Mexique du xvie siècle à nos jours. Paris, Edit. Argo, in-4, 548 p.

Ouvrage écrit par un Français ayant séjourné longtemps au Mexique et visant surtout d'une part à intéresser les Français à l'œuvre patriotique d'influence réalisée jusqu'à la fin du xixe siècle par un certain nombre de pionniers, d'autre part à désolidariser aux yeux des Mexicains la France de tendances politiques que l'auteur désapprouve. En somme liste onomastique et chronologique des Français venus au Mexique, avec indication de l'essentiel de leur vie et de leur œuvre. Le point de vue qui a présidé à la rédaction du volume impose naturellement des réserves; et certaines appréciations sont contestables. Mais ce gros livre sera très utile à ceux qu'intéresse l'expansion française.

Monaco.

564 *bis*. Labande (Léon Homère). Histoire de la Principauté de Monaco. Paris, Picard, in-8, 513 p. (Pl., cartes.)

L'auteur s'est proposé, non pas de remplacer l'histoire de Monaco de Gustave Seige publiée en 1897, mais de « fournir, au moyen de documents le plus souvent inédits, des renseignements plus circonstanciés sur certains faits et surtout sur les institutions ». La préface fait mention de recherches effectuées, en dehors des collections du Palais de Monaco dont l'auteur a la garde, dans les Archives du Ministère de la Guerre et de la Section technique du Génie, mais le livre ne donne aucune référence ni bibliographie.

Paraguay.

564 *ter*. Brou (A.). Les premiers martyrs du Paraguay (1628). *R. Hist. Missions*, t. 11, p. 5-15.

Courtes notices biographiques sur trois Jésuites : Roch Gonzalez de Santa-Cruz, Alphonse Rodriguez et Jean de Castillo.

Perse.

565. Naficy (Dr Abbas). La Médecine en Perse des origines à nos jours. Ses fondements théoriques d'après l'Encyclopédie médicale de Gorgani. Paris, Edit. Vega, in-8, 142 p. (12 gr.)

Travail original fait d'après les sources. Il s'agit d'une thèse de doctorat de la Faculté de médecine de Paris, qui a été complétée par divers articles du même auteur dans le *Bulletin de la Société d'histoire de la médecine* (1934) avec commentaires du Dr Laignel-Lavastine, titulaire de la chaire d'histoire de la médecine à la Faculté de Paris. *L'Encyclopédie médicale* de Djordjani [Gorgani], ou *Trésor du roi de Kharazru* (1110 J.-C.) se trouve dans le fonds persan de la Bibliothèque nationale de Paris.

Pologne.

566. Chabrié (Robert). Michel Boym, Jésuite polonais et la fin des Ming en Chine (1646-1662). Contribution à l'Histoire des Missions en Extrême-Orient. Paris, Bossuet, in-8, 315 p.

Cet ouvrage, qui repose sur une imposante bibliographie mentionnée à la fois au début et à la fin apporte une contribution qui n'est pas négligeable à l'Histoire des missions d'Extrême-Orient au XVIIe siècle. Après une *Introduction* consacrée à l'œuvre religieuse des Portugais et des Jésuites de toutes nationalités en Chine, l'auteur étudie en 3 parties et 6 chapitres la carrière du Jésuite polonais Michel Boym. Ce descendant d'une famille célèbre de Lwow, à son arrivée en Chine s'attacha avec le P. Koffler à la cause des Mings détrônés, réduits à la possession d'une partie de la Chine du Sud. Avec le concours de princesses royales converties et de l'eunuque Pang Achille, il gagna le Ming Young-Li à l'idée d'envoyer auprès du pape, de Venise, et du général de la Compagnie de Jésus, une ambassade qui se proposait d'obtenir l'aide de l'Occident contre les Mandchous. Le corps du livre expose avec précision et finesse l'histoire de cette ambassade, conduite par le P. Boym (1650-1659) de Tchao-King Fou, à Macao, Venise, Rome. L'intérêt principal du récit est l'exposé de la politique favorable à l'ambassade de la France, la prudence timorée de la Cour de Rome, l'hostilité du général des Jésuites, le P. Nickel. Quand l'ambassade revint en Orient, sans autre viatique qu'un bref sans portée, la domination de Young-Li s'était effondrée.

567. **Girard (Joseph).** Le destin tragique et glorieux de l'antique Université de Wilno. *R. Sci. pol.*, 49e ann., t. 57, p. 5-54.

I. L'Académie jésuite (1578-1773). II. L'école supérieure de Lithuanie (1781-1803). III. L'Université de Wilno (1803-1831). IV. L'ère de persécution et de prohibition (1831-1919). Les Académies de Wilno (1832-1842). V. L'Université actuelle : Université d'Etienne Batory (depuis 1919).

568. **Kleyntjens (J.).** Une ambassade polonaise en 1633. *R. Hist. dipl.*, t. 48, p. 355-369.

Récit, surtout anecdotique, d'une ambassade polonaise auprès des Electeurs de Brandebourg et de Saxe, des Etats-Généraux et du roi d'Angleterre, pour obtenir leur appui en faveur des prétentions de Ladislas IV sur le trône de Suède. L'ambassadeur, Jean Zawadski, n'obtint que de bonnes paroles.

569. **Krakowski (Edouard).** Histoire de la Pologne : La nation polonaise devant l'Europe. Préf. de Paul VALÉRY. Paris, Denoël et Steele, in-8, 367 p.

Ouvrage de vulgarisation, écrit par un historien distingué, profondément patriote. Fait une part importante à l'étude de la culture polonaise, et se lit facilement. Mais l'ouvrage s'arrête pratiquement aux partages et manque de références bibliographiques. Donc plutôt à signaler au grand public qu'aux professionnels.

570. Rappaport (J.). L'insurrection polonaise de novembre 1830. *Monde slave*, t. 11 (1), p. 29-62, 226-253, t. 11 (3), p. 1-33, 214-267.

L'auteur poursuit les études sérieuses et détaillées qui ont commencé dans le *Monde slave* en 1933. C'est d'abord un tableau de l'arrestation de Lukasinski, de l'œuvre financière si remarquable du prince Lubecki, des erreurs commises par la Pologne autonome sur la question agraire et la question juive. On n'arrive qu'ensuite au soulèvement de novembre, mal dirigé, froidement accueilli par les hautes classes; le récit continue jusqu'au moment où Chlopicki prend la dictature.

Roumanie.

571. Ancel (Jacques). Les frontières roumaines. Géographie politique. *R. hist. Sud-Est europ.*, t. 11, p. 26-63.

Etude surtout géographique, mais précise, et importante à connaître pour l'historien.

572. Iorga (N.). Penseurs révolutionnaires roumains de 1804 à 1830. *R. hist. Sud. Est europ.*, t. 11, p. 81-102.

Article très documenté et très important, montrant particulièrement ce qu'ont été les troubles de 1822. Analyses psychologiques très fines et originales.

Russie.

573. Brian-Chaninov (Nicolas), Alexandre Ier. Paris, Grasset, in-8, 332 p.

Ouvrage de vulgarisation, bien écrit, mais sans intérêt pour l'historien.

574. Febvre (Lucien). Une histoire politique de la Russie moderne. Histoire, tableau ou synthèse historique? *R. Synthèse*, t. 7, p. 29-36.

A propos de l'*Histoire de Russie* de Seignobos-Milioukov-Eisenmann. Exprime le regret « qu'on ne nous ait pas donné, pour le dire en bref, en place d'un précis, une synthèse, et non pas de la seule histoire politique moderne de la Russie : de tout le développement historique, puissant dans sa variété, d'un des éléments actifs de la vie européenne, ce complexe. »

575. Herbigny (Mgr d'). Un Newman russe : Vladimir Soloviev (1853-1900). Paris, Beauchesne, in-16, xvi-336 p. (Portr.)

Biographie très solide d'un homme qui a souhaité ardemment et essayé de réaliser l'union religieuse entre Rome et la Russie. L'auteur étudie Soloviev avec conscience et il nous le fait comprendre en insistant sur son évolution, ses études et enfin ses idées.

576. Hermant (Abel). Madame de Krüdener, l'amie du tzar Alexandre, 1764-1824. Paris, Hachette, in-16, 220 p. (Le Passé vivant, n° 8.)

Ouvrage agréable à lire, mais sans aucune référence, destiné au grand public. Beaucoup de points auraient besoin, étant contestés, d'être étayées d'une documentation décisive.

577. Hofmann (M.), Lozinski (G.) et Motchoulski (C.). Histoire de la littérature russe depuis les origines jusqu'à nos jours. Paris, Payot, in-8, 704 p. (48 pl.) (Bibl. hist.)

« Notre *Histoire*..... n'aspire à être qu'une histoire des belles lettres. Elle exclut l'histoire de la civilisation, qu'on confond trop souvent avec la littérature. » « Les notes bibliographiques sont destinées à renseigner le lecteur sur les principales études en langue française, consacrées aux écrivains russes. » La majeure partie de l'ouvrage (p. 121-694) est consacrée à la littérature moderne.

578. Martel (René). Nouveaux documents d'histoire Russe. *Monde slave.*

Analyses et extraits de documents russes publiés dans la revue soviétique *Archives rouges.*
N° 1, p. 122-140. Journal intime de Kuropatkin 1898. Rapport du comte Muravev, ministre des Affaires étrangères, sur sa mission à Paris 1898 et sur ses conversations avec Delcassé et Félix Faure.
N° 6, p. 426-446. Mémoires du comte Petr Andreevič Šuvalov, ambassadeur de la Russie à Londres, second délégué au Congrès de Berlin. Rédigé en 1880, il constitue une apologie de la politique personnelle de Šuvalov. — Renseignements bibliographiques sur le leader révolutionnaire M. S. Ol'minskij, dit Alexandrov. — Documents sur le second congrès du parti social-démocrate ouvrier russe en 1902. — Suite des mémoires du ministre de la Guerre A. F. Rediger, 1906.
N° 12, p. 427-453. Correspondance du chancelier Gorčakov avec Bismarck 1860-1876. Projets russes sur Constantinople, 1911. Journal de Tikhomirov, 1907. Documents sur Lénine, 1887-1914.

579. Notes extraites des Mémoires d'un diplomate russe,
M. Michel de Bartholomei. *R. Hist. dipl.*, 48e ann., p. 99-110.

« M. de Bartholomei, né en 1836..... fut successivement secrétaire
de l'ambassade de Russie à Constantinople (1856-1859), secrétaire
à Téhéran et chargé d'affaires dans le même poste, premier Secrétaire du Département asiatique au Ministère des Affaires étrangères
en 1865. Détaché en 1868 auprès du gouverneur du Caucase, il fut
envoyé ensuite comme conseiller à l'ambassade de Russie à Londres
où il remplit à plusieurs reprises les fonctions de chargé d'affaires
pendant les absences des ambassadeurs Brunow et Schouvaloff en
1870 et 1876. Nommé ministre aux Etats-Unis le 26 avril 1880, il
démissionne..... en 1882. »
Les notes concernent : I. Le comte Schouvaloff, ambassadeur à
Londres. II. Le prince Gortchakoff. III. Détails sur le mariage
d'Alexandre II et de la princesse Yourièvsky. Sans intérêt particulier.

580. **Pascal (Pierre)**.   Le paysan dans l'histoire de Russie.
A propos d'un ouvrage récent [Histoire de Russie, par P. Milioukov, Ch. Seignobos et L. Eisenmann]. *R. hist.*, t.173, p.32-
79.

« Dans l'histoire de Russie, le personnage essentiel, c'est le paysan ».
L'auteur donne un résumé synthétique bien informé et très suggestif de l'histoire agraire de la Russie (surtout de la Grande Russie)
du haut moyen âge à nos jours.

581. **Vernadsky (Georges)**.   L'industrie russe sous Pierre
le Grand. *Monde slave*, t. 11 (4), p. 283-299.

A la fin du règne de Pierre le Grand, on comptait en Russie environ 200 grandes fabriques (du type manufacture), sans compter les
usines métallurgiques; dans la seule région de l'Oural, 9 entreprises
métallurgiques avaient reçu 20.000 âmes. On peut admettre pour
toute l'industrie un total d'au moins 50.000 ouvriers. La Russie
de Pierre le Grand avait dépassé l'Angleterre pour la production
du fer. A la fin du XVIIIe siècle, la Grande-Bretagne arrivait à peine
au niveau de la Russie.

582. **Vostokov (L.)**. Les travaux d'histoire russe en U.
R. S. S. *Monde slave*, t. 11 (2), p. 253-283.

Analyse critique très détaillée de la littérature historique des
quinze dernières années, qui rendra de très grands services aux historiens qui n'ont pas accès aux sources.

Suisse.

583. Borgeaud (Charles). Histoire de l'Université de Genève. T. III. L'Académie et l'Université au xixe siècle. Genève, Georg, 2 vol. in-8, xx-575 p., vi-314 p. (Planches.)

Etude aussi importante et documentée que les précédents volumes. Intéresse non seulement l'histoire locale, mais celle de la pensée humaine tout entière en raison de l'éminence des professeurs qui occupèrent les chaires magistrales. Expose les difficultés auxquelles l'institution se heurta, notamment de la part des démocrates et du personnel des enseignements primaire et secondaire.

584. Chapuisat (Edouard). L'influence de la Révolution française sur la Suisse. Le département du Léman. Paris, Recueil Sirey, in-8, 74 p. (Univ. de Paris, Centre d'Etudes de la Révolution. Cahiers de la Révolution française. Hist. économ. et sociale, 2e cahier.)

Ces conférences retracent à grands traits l'histoire des relations franco-suisses pendant la Révolution et les principaux événements qui ont marqué l'existence du département du Léman (surtout sa création et sa fin). Une bibliographie leur est adjointe.

585. Lettres d'Henri-Frédéric Amiel et de Charles Le Fort (1839-1872) publiés par Bernard Bouvier. *R. Hist. Suisse,* 14e ann., p. 460-509.

Condisciple d'Amiel, Le Fort, professeur de droit à Genève, est resté en rapport avec lui jusqu'à la mort de l'écrivain. Les lettres publiées peuvent se grouper sous trois rubriques : la Société de Zofingue, 1839-1841; les années de voyage, 1844-1846; la Révolution de Genève, 1846-1847. C'est cette dernière partie qui intéressera les historiens.

586. Sayous (André E.). La banque à Genève pendant les xvi, xvii et xviiie siècles. *R. écon. int.,* 26e ann., vol. 3, p. 437-474.

Etude très neuve, élaborée en grande partie d'après les archives génevoises. Montre le développement progressif de la banque, qui prend surtout au xviiie siècle une importance internationale. L'auteur s'appuie sur cette histoire pour combattre la thèse de Max Weber (influence du calvinisme sur l'esprit capitaliste).

Tchécoslovaquie.

587. Hoch (Karel). L'évolution de la presse tchèque. *Monde slave,* n° 10, p. 94-110; n° 11, p. 263-282.

Exposé bien documenté qui met l'accent sur le rôle politique de la presse tchèque comme facteur de la lutte pour l'émancipation nationale.

588. Tapié (Victor-L.). L'éveil national en Bohême. *R. Hist. mod.*, t. 9, p. 252.

A propos de l'ouvrage : E. LEMBERG, *Grundlagen des nationalen Erwachens in Böhmen*. Geistesgeschichtliche Studie, am Lebensgang Joseph Georg Meinerts (1773-1844) unternommen. Reichenberg, 1932. « L'auteur n'a pas voulu écrire la biographie de J. Meinert, écrivain allemand de Bohème, poète, philologue et professeur à l'Université de Prague, au début du siècle dernier. Il conte brièvement les principaux faits de cette vie curieuse, mais surtout, il cherche à nous faire comprendre, à son sujet, l'évolution intellectuelle de la Bohême qui, partant d'une culture unique à l'époque baroque, aboutit à deux cultures : une tchèque, une autre allemande, mais distincte des cultures allemandes de l'Allemagne proprement dite ou de Vienne... » « Malgré toutes les réserves qu'on peut faire, l'ouvrage de M. Lemberg a de grands mérites. Le moindre n'est pas sans doute d'orienter la recherche vers les influences allemandes du XVIIIe siècle pour expliquer la renaissance tchèque du XIXe siècle. »

Turquie.

589. Lamouche (Colonel Léon). Histoire de la Turquie depuis les origines jusqu'à nos jours. Préf. de René PINON. Paris, Payot, in-8, 452 p. (5 cartes.) (Bibl. hist.)

Le colonel Lamouche connaît bien la Turquie pour y avoir séjourné de longues années comme instructeur de la gendarmerie turque, mais il connaît moins bien son histoire. Le livre comporte de nombreuses inexactitudes.

INDEX DES NOMS D'AUTEURS

Abernethy (Thomas P.), 429.
Achorn (Éric), 430.
Aigrain (R.), 192.
Aimé (Denyse), 60.
Alsteen (P.), 487.
Amade (Jean), 285.
Ancel (Jacques), 571.
Ancelet-Hustache (Jeanne), 195.
Andigné (Marquis d'), 93.
André (Louis), 1.
Andrieu (M.), 192.
Arbos (Ph.), 328.
Artz (Frédéric B.), 430 *bis.*
Aubin (Gustave), 471.
Aurenche (Louis), 265.
Auvray (Lucien), 284.
Avezou (R.), 124.
Aynard (Joseph), 348.

Babel (Antony), 315.
Bachelier (A.), 200, 201.
Bahlsen (Gerhard), 381.
Bailly (Auguste), 33.
Bainville (Jacques), 122.
Baisnée (Jules A.), 431.
Baldensperger (Fernand), 125, 253, 285.
Barante (Prosper de), 87.
Barnard (N. C.), 432.
Barret (P.), 480 *bis.*
Barrière (Marcel), 472.
Barthélemy (D.), 79.
Basch (V.), 477 *bis.*
Batiffol (Louis), 34, 49.
Baud (J.), 60 *bis.*
Baud (Paul), 340.
Baudiment (Louis), 205, 206.
Baudin (Louis), 304.
Beaufoys (Ignace), 514.

Bedarida (Henri), 285, 552.
Benedetto (Luigi Foscolo), 285.
Benoist (Charles), 149.
Bernoulli (Fernand), 382.
Bertaux (P.), 477 *bis.*
Besnier (Robert), 15.
Besson (Maurice), 371.
Bille (Jacques), 357.
Blanchard (Marcel), 342.
Blassneck (Marce), 383.
Bloch (Marc), 305, 333.
Blumer (Marie-Louise), 116, 117.
Böhmer (Hans), 384.
Bondois (P.-M.), 306.
Bonenfant (Paul), 488.
Bonnard (Mgr Fourier), 191.
Boone (H.), 349.
Bordeaux (Général P. E.), 546.
Borgeaud (Charles), 583.
Borjane (Henry), 104.
Bossan de Garagnol (E.), 150.
Boüard (Michel de), 84.
Bouchard (Marcel), 285.
Boudet (Dr E.-L.), 183.
Boudet (P.), 7.
Boudet (Paul), 377.
Boulan (H.-R.), 266.
Bouloiseau (M.), 67.
Bourde de la Rogerie (H.), 358.
Bourdon (Jean), 327.
Bourgeois (R.), 7.
Bourgin (Georges), 138, 259, 334.
Bourgoing (Jean de), 134.
Bousquet (G.), 473.
Bouteville, 118.
Bouvet (Maurice), 184.
Bouvier (Bernard), 585.
Boyer (J.), 477 *bis.*
Braesch (F.), 5, 177.

Brandenburg (Erich), 386.
Bratianu (G. J.), 139.
Brenning (Herbert Emil), 385.
Brétaudeau (Léon), 199.
Brian-Chaninov (Nicolas), 573.
Briggs (E.-R.), 189.
Brinton (C.), 433.
Brodin (Pierre), 533, 534.
Brogan (D. W.), 434.
Brou (A.), 207, 564 *ter*.
Broussy (Jacques), 140.
Brown (Harcourt), 435.
Brun (L.), 477 *bis*.
Bruneau (Ch.), 5.
Brunet (Pierre), 294.
Brunot (Ferdinand), 267.
Brutails (A.), 192.
Bultingaire (Léon), 253 *bis*.
Buriot-Darsiles (H.), 477 *bis*.
Buron (Edmond), 364.
Bury (J. P. T.), 436.
Bury (Patrick), 141.

Cahen (L.), 334.
Callaey (F.), 552 *bis*.
Callon (G.), 329.
Calmon (Jean), 2.
Camon (Général), 52.
Canestrier (Paul), 35.
Canet (L.), 307.
Capot-Rey (R.), 36.
Caraccio (Armand), 553.
Cardenal (L. de), 178.
Caron (Pierre), 9.
Carré (Lieut.-Col. Henri), 37.
Carré (Henri), 222.
Carrière (Victor), 192.
Carton de Wiart (Comte H.), 514.
Cavaignac (E.), 31.
Cazes (André), 268.
Chabot (M.), 29.
Chabrié (Robert), 566.
Chapuisat (Edouard), 584.
Charmasse (A. de), 259 *bis*.
Charvin (Dom G.), 193 *bis*, 196.
Chatelet (Aristide), 209.
Cherel (Albert), 215.

Chesnelong (Charles), 151.
Chevalier (J.), 283.
Chinard (Gilbert), 269.
Cival (A.), 335.
Clerc-Rampal (G.), 187.
Clerget (Marcel), 523.
Closets d'Errey (H. de), 372.
Cobban (Alfred), 437.
Cochin (Augustin), 84.
Colin (Elicio), 28.
Collard (Auguste), 489.
Constant (G.), 231.
Constantin (J.), 295.
Contenson (Ludovic de), 535.
Cooper (Duff), 439.
Cornu (Auguste), 474.
Corriol (J.), 97.
Coulon (A.), 192.
Courtois (C.), 106.
Cousin (J.), 283.
Coyecque (E.), 22.
Crépin (Pierre), 356.
Cuvelier (Joseph), 500.
Cuzacq (René), 99.

Dansette (Adrien), 152.
Dauphin (Victor), 336.
David (Robert), 153.
Dawson (Marshall), 440.
Daye (Pierre), 490.
Deborde de Montcorin (Em.), 126.
Debouxhtay (P.), 485.
Dedieu (Joseph), 202.
Degert (A.), 192.
Degouy (Amiral), 123.
Deherain (Henri), 356, 524.
Delatte (I.), 491.
Delattre (Pierre), 557.
Delellé-Desloges (M.), 356.
Delobel (J.-L.), 127.
Deloncle (Pierre), 360.
Delvaux (F.), 492.
Demaison (André), 135.
De Moreau (E.), 514.
Demoulin (Robert), 493, 494.
Dendias (Michel), 540.
De Roover (R.), 495.
Desachy (Paul), 154.

Descaves (Lucien), 344.
Deschamps (Jules), 270.
De Schrevel, 514.
Devèze (Albert), 497.
Dhotel (Dr Yves), 80.
Dietrich (Richard), 387.
Dietz (Jean), 254.
Doillon (J.), 541.
Doll (P.), 477 *bis*.
Dollot (René), 284.
Dominique (Pierre), 156.
Donat (Jean), 308.
Dousse (Marc), 309.
Dreyfus (Robert), 157.
Dubois (E.), 296.
Dubois (G.), 239, 310.
Du Chambon (Pierre), 173.
Dudon (Paul), 232.
Dudon (Le P.), 192.
Dufourcq (A.), 192.
Dupont (Marcel), 107.
Dupuis (Charles), 128.
Durand (R.), 255.
Dutilleux (M.), 485.
Dutrait-Crozon (Henri), 158.
Duvernoy (E.), 5.

Ecker (Alfred), 388.
Ecker (Franz), 388.
Eggli (Edmond), 271.
Elicona (Anthony Louis), 355.
Emberger (Louis), 563 *bis*.
Engel (Claire-Eliane), 240, 241.
Enriques (Federigo), 297.
Eriau (J. B.), 283.
Erskine Hume (E.), 440 *bis*.
Esmonin, 310 *bis*.
Espinas (Georges), 174.
Esquer (G.), 357.
Eude (Michel), 81.

Fahmy (Scandar), 108.
Farrère (C.), 185.
Fauchier-Magnan (A.), 53.
Faÿ (Bernard), 536.
Febvre (Lucien), 17, 574.
Feldman (Joseph), 475.
Flandrin (L.), 283.

Fleury (Vicomte), 54.
Forado-Cunéo (Y.), 98.
Forest (A.), 283.
Forestier (Henri), 27.
Fourmestraux (J. de), 300.
Fournier (Joseph), 23.
Fox (N.), 413.
Frahm (Friedrich), 389.
Frézet (A.), 223.
Froidevaux (H.), 356, 373.
Fuchs (Albert), 476.
Furber (Holden), 441.

Gaebelé (Yvonne Robert), 374.
Gaignebert (J.-B.), 38.
Gaillard (H.), 283.
Gain (A.), 5.
Gallavresi (Giuseppe), 284.
Garsou (Jules), 496, 497.
Gaston-Martin, 325, 343.
Gaucher (François), 316.
Gaudart (Edmond), 21, 375.
Génin (Auguste), 564.
Germain, 350.
Gillot (Hubert), 272, 273, 477 *bis*.
Ginsburger (Ernest), 99.
Girard (Albert), 526.
Girard (Henri), 24.
Girard (Joseph), 567.
Girardot (Jean), 224.
Gobillot (René), 365.
Godard (Justin), 203.
Godechot (J.), 90.
Godfrin (Jean), 68.
Göhring (Martin), 390.
Goué (Marquis de), 225.
Goulet (Alexandre), 537.
Gouron (Marcel), 25.
Gouyon (Comte de), 94.
Goyau (Georges), 210.
Graillot (Henri), 284, 285.
Grandin (A.), 13.
Grant (A. J.), 441 *bis*.
Grimm (Baron), 274.
Grimm (Friedrich), 391.
Gruffy (Louis), 61.
Guedalla (Philipp), 442.
Guériot (Paul), 142.

Güthling (Wilhelm), 392.
Guignard (R.), 477 *bis*.
Guillaume (N.), 192.
Guitard (E.-H.), 109.
Guitard (Joseph-Esprit-Florentin), 109.
Guitton (Henri), 317.
Guyot (Raymond), 121.

Habig (Marion A.), 443.
Hallmann (Hans), 393.
Halkin (Léon), 498.
Hanotaux (Gabriel), 59, 356.
Harbulot (Maurice), 179.
Harsin (Paul), 319.
Hartmann (Cyril Hughes), 444.
Hastrel (Baron d'), 91.
Hauser (Henri), 39, 311.
Hayes (R.), 445.
Hazard (P.), 552.
Heep (Karl), 394.
Heinrichs (Katharina), 395.
Hellwig (Fritz), 396.
Hendel (C. W.), 446.
Henderson (G. B.), 397.
Herbigny (Mgr d'), 575.
Hérissay (J.), 82.
Herlaut (Colonel), 88.
Hermant (Abel), 576.
Herold (Martin), 398, 399.
Herriot (Edouard), 60.
Herzkowiza (P.), 318.
Hess (Jos.), 119.
Hildebrand (P.), 193 *ter*.
Hoch (Karel), 587.
Hoetzsch (Otto), 386.
Hofman (M.), 577.
Holdegel (Kurt), 400.
Houdard (Louise), 186.
Howard (H. E.), 447.
Howe (Sonia E.), 361.
Hubert (E.), 118.
Hubert (P.), 285.
Hudson (N. E.), 448.
Huisman (Michel), 129.
Hung Cheng Fu, 275.
Hyslop (Beatrice Fry), 449.

Ingrand (Henry), 69.
Iorga (N.), 482, 483, 572.
Irriera (Roger), 357.

Jacob (Louis), 83, 83 *bis*.
Jacquemont (Victor), 253 *bis*, 549.
Jacquemyns (G.), 499.
Jalla (J.), 242.
Jaryc (Marc), 260, 526 *bis*, 527.
Jasinski (René), 285.
Jaspar (Henri), 276.
Jean (Charles), 70.
John (Willi), 401.
Johnsen (Oscar Albert), 542.
Jones (Howard M.), 450.
Joppin (G.), 221.
Joseph-Barthélemy, 89.
Joset (C.), 514.

Kabisch (Ernst), 402.
Kauch (P.), 486.
King (Sylvia M.), 277.
Kircheisen (Friedrich Max), 403.
Kite (Elizabeth S.), 451.
Klein (Walther), 404.
Kleyntjens (J.), S. J., 568.
Knapton (E. J.), 451, 452.
Koehler (Henri), 211.
Koelle (William), 405.
König (Hermann), 405 *bis*.
Kossatz (Heinz), 406.
Koung (Y.), 89.
Krakowski (Edouard), 569.

Labande (Léon Homère), 564 *bis*.
Labougle (J.), 40.
Lacger (L. de), 233.
Lacoste (E.), 234.
Lacoste (R.), 243.
Lacour-Gayet (G.), 130.
La Gorce (Pierre de), 226.
Laignel-Lavastine (Professeur), 80.
Lambert (Jacques), 538.
Lamouche (Colonel Léon), 589.
Lamps (L.), 180.
Lamunière (Jacques), 244.
Langlois (Marcel), 216.
La Roncière (Ch. de), 187.

La Roque de Roquebrune (R.), 366.
Lasseray (André), 64.
Laudet (Fernand), 159.
Laulan (R.), 143.
Laurent (Benoît), 344.
Laurent (P.-V.), 212.
Lavaquery (E.), 227.
Lavergne (Géraud), 192.
Law (John), 319.
Lazard (P.), 41.
Leblond (Ary), 356.
Leblond (Marius), 356.
Lecler (Joseph), 192 *bis*, 217.
Leclerc (Lucien), 367.
Leclercq (Dom H.), 228.
Leclercq (L.), 501, 502.
Leclère (Léon), 159 *bis*.
Leconte (Louis), 503.
Lefebvre (Georges), 62, 71, 334.
Lefebvre de Behaine (Commandant), 110.
Lefèvre (Joseph), 504, 505.
Le Flamanc (Auguste), 278.
Le Gallo (E.), 100.
Le Grand (Léon), 192, 228 *bis*.
Lehmann (Konrad), 407.
Lemaire (Dr L.), 345.
Leman (A.), 194.
Le Mesurier (A. M. C.), 453.
Lemoine (H.), 72.
L'England (Sylvia), 279.
Lenoir (Madeleine), 42.
Lenôtre (G.), 55.
Leproux (M.), 111.
Leroux (R.), 477 *bis*.
Leroy (Ch.), 337.
Lespès (R.), 363.
Lesprand (Paul), 229.
Letaconnoux, 20.
Levillain (L.), 192.
Lévy-Bruhl (Henri), 332.
Lévy-Schneider (L.), 101, 102.
Liagre (Ch.), 43.
Lichtenberger (André), 368.
Lichtenberger (Marguerite), 280.
Lichtenstein (J.), 280 *bis*.
Loiseau (H.), 477 *bis*.

Lokke (Carl L.), 455.
Lote (René), 477.
Loture (Robert de), 539.
Lougnon (Albert), 359.
Lozinski (G.), 577.
Lubimenko (Inna), 543.
Lucas-Dubreton, 281.
Ludwig (Irmgard), 408.
Lyautey (P.), 235.
Lyon (E. Wilson), 456.

Macdonnel (A. G.), 457.
Madelin (Louis), 103.
Maes (M.), 500.
Maes (Pierre), 253 *bis*.
Magendie (Maurice), 285.
Mahieu (Chanoine Léon), 236.
Mahieu (Robert-G.), 320.
Main de Boissière (Abbé J.-M.), 217 *bis*.
Maire (René), 563 *bis*.
Malleret (Louis), 282.
Mansuy (Abel), 112.
Manuel (F. E.), 458.
Marçais (G.), 357.
Marchal (André), 321.
Marchand (Jean), 113.
Marcy (G.), 322.
Margue (N.), 44.
Marichal (Paul), 228 *bis*.
Marion (Marcel), 63.
Marot (Pierre), 5.
Martel (René), 578.
Martin (François), 376.
Martin (René), 160.
Martineau (Alfred), 356, 376, 549.
Martino (Pierre), 271, 285.
Masson (André), 377.
Masy (S.), 506.
Ma Te Chih, 521.
Mathiez (Albert), 74, 90.
Maugras (Gaston), 56.
Maurel (Blanche), 75.
Maurois (André), 161.
Max (Hubert), 409.
Mayer (H.), 175.
Mazel (Henri), 162.
Mazoyer (Louis), 257.

Meaux (Baron de), 258.
Medinger (P.), 560.
Meldrum (A. N.), 459.
Melot (A.), 507.
Mengin (Urbain), 284.
Mercier (Charles), 323.
Mercier (Gustave), 18.
Mercier (Henry), 45.
Metzger (Hélène), 297 *bis.*
Meuvret (Jean), 484.
Meyers (Joseph), 410, 561.
Meynier (Albert), 286.
Mineur (H.), 298.
Mirot (L.), 230.
Mitard (Sébastien), 181.
Mollat (G.), 554.
Monbeig (Pierre), 528.
Monnoyeur (Dom J.-B.), 197.
Montenon (Jean de), 133.
Monval (Jean), 198.
Mossé (Armand), 251.
Motchoulski (C.), 577.
Mouy (Paul), 299.
Musy (Chanoine), 346.

Naficy (Dr Abbas), 565.
Nanteuil (J.), 283.
Nasatir (Abraham P.), 460.
Nedoncelle (M.), 544.
Neef (Erich), 411.
Nève de Mevergnies (Joseph), 508.
Nicolle (Paul), 76.
Niessen (Josef), 398.
Nigeon (René), 341.
Nogaret (J.), 245.
Noppeney (Marcel), 562.
Nouguier (Charles), 114.
Novotny (Ant.), 132.

Olivier-Martin (Félix), 15, 172.
Oncken (Hermann), 386.
Onde (H.), 312.
Ors (Eugenio d'), 19.
Ortiz (Philippe), 60.

Paléologue (Maurice), 163.
Paluel-Marmont, 164.
Papinot (Ed.), 213.

Pascal (Pierre), 580.
Pegg (Hamilton), 77.
Perrenet (Pierre), 78, 246, 247.
Peuchet (J.), 32.
Peyron (Elie), 145.
Picco (Francesco), 284.
Piguet (Emile), 248.
Pilant (Paul), 146.
Pinsseau de la Chassaigne (Pierre), 176.
Pirenne (Henri), 500, 509.
Plan (P. P.), 290.
Plattard (Jean), 285.
Platzhoff (Walter), 412.
Pollet (Georges), 369.
Pommeret (Henri), 95.
Pommier (Jean), 285, 287.
Poncelet (Edouard), 500.
Ponteil (Félix), 131, 478.
Porée (Charles), 27.
Posener (S.), 147.
Pouthas (Charles-H.), 351.
Pouvourville (Albert de), 378.
Préclin (E.), 531, 532.
Preney (F.), 301.
Prokesch-Osten (Comte de), 134.
Prou (M.), 192.

Radziwill (Princesse), 165.
Raederstoerffer (Georges), 288.
Raisin-Dadre (Ch.), 249.
Rambert (G.), 30.
Rappaport (J.), 570.
Ratchford (B. U.), 461.
Reclus (Maurice), 260 *bis.*
Renouvin (Pierre), 166, 167, 354.
Reynier (Elie), 313.
Richard (Antoine), 85.
Richter (Carl Roderich), 413.
Riemer (Siegfried), 414.
Ritter (Edwin), 415.
Rivaud (A.), 283.
Rivoallan (A.), 550.
Robert (A.), 477 *bis.*
Robinet de Cléry (A.), 477 *bis.*
Rocal (Georges), 135.
Roloff (Gustav), 416.
Romain (Colonel Charles), 46.

Rossillon (Mgr P.), 214.
Rothfritz (Herbert), 417.
Rouault de la Vigne, 182.
Rouge (J.), 477 *bis.*
Roujon (Jacques), 47.
Rousier (Paul de), 338.
Rousseau (J.-J.), 290.
Roux (M. de), 283.
Roz (Firmin), 520.
Rudler (Gustave), 285.
Rumeau (A.), 529.
Rupprecht (Friedrich), 418.

Sabbe (Etienne), 26.
Sabry (M.), 525.
Sainte-Croix de la Roncière, 105.
Salaun (Vice-amiral), 188.
Salomon (Robert), 57.
Salvini (G.), 379.
Salvini (J.), 283.
Sandre (Thierry), 352.
Sarrailh (Jean), 530.
Saulx-Tavannes (Duchesse de), 96.
Saurat (Denis), 190.
Sauvage (R. N.), 192.
Savadjian (Léon), 481.
Saville (Marshall H.), 462.
Sayous (André-E.), 314, 586.
Schapiro Salwyn (J.), 463.
Scharten (Theodora), 291.
Schlagdenhauffen (A.), 479.
Schmitt (Heinrich), 419.
Schmitz (Ph.), 194 *bis.*
Schneider (K. G.), 420.
Schnerb (Robert), 92, 92 *bis.*
Schnir (R.), 237.
Schroeder (V.), 283.
Schüle (Ernst), 421.
Schwertfeger (Bernhard), 422, 423.
Sée (Henri), 303, 347.
Seignobos (Charles), 20.
Sencourt (Robert), 438.
Serieyx (W.), 148.
Serpell (David Radford), 464.
Silander (A.), 539 *bis.*
Silveryser (Abbé Fl.), 510.
Simiand (François), 339.
Simon (Le P. Henri), 292.

Six (Georges), 64.
Söderhjelm (Alma), 73.
Soreau (Edmond), 65.
Soulié (M.), 545.
Spink (J. Steph.), 293.
Sraer (Eugène), 252.
Steffen (A.), 424, 563.
Stein (Henri), 9, 192.
Steinbach (Franz), 398, 399, 413.
Stern (Alfred), 425.
Stremoukhoff (D.), 330.
Sugiyama (N.), 558.

Tapié (Victor L.), 48, 588.
Tassier (Suzanne), 120, 511.
Taylor (A. J. P.), 465.
Terlinden (Vicomte Charles), 500, 512, 514.
Thiry (Jean), 115.
Thomas (Louis-J.), 136, 285.
Thomas (W.), 477 *bis.*
Thomazi (A.), 380.
Thompson (J. M.), 454, 466.
Tihon (C.), 118.
Tournier (Clément), 238.
Tronchon (Henri), 284, 477 *bis.*
Truc (Gonzague), 218.
Turoczi-Trostler (Joseph), 548.

Ullmann (S.), 513.

Vaillé (Eugène), 58.
Valéry (Paul), 569.
Valous (Marquis de), 96.
Van der Essen (Léon), 500.
Van der Linden (Herman), 500.
Van Houtte (Hubert), 500.
Van Kalcken (F.), 515.
Van Meerbeek (Lucienne), 219.
Vannérus (Jules), 500.
Van Tieghem (Paul), 264, 289.
Van Volxem (Josef), 426.
Varenne (G.), 477 *bis.*
Vassal-Reig (Charles), 49.
Verbrugge (Dr R.), 522.
Verdat (Marguerite), 356.
Verhaegen (Paul), 516.
Verlinden (Ch.), 517, 518.
Vermale (François), 66, 86.

Vermeil (Edmond), 480.
Vernadeau (Pierre), 302.
Vernadsky (Georges), 581.
Verniers (L.), 519.
Vianey (J.), 283.
Vidal (C.), 555.
Vidal (Mgr J.-M.), 220, 556.
Viénot (John), 250.
Vieux (R.), 477 *bis*.
Vigreux (Pierre-Benjamin), 324.
Viller (M.), S. J., 221.
Villiers (Baron Marc de), 370.
Volney (Constantin-François),325.
Vostokov (L.), 582.
Vulliod, 477 *bis*.

Waddington (Francis R.), 168, 169, 170.

Wais (Kurt), 427.
Ward (R. S.), 467.
Warichez (Chanoine), 514.
Webster (John Clarence), 468.
Weelen (Jean-Edmond), 59.
Wegerer (Alfred v.), 428.
Weibull (Lauritz), 50.
Weill (Georges), 261.
Wellesley (Sir Victor), 438.
Weygand (Général), 41, 51.
Wickham Legg (L. G.), 469.
Wlocevski (Stéphane), 331.
Woodward (E. L.), 470.

Zédé (Général), 171.
Zévaès (Alexandre), 137, 326.
Zischka (Antoine), 559.
Zurich (Comte Pierre de), 353.

INDEX DES NOMS DE PERSONNES

Achery (Dom Luc), 196.
Albemarle (William Anne Keppel, earl of), 469.
Albert, duc de Saxe, prince de Saxe-Cobourg-Gotha, 397.
Alengry (F.), 463.
Alexandre Ier, empereur de Russie, 112, 573, 576.
Alexandre II, empereur de Russie, 421, 579.
Alexandre III, empereur de Russie, 170.
Alvarez de Colmenar, 530.
Amari (Famille), 291.
Amiel (Henri-Frédéric), 585.
Andigné (Général d'), 93.
Anne d'Autriche, reine de France, 302.
Antraigues (Comte d'), 414.
Apaczai (Jean-Csere), 548.
Apati (Nicolas), 548.
Appert (Georges), 558.
Arcy (Guillard d'), 275.
Argens (J.-B. de Boyer, marquis d'), 530.
Arnim (Achim d'), 477 *bis*.
Arnould (Louis), 283.
Asfeld (Abbé d'), 202.
Ashmole (Elias), 435.
Augier de la Terraudière, 217 *bis*.
Aulard (Alphonse), 77.
Aulnoy (Mme d'), 530.

Babbitt (Irving), 446.
Babeuf (Gracchus), 90, 334.
Balau (Sylvain), 500.
Balansa (B.), 563 *bis*.
Ball (John), 563 *bis*.
Ballanche (Pierre-Simon), 231.

Baltard (Victor), 283.
Balzac (Honoré de), 273.
Banières, 294.
Barnave (Joseph), 73.
Baronnet (Abbé), 223.
Barrès (Maurice), 277, 280.
Bartholomei (Michel de), 579.
Bassalet-Jinq, 371.
Baudelaire (Charles), 275, 285.
Baudus (Amable de), 133.
Bazaine (Maréchal Achille), 145.
Bazin (Louis), 275.
Beaumarchais (Pierre Augustin Caron de), 78.
Beethoven (Louis van), 477 *bis*.
Belle-Isle (Maréchal Ch.-Louis-Auguste Fouquet de), 54.
Belmas (Mgr Louis), 236.
Benaerts (Pierre), 471, 478.
Benoist d'Azy (Denis, comte), 232.
Béranger (Pierre-Jean de), 281.
Berlière (Ursmer), 500.
Berlioz (Hector), 273.
Bermejo (Ildefonso Antonio), 389.
Bernadotte (Charles), 407.
Bernier (François), 285.
Bertrand (Louis), 280.
Besnard (Philippe), 217 *bis*.
Bethlen (Nicolas), 548.
Béthune (Philippe de), 42.
Billard, 58.
Biolley, 506.
Bion (Jean-de-Dieu Léon), 217 *bis*.
Biot (Jean-Baptiste), 275.
Bismarck (Otto, prince de), 170, 389, 422, 475, 480, 490, 57.
Blacas d'Aulps (Casimir, duc de), 87.

Blanchard (Abbé), 238.
Boccone (Paul), 435.
Bömer (Karl), 260.
Börne (Louis), 477 *bis*.
Boissonade (G.), 558.
Bona (Cardinal), 196.
Bonald (Louis-Gabriel-Ambroise, vicomte de), 231.
Bonaventure, 468.
Borgnet (Adolphe), 500.
Boris Godounov, tsar de Russie, 548.
Borman (Camille de), 500.
Bormans (Jean-Henri), 500.
Bormans (Stanislas), 500.
Bossuet (Jacques-Bénigne), 218, 283.
Boucher (Gouverneur), 359.
Bouchotte (Jean-Baptiste-Noël), 88.
Bougainville (Louis-Antoine de), 296.
Bouilhet (Louis), 275.
Bourdelot (Abbé), 435.
Bourelly (Général), 51.
Bourgogne (Adélaïde de Savoie, duchesse de), 37.
Boyle (Pierre), 435.
Boyle (Robert), 435.
Boym (Michel), 566.
Brancalis (Gilles), 196.
Bravay (François), 280.
Broussonet, 563 *bis*.
Brunetière (Ferdinand), 283.
Brunhes (J.), 29.
Buchon (Alexandre), 483.
Buckle, 128.
Bülow (Frédéric-Guillaume, baron de), 407.
Bugeaud de la Piconnerie (Maréchal Thomas Robert), duc d'Isly, 135.

Cahen (L.), 463.
Caillier, 554.
Calley, 78.
Cambacérès (Jean-Jacques Régis de), 115.

Cambon (Paul), 393.
Capot-Rey, 388.
Carcavya, 435.
Carney (Jean-Alexandre de), 285.
Carnot (Lazare-Nicolas-Marguerite), 100, 112.
Caroline de Brunswick, princesse de Galles, 545.
Carré (J.-M.), 280.
Carrier (Jean-Baptiste), 79.
Castillo (Jean de), 564 *ter*.
Castlereagh (Robert Stewart, vicomte de), 128, 403.
Catherine II, impératrice de Russie, 274.
Cauchie (Alfred), 500.
Caulaincourt (Général Louis de), duc de Vicence, 101, 102.
Caulet, évêque de Pamiers, 220.
Cavendish-Bentinck (Lord William), 549.
Chalumeau de Verneuil, 529.
Chambord (Comte de), 150, 156.
Champlain (Samuel de), 462.
Chardin (Jean), 241.
Charlas (A.), 217, 220.
Charlemagne, roi des Francs, empereur d'Occident, 193.
Charles VI, empereur d'Allemagne, 54.
Charles VII, empereur d'Allemagne, 54.
Charles Ier, roi d'Angleterre, 42.
Charles II, roi d'Angleterre, 444.
Charles X, roi de France, 132.
Charles-Albert, roi de Sardaigne, 124.
Charpentier (Jean), 253 *bis*.
Chassé (Général), 492.
Chateaubriand (Vicomte François-René de), 270, 272, 283.
Chazal (Général), 497.
Chénier, 275.
Chesnelong, 156.
Chevalier (Michel), 320.
Chimay (Prince de), 424.
Chlopicki (Général Joseph), 570.
Clarke (Maréchal Henri-Jacques)

Guillaume, duc de Feltre), 91.
Clauberg, 548.
Claudel (Paul), 275.
Clemen (Otto), 190.
Clermont-Tonnerre (Cardinal de), 238.
Clerselier (Claude), 299.
Cluzel (Augustin), 209.
Cochin, 283.
Cockerill (John), 506.
Coignet (Mme C.), 190.
Colbert (Jean-Baptiste), 38, 306, 311, 435.
Commerson (Philibert), 296.
Condorcet (Antoine-Nicolas de), 463.
Constant (Benjamin), 285.
Constantin, grand-duc de Russie, 112.
Corbaz (M.), 293.
Corberain (Simon), 285.
Cordemoy (Géraud de), 299.
Cornet de Grez (Comte), 516.
Cosme III de Médicis, prince de Toscane, 284, 285.
Cottu (Baronne), 232.
Coüad, 78.
Couplet (P. Ph.), 208.
Courtois, 83 bis.
Cowley (Henry Richard Charles, earl of), 438, 447.
Crémieux (Adolphe), 147.
Créqui (François de), duc de Lesdiguières, 563.
Cromwell (Oliver), 464.
Csombor (Martin Szepsi), 548.
Cuvelier (Joseph), 500.

Daniel (André), 153.
Dante Alighieri, 284.
Darnis (Joseph), 209.
Daudet (A.), 280.
David d'Angers (Pierre-Jean), 477 bis.
Deane (Silas), 429, 536.
De Decker, 515.
Dedieu (J.), 193.
Degrelle (L.), 507.

Delacroix (Eugène), 273, 477 bis.
Delaporte (Abbé), 530.
Delcassé (Théophile), 163, 385, 578.
Denon (Dominique-Vivant), 117.
Déparcieux (Antoine), 459.
De Ridder (Alfred), 500.
Descartes (René), 299.
Desforges (Gouverneur), 359.
Desgranges, 78.
Des Marez (Guillaume), 500.
De Smet (Jean-Joseph), 500.
Devillers (Léopold), 500.
Dewez (Louis), 500.
Diderot (Denis), 268.
Dilke (Sir Charles), 141.
Dollfus (Charles), 160.
Dominique de Jésus-Marie, 210.
Dréolle, 436.
Dreyfus (Alfred), 154, 162.
Dubarry (Famille), 53.
Du Busquet, 558.
Du Camp (Maxime), 275.
Du Crest (J.-B. Micheli), 293, 437.
Duguet (Abbé), 202.
Du Halde (P.), 208.
Duhem (P.), 297.
Dumas (Gouverneur), 359.
Dumont (Fr.), 517.
Dumortier (Barthélemy-Charles-Joseph), 500.
Dumouriez (Général Charles-François), 120, 511.
Duns Scot, 190.
Dupleix (Johanna Begum, marquise), 374.
Dupont de l'Etang (Général Pierre-Antoine), 111.
Du Pont de Nemours (Pierre-Samuel), 60.
Duprat (Gouverneur), 21.
Dupré (Amiral), 378.
Dupuit (Paul), 317.
Dupuy (Pierre et Jacques), 435.
Durban (Dom Antoine), 196.

Edmond (Charles), 280.
Eisenmann (L.), 574, 580.
Emery (Jacques-André), 198.

Epinay (Louise-Florence d'), 268.
Erlach (Jérôme d'), 45.
Ernest, duc de Saxe-Cobourg, 397.
Esterhazy (Commandant), 162.
Evelyn (John), 241.

Faure (Félix), 578.
Feillet (Commissaire), 104.
Fénélon (François de Salignac de la Mothe), 215, 216, 349.
Ferdinand VII, roi d'Espagne, 529.
Ferdinand II, roi de Naples, 555.
Ferdinand de Saxe-Cobourg-Koháry, roi du Portugal, 389.
Fermat (Pierre de), 299.
Ferrières (Charles-Elie, marquis de), 414.
Ferry (Jules), 254.
Findlater (Comte de), 274.
Fitzherbert (Alleyne, baron St. Helens), 469.
Flahaut (Joseph, comte de), 439.
Flandrin (Hippolyte), 283.
Flaubert (Gustave), 275, 285.
Flavigny, évêque de la H^{te}-Saône, 224.
Fleury (Abbé), 215.
Floriot, 196.
Font (Abbé Jean-Bernard), 238.
Forfait (P. L. A.), 441.
Fornier (Ambroise), 209.
Fortuny (Pascal), 275.
Foscolo (Ugo), 553.
Fouché (Joseph), 102.
Fountainhall (John Lauder, lord), 285.
Fourgon (Benoît), 203.
Fourier (Charles), 473, 499.
France (Anatole), 280.
François Ier, roi de France, 242.
Franklin (Benjamin), 536.
Fredericq (Paul), 500.
Fréret (Abbé), 285.
Frontenac (Louis de), 468.
Fürstenberg (Guillaume-Egon de), 242, 384.
Fulton (Robert), 441.

Gachard (Louis-Prosper), 500.
Gagelun (Isidore), 210.
Galilée (Galileo), 298.
Gambetta (Léon), 141, 157, 158, 436.
Garnier (Francis), 378.
Gassendi (Pierre), 285.
Gaucher-Farel, 242.
Gaulois (Abbé), 435.
Gauthier de l'Ain, 86.
Gautier (Judith), 275.
Gautier (Théophile), 275.
Genard (Pierre), 500.
Gendebien, 496.
Gérard (J.-B.), 75.
Gerlache (Etienne-Constantin, baron de), 500.
Gilbert (Guill.), 510.
Gilliodts-Van Severen (Louis), 500.
Girardin (Emile de), 260 bis.
Gobineau (Comte Joseph-Arthur de), 288, 554.
Gœthe (Johann Wolfgang), 285, 477 bis, 489.
Goizet (Jean), 217 bis.
Goltz (Comte Robert v. d.), 386, 417.
Gorani (Comte), 284.
Gordon (Charles George), 541.
Gorgani [Djordjani], 565.
Gortchakov (Prince Alex.), 421, 578, 579.
Gosse (Etienne), 79.
Grégoire XV (Pape), 219.
Grey of Fallodon (Vicomte Edouard), 393.
Grimm (Frédéric-Melchior, baron de), 268.
Guérin (Maurice), 231.
Guettard (J.-Et.), 459.
Guffroy (A.-B.-J.), 83 bis.
Guillaume II, empereur d'Allemagne, 149, 155, 472.
Guillaume Ier, roi des Pays-Bas, 513.
Guillot de Folleville, 222.
Guizot (Famille), 351.

Gustave-Adolphe, roi de Suède, 50.
Guttinguer (Ulrich), 231.

Haak (Th.), 435.
Haider-Aly, sultan de Mysore, 371.
Hanotaux (Gabriel), 33.
Hardy (Le P.), 212.
Hastrel (Général, baron d'), 91.
Hatin (E.), 409.
Hauterive (Comte d'), 133.
Hauvette (Henri), 284.
Hebbel (Frédéric), 477 *bis*.
Heine (Henri), 477 *bis*.
Henri IV, roi de France, 250, 420.
Henri II, duc de Lorraine, 219.
Henriette, reine d'Angleterre, 42.
Herder (Jean-Gottfried de), 477 *bis*.
Herold (M.), 410.
Herschel (Frédéric-Guillaume), 298.
Hobbes (Thomas), 435.
Hölderlin (Frédéric), 477 *bis*.
Hoffmann (E. T. A.), 285.
Hohenzollern (Dynastie), 389.
Hohenzollern (Léopold de), 389.
Home (George), 104.
Hooker (J. D.), 563 *bis*.
Hubert (Eugène), 500.
Huc (Evariste-Régis), 275.
Hübner (Alexandre, comte de), 438.
Huet (P. D.), 435.
Hugo (Victor), 273, 275, 280 *bis*, 283.
Hugues de Saint-Victor, 190.
Huguet (Adrien), 364.
Hulst (Mgr d'), 237.
Humboldt (Ch.-Guillaume, baron de), 477 *bis*.
Huyghens (Christian), 299.
Hyacinthe (Le Père), 233.

Iberville (Pierre Le Moyne d'), 468.
Ismaël-Pacha, khedive d'Egypte, 525.

Ivan IV le Terrible, tsar de Russie, 543.

Jacob (L.), 80.
Jacquemyns (Guillaume), 519.
Jammes (Francis), 275.
Jansenius (Cornélius), 283.
Jérôme Gracien de la Mère de Dieu, 210.
Joanne (A.), 29.
Joffre (Maréchal), 402.
Joigneaux (Pierre), 137.
Joseph II, empereur d'Allemagne, 488, 516.
Joséphine, impératrice des Français, 105.
Jouffroy (Th.), 231.
Jouy (Victor-Joseph Etienne dit de), 349.
Julien (Stanislas), 275.
Justel (Henri), 241, 435.

Kant (Immanuel), 297.
Kepler (Jean), 510.
Kersaint (de), 72.
Kervyn de Lettenhove (Baron Joseph), 500.
Keynes (J. M.), 471.
Kircher (Le P.), 510.
Klindworth (Georg), 425.
Klopstock (Frédéric), 477 *bis*.
Koffler (Le P.), 566.
Kölezi (Samuel), 548.
Krüdener (Mme de), 576.
Kuropatkin (Général A. N.), 578.
Kurth (Godefroid), 500.

La Briche (Mme de), 353.
La Bruyère (Jean de), 283.
Lacore (M. et Mme de), 350.
La Fayette (Marie-Joseph, marquis de), 440 *bis*, 451, 460 *bis*, 496.
Lagnier (J.-B.), 78.
La Harpe (Jean-Baptiste Bénard de), 370.
Laignel-Lavastine (Dr), 565.
Lalande (Joseph-Jérôme de), 296.

Lallée (de Motz de la Sale de), 371.
Lally-Tollendal (Thomas-Arthur de), 371.
Laloy (Louis), 275.
Lamartine (Alphonse de), 273, 284.
Lamennais (Félicité de), 231.
Lamennais (Abbé Jean de), 232.
Lardé (G.), 181.
La Rochefoucauld (Comte Alexandre de), 113.
La Romagère (Mgr de), 232.
Larrey (Dominique-Jean, baron), 186.
La Salle (Cavelier de), 443.
La Tour du Pin (Colonel de), 150.
Latour-Maubourg (Comte de), 555.
Latreille (Camille), 232.
Launoy, 196.
Laurentie (Pierre-Sébastien), 126.
Lauzun (Ant. Nompar de Caumont, duc de), 56.
Lavergne (Léonce de), 414.
Lavisse (Ernest), 20.
Lavoisier (Antoine-Laurent), 459.
Leblois (Louis), 154.
Le Bon (Joseph), 80, 83, 83 *bis*.
Lebrun (Ch.-François), duc de Plaisance, 120, 511.
Lecarpentier (J.-B.), 70.
Le Charlier (Major), 503.
Le Corgne de Launay, 294.
Lefebvre (G.), 390.
Le Fort (Charles), 585.
Legendre (Jacques), 306.
Leibniz (Gottfried Wilhelm), 299.
Lemberg (E.), 588.
L'Enfant (Major), 440 *bis*.
Lénine (V. I.), 578.
Léon XIII (Pape), 234.
Léopold II, roi des Belges, 490, 497.
Lepekhine (I. I.), 330.
Le Pelletier de Saint-Fargeau (Louis-Michel), 82.
Le Pelletier des Touches, 221.
Lévis-Léran (F. G. de), 366.
L'Hommedé (E.), 127.

Lichtenberger (Henri), 477 *bis*.
Lichtervelde (Comte de), 490.
List (Frédéric), 473.
Littré (Emile), 284.
Loisy (A.), 233.
Lord, 475.
Loti (Pierre), 275, 280.
Louis XIII, roi de France, 34, 46, 49, 50, 250, 420.
Louis XIV, roi de France, 35, 37, 44, 45, 55, 250, 284, 302, 310 *bis*, 384, 410, 420, 426, 441 *bis*, 561.
Louis XV, roi de France, 45, 55, 508.
Louis XVI, roi de France, 431.
Louis XVIII, roi de France, 87, 349, 452.
Louis-Philippe, roi des Français, 131, 496.
Louvois (Michel Le Tellier, marquis de), 47, 561.
Lubecki (Prince), 570.
Luçon (Cardinal), 235.
Lucrès (Abbé), 238.
Lukasinski, 570.
Lyautey (Maréchal Louis-Hubert), 161, 164.

Mabillon (Dom Jean), 197.
Mably (Jean Bonnot de), 265.
Maeterlinck (Maurice), 280.
Magre (Maurice), 275.
Magry (Carlo), 196.
Mahdi (Muhammed Achmed), 541.
Maintenon (Françoise d'Aubigné, marquise de), 216, 432.
Maistre (Joseph de), 231, 232, 381, 405 *bis*.
Maitland (Capitaine), 104.
Malebranche (Nicolas de), 294.
Malo (H.), 345.
Mameli (Goffredo) 291.
Man (Henri de), 316.
Manzoni (Alexandre), 284.
Marat (Jean-Paul), 79.
Marca (Pierre de), 217.
Marguerite de Parme, gouvernante des Pays-Bas, 504.

Marie-Antoinette, reine de France, 73.
Marie-Thérèse, impératrice d'Allemagne, 432, 505.
Marie de Saint-Bernard, 205, 206.
Marle (B. H. de), 306.
Marmont (Maréchal Aug.-Fréd.-Louis Viesse de), duc de Raguse, 106, 452.
Marshall, 538.
Martin (François), 373.
Marx (Karl), 322, 474.
Maupassant (Guy de), 284.
Mathiez (Albert), 89, 92 *bis*, 334.
Mathot (Louis), 500.
Maw, 563 *bis*.
Maximilien II Emanuel, électeur de Bavière, 504.
Mazarin (Cardinal de), 250,, 464.
Mazzuchelli (Samuel), 210.
Meaulme (François), 217 *bis*.
Meier (Hans), 406 *bis*.
Meinert (Joseph Georg), 588.
Mellinet (François-Aimé), 503.
Membré (Zénobe), 443.
Ménard (Louis), 280.
Ménard (Noë), 200.
Mengal, 517.
Méri de la Camargue (Victor), 285.
Merlin de Douai, 61.
Mérode (Félix de), 496.
Mersenne (Marin), 435.
Méry (Joseph), 275.
Metternich (Clément Wenceslas, prince de), 403, 438, 477 *bis*.
Michaud (Joseph), 126.
Michelet (Jules), 283, 291.
Mignot (Monseigneur), 233.
Milioukov (P.), 574, 580.
Ming Young-Li, 566.
Mitressey (Julien), 225.
Möhler (J.-A.), 405 *bis*.
Molé (Louis-Mathieu, comte), 353.
Molière (Jean-Baptiste-Poquelin), 283, 285, 293.
Montalembert (Charles, comte de), 258.

Montcalm (Louis, marquis de), 366, 368.
Montmor (Henri-Louis-Hubert de), 435.
Monts (de), 364.
Moreau de Saint-Méry, 355.
Mornet (Daniel), 286, 292, 414.
Mun (Albert de), 150.
Murat (Joachim), 107, 466.
Murav'ev (Comte), 578.
Musset (Alfred de), 273.

Napoléon Ier, empereur des Français, 100, 102, 104, 116, 117, 186, 252, 283, 403, 441, 454, 457, 513, 524.
Napoléon III, empereur des Français, 122, 135, 139, 142, 148, 389, 396, 397, 421, 438, 447.
Necker (Jacques), 315, 321.
Nefftzer (Auguste), 160.
Nélis (Corn.-F.), 509.
Newcastle-upon-Tyne (Thomas Pelham-Holles, duke of), 469.
Newton (Isaac), 299, 510.
Nickel (P.), 566.
Nicolas II, empereur de Russie, 155.
Nicole de Lorraine, 219.
Noris (Cardinal Henri), 196.
Núñez de Castro, 530.

Oberlin (Jean-Frédéric), 440.
Oldenbourg (Henry), 435.
Olier (M.), 198.
Ollivier (Emile), 425.
Ol'minskij (M. S.) dit Alexandrov, 578.
Orléans (Gaston, duc d'), 285.
O'Shea (Gilmary), 431.
Oudinot (Maréchal Nic.-Charles), duc de Reggio, 407.
Ozanam (Frédéric), 284.

Pallu (François), 205, 206.
Pang Achille, 506.
Pardoux Gondinet (Dr), 302.

Pâris, 82.
Pariset (G.), 89.
Pascal (Blaise), 283.
Pasteur (Louis), 301.
Paul V (Pape), 219.
Pauw (Baron Napoléon de), 500.
Pavie (Théodore), 275.
Pecqueur (Constantin), 322.
Pedro II, empereur du Brésil, 288.
Peirenc de Moras (Abraham), 309.
Peiresc (Nicolas-Claude Fabri de),
  285, 435.
Pèllot, 352.
Périer (Casimir), 496.
Perrot (Georges), 483.
Pestalozzi (Henri), 553.
Petit (M.), 299.
Petit (Pierre), 435.
Petitpied (Abbé Nicolas), 202.
Peyrarède (Jean), 243.
Pézelle (Antoine-Robert), 189.
Philastre, 378.
Philippe V, roi d'Espagne, 504.
Picard (P. François de), 234.
Picavet (G.), 51.
Picquart (Lieutenant-Colonel),
  154.
Pierre le Grand, empereur de Rus-
  sie, 581.
Pingaud (A.), 414.
Pinot (Virgile), 207, 208.
Piot (Charles), 500.
Pirala (Antonio), 389.
Pirenne (Henri), 500.
Plagnat (François), 60 bis.
Poiret (Pierre), 548.
Polenov (Alexis), 330.
Poncelet (Edouard), 500.
Pontecoulant (Louis-Gustave Le
  Doulcet, comte de), 503.
Pósáhazi (Jean), 548.
Poullet (Edmond), 500.
Poutrincourt (Jean de Biencourt
  de), 364.
Préclin (E.), 201.
Prévost (Jacques), 306.
Prévost d'Exiles (Abbé), 240, 283.
Privat de Molières (Joseph, 294).

Proudhon (Pierre-Joseph), 318,
  434.
Prugnier (Franço's), 217 bis.
Puysieulx (Pierre Brulart, marquis
  de Sillery, vicomte de), 45, 48.
Pyat (Félix), 137.

Quetelet (Jacques), 489.
Quinet (Edgar), 284, 291, 477 bis.

Racan (Honoré de), 283.
Racine (Jean), 280 bis.
Ram (Pierre de), 500.
Ramond de Carbonnières (Louis
  François), 328.
Ram-Raja, 373.
Rangapoullé (Ananda), 374.
Razoumovski (Alexis), 330.
Rediger (A. F.), 578.
Régius (H. Leroy ou Duroy, dit),
  299.
Régnier (Henri de), 275.
Reichstadt (Duc de), 134.
Reiffenberg (Frédéric-Auguste-
  Ferdinand-Thomas, baron de),
  500.
Rémusat (Abel), 275.
Renan (Ernest), 276.
Renaud (Georges), 322.
Renaudot (Théophraste), 435.
Renault de Saint-Germain, 379.
Renouvin (Pierre), 414.
Repington, 483.
Reusens (Edmond-Henri-Joseph),
  500.
Rey (Jean), 243.
Rhégeni (Michel), 548.
Richard (Cardinal), 237.
Richelieu (Armand-Jean du Ples-
  sis, cardinal de), 33, 34, 48, 49,
  50, 250.
Richelieu (Armand-Emmanuel,
  duc de), 133.
Rivière (Commandant), 377.
Robert (S. E.), 275.
Robespierre (Maximilien de), 81,
  467.
Robilant (Général de), 165.

Robineau de Villebon (Joseph), 468.
Rochambeau (Maréchal J.-B.-Donatien, comte de), 59.
Rochard (J.), 300.
Roch Gonzalez de Santa Cruz, 564 *ter*.
Rodriguez (Alphonse), 564 *ter*.
Rogier (Charles-Latour), 497.
Rogue (Le Bienheureux P. René), 199.
Rohault (Jacques), 299.
Rousseau (Jean-Jacques), 265, 293, 437, 446.
Roy (H. de), 299.

Sagnac (Ph.), 224.
Sainte-Beuve (Charles-Augustin de), 287.
Saint-Castin (Baron de), 468.
Saint-Cyran (Duvergier de Hauranne, abbé de), 221.
Saint-Denys (Hervey), 275.
Sainte-Suzanne (Général), 362.
Saint-Priest (Comte Armand de), 87.
Saint-René Taillandier, 155.
Saint-Simon (Henri, comte de), 499.
Saint-Vallier, 422.
Saint-Victor (Comte de), 320.
Salzmann (Philippe), 563 *bis*.
Saxe (Maréchal de), 52.
Schiller (Frédéric), 477 *bis*.
Schilling (Dorotheus), 557.
Schlegel (Frédéric), 479.
Schnaebelé, 155.
Schnerb, (Robert), 178.
Schœnsloe (Pierre - Kofoed - Ancher), 563 *bis*.
Schouvaloff (P. A., comte), 578, 579.
Schuré (Edouard), 280.
Schwartzkoppen (Maximilien de), 162.
Schweitzer (M.), 528.
Scott (Walter), 477 *bis*.

Sealsfield (Charles), 477 *bis*.
Ségalen (Victor), 275.
Seige (Gustave), 564 *bis*.
Seignobos (Ch.), 574, 580.
Seiquier, 119.
Senfft, 232.
Shelburne (William Petty, earl of), 469.
Sherbourne (Edward), 435.
Siéyès (Emmanuel-Joseph), 89.
Sigorgne, 294.
Sillery (Nicolas Brulart de), 48.
Sismondi (Charles Simonde de), 315, 324, 477 *bis*, 499.
Soederbloem (Nathan), 190.
Soloviev (Vladimir), 575.
Sol y Padris (José), 285.
Soret (Frédéric), 477 *bis*.
Soulié de Morant, 275.
Spinoza (Benoît), 548.
Spootswood, 563 *bis*.
Srbik (H. v.), 128.
Stapfer (Philippe-Albert), 285.
Starhemberg (Prince de), 488.
Stendhal (Henri Beyle), 66, 285.
Stifter (Adalbert), 477 *bis*.
Sue (Eugène), 137.
Surcouf (Robert), 375.
Susta (J.), 428.
Szathmari (Jean Pap), 548.
Szathmárnémeti (Samuel), 548.
Szilágyi (Martin Tönkö), 548.

Talleyrand-Périgord (Charles-Maurice de), prince de Benévent, 102, 129, 130, 439.
Talon (Jean), 365.
Terlinden (Vicomte), 500.
Tessé (Comte de), 35.
Teutsch (André), 548.
Teyras (Jean), 309.
Theisz, 344.
Thévenot (Melchisedec), 435.
Thiers (Adolphe), 156.
Thomasius (Christian), 548.
Thomassin (Le P.), 217.
Tiele (Kornelis-Pieter), 190.
Tikhomirov, 578.

Tin-Lun-Ling, 275.
Tippou-Sahib, nabab de Mysore, 21.
Tirpitz (Amiral de), 411.
Tocqueville (Alexis de), 127, 320.
Treitschke (H. de), 408.
Tronson (L.), 198.
Troplong (Raymond-Théodore), 135.
Trumbull, 455.
Tschirnhaus (Comte), 548.
Turenne (Maréchal Henri de la Tour d'Auvergne, vicomte de), 51.

Urbain VIII (Pape), 42.

Vandenpeereboom (Alphonse), 497.
Van der Essen (Léon), 500.
Vanderkindere (Léon), 500.
Van der Linden (Hermann), 500.
Vanderlinden (Joseph), 512.
Vanderlinden (J.-B.), 512.
Van Gobbelschroy (P. J. S.), 509.
Van Houtte (Hubert), 500, 508.
Vannérus (Jules), 500.
Vattel (E. de), 437.
Vauban (Sébastien Le Prestre, sieur de), 38, 41, 561.
Vaudemont (Charles, prince de), 219.
Vayrac (Abbé de), 530.
Vedel (Général), 111.
Vianey (Joseph), 285.
Victor Amédée II, duc de Savoie, 35.

Victoria, reine de Grande-Bretagne et Irlande, 490.
Vigny (Alfred de), 273.
Villain d'Aubigny, 88.
Vincent (Samuel), 190.
Vitrolles (Baron de), 232.
Vladislas VII, roi de Pologne, 568.
Vogüe (E. M.), 280.
Voltaire (François-Marie Arouet de), 78, 477 *bis*.

Wackenroder (Guillaume-Henri), 477 *bis*.
Waddington (William Henry),169.
Wagner (Richard), 477 *bis*.
Waiblinger (Guillaume-Frédéric), 477 *bis*.
Warnkœnig (Léopold-August), 498, 500.
Watson (Amiral Charles), 379.
Wauters (Alphonse), 500.
Webb (Philippe Barher), 563 *bis*.
Weber (Max), 586.
Webster, 128.
Weill (G.), 430 *bis*.
Wendelen (Godefroid), 510.
Widenfeldt (Adam), 196.
Wieland (Christophe-Martin), 476.
Willems (Jan Frans), 500.
Williams (Jonathan), 429.
Windekeller, 435.

Yourievsky (Princesse), 579.
Yuan Che-K'ai, 522.

Zanoni, 563 *bis*.
Zawadski (Jean), 568.
Zedé (Gustave), 171.

INDEX GÉOGRAPHIQUE

Acadie, 468.

Afrique, 36, 525. — Afrique occidentale française, 360. — Afrique du Sud, 356.

Ain (Pays d'), 296.

Aix-en-Provence, 285, 435.

Albi, 233.

Alençon, 306.

Algérie, 285, 357.

Allemagne, 20, 50, 54, 125, 133, 155, 159 *bis*, 160, 163, 243, 266, 267, 274, 277, 278, 314, 383-385, 393, 396, 411, 417, 422, 428, 471-480, 489, 558, 588.

Alpes (Dép^t des Basses-), 86. — Hautes-Alpes (Dép^t des), 86.

Alsace, 45, 146, 160, 314, 420. — Alsace-Lorraine, 415.

Amérique, 269, 367, 473, 480 *bis*.

Amiens, 223, 518.

Angola, 210.

Anjou, 336.

Annecy, 214.

Anvers, 492, 513, 515.

Arches, 78.

Ardennes, 426.

Argentan, 306.

Arras, 80, 180, 223. — (Archives départem ntales), 83.

Artois, 174.

Asie, 190, 371-380.

Aude (Dép^t), 236.

Aunis, 307.

Autriche, 150, 397, 422, 428, 465, 471, 496, 505, 516, 512, 554, 555. — Autriche-Hongrie, 167.

Autun, 259 *bis*.

Auxerre (Bailliage d'), 27.

Avallon-en-Auxois (Baillage d'), 27.

Avèze, 249.

Avignon, 251, 285.

Bâle-Campagne (Canton), 131.

Balkans, 155, 387, 481-483.

Bavière, 50.

Bayeux, 223.

Baylen (Bataille de), 111.

Bayonne, 245.

Beaulieu-en-Rouergue, 308.

Belgique, 118, 120, 129, 159 *bis*, 193 *ter*, 228 *bis*, 267, 402, 423, 428, 439, 485-519, 562.

Bergeracois, 243.

Berlin, 112, 159, 407, 479. — (Congrès de), 578.

Berne (Archives d'Etat), 45. — (Bibliothèque municipale), 45. — (Pays de), 248.

Besançon, 346, 350.

Bézouotte, 78.

Bigorre, 40.

Birmanie, 213.

Bohême, 471, 588.

Bolbec-Lillebonne (Région de), 239.

Bonne-Espérance (Cap de), 356.

Bordeaux, 13 *bis*, 452.

Bourbon (Ile), 356, 358, 359.

Bourgogne, 29, 78, 244.

Brabant, 505, 512.

Brandebourg, 568.

Brésil, 288.

Bretagne, 358.

Bruxelles, 494, 512, 519, 562. — (Archives du Musée de l'armée), 515.

Bucarest (Traité de), 155.
Bulgarie, 428.

Caen, 306, 435.
Cahors, 2.
Caire (Le), 523.
Californie, 460.
Cambrai, 223, 236, 349.
Canada, 193, 365, 366, 368, 520, 537.
Cape Ann, 462.
Caroline du Nord, 461.
Catalogne, 285.
Caucase, 579.
Cenis (Les), 443.
Cenis (Mont), 312.
Cévenol, 351.
Chablais (Haut-), 60 *bis*.
Châlons, 223.
Champigny (Bataille de), 140.
Chandernagor, 379.
Charente (Dépt), 173.
Chartres, 210.
Chateau-Arnoux (Canton), 97.
Chatelleraut, 379.
Chaumont-en-Bassigny (Bailliage de), 27.
Chine, 207, 275, 490, 521, 522, 566.
Cholon, 378.
Chypre, 540.
Clamart (Carmel de), 205, 206.
Clameci (Nièvre), 230.
Coblence (Archives d'état), 394.
Comores (Les), 356.
Comtat-Venaissin, 251.
Congo, 159 *bis*, 210, 490.
Constantinople, 578, 579.
Coromandel, 214.
Côte-d'Or (Dépt), 335.
Côtes-du-Nord (Dépt), 95, 255.
Crète, 546.

Danemark, 428.
Danubiens (Pays), 267.
Dennewitz, 407.
Détroits, 401.
Dieppe, 239.
Dijon, 335. — (Région de), 246, 247.

Djoulfa, 209.
Doorn, 149.
Dordogne, 135.
Douai, 516.
Dresde, 479.
Dunkerque, 345.

Ecosse, 243.
Egypte, 186, 280, 405, 523-525.
Ermenonville, 290.
Espagne, 39, 43, 85, 266, 363, 389, 428, 504, 526-530.
Estonie, 484.
Etats-Unis d'Amérique, 184, 210, 320, 355, 428, 431, 446, 531-539, 579.
Eu (Château d'), 288.
Europe centrale, 20.

Faucigny, 60 *bis*.
Fez, 155.
Finlande, 484, 539 *bis*.
Florence, 291. — (Bibliothèque nationale), 291.
Fontenoy (Bataille de), 52.
Forges-les-Eaux, 82, 285.
Francfort (Diète de), 125. — (Paix de), 412.
Fréjus, 233.
Friedlingen (Bataille de), 45.
Frohsdorf, 150.

Gand, 498, 508, 513.
Gard (Dépt), 257.
Genève, 293, 351, 583, 585, 586. — (Bibliothèque publique et universitaire), 253 *bis*.
Gien (Bailliage de), 27.
Gingy, 373.
Gironde (Dépt de la), 13 *bis*.
Grande-Bretagne, 21, 123, 141, 155, 159 *bis*, 266, 267, 270, 274, 306, 361, 362, 367, 371, 379, 383, 387, 393, 402, 405, 406, 423, 428, 435, 447, 453, 464-466, 494, 506, 540-546, 568, 581.
Grèce, 411, 428, 546.

Grolle (La), 225.
Grossbeeren (Bataille de), 407.

Hainaut, 505.
Hasselt, 512.
Havre (Le), 239.
Haye (La), 386.
Heidelberg, 489.
Herve (Plateau de), 506.
Hondschoote, 518.
Hongrie, 428, 547, 548.

Iéna, 479.
Inde, 371, 375, 495. — Inde française, 21, 372. — Inde du Sud, 549. — Indes orientales, 542.
Indochine, 7, 282, 378, 380.
Irlande, 445, 550.
Ispahan, 209.
Is-sur-Tille, 247.
Italie, 116, 171, 266, 267, 284, 291, 331, 355, 397, 400, 428, 457, 465, 492, 546, 551-556. — (Nord-Ouest), 117.

Japon, 428, 557-559.

Karikal, 21.
Khosrovah, 209.

Langres, 223. — (Région de), 247.
Languedoc, 34.
Laon, 223.
Lausanne (Bibl. de la Fac. de théologie), 248.
Lawfeld (Bataille de), 52.
Léman (Dép^t), 60 bis, 584.
Lettonie, 20, 484.
Leyde (Bibliothèque de l'Université), 435.
Liége, 223, 426, 485, 498, 512, 517, 518. — (Archives d'état), 517. — (Principauté de), 267.
Lille (Région de), 43.
Limousin, 338.
Lithuanie, 484.
Londres, 238, 439, 503, 578, 579. — (Conférence de), 129, 400. — (Record Office), 386. — (Royal Society), 435. — (Traité de), 386.
Lorraine, 5, 146, 191, 219, 277, 420.
Lot (Dép^t), 2, 329.
Louisiane, 370, 456.
Louvain, 498.
Luxembourg, 267, 386, 410, 424, 428, 497, 560-563. — (Archives du Gouvernement à), 119.
Luxembourg belge, 487.
Lyon, 203, 285, 332.

Macao, 566.
Madagascar, 356, 361.
Madrid, 527, 529.
Magdebourg, 112.
Maghreb, 36.
Mahé, 21.
Malines, 502.
Manche (Dép^t), 127.
Mans (Le), 223.
Mantoue, 42.
Marches d'Ancône, 552 bis.
Maroc, 155, 211, 385, 387, 393, 563 bis.
Marseille, 30, 285. — (Archives de la Chambre de commerce), 23.
Maurice (Ile), 356, 358, 361.
Méditerranée, 23, 400.
Metz, 145, 223. — (Archives dép.), 394.
Meuse, 426.
Mexique, 142, 171, 564.
Milan, 284.
Mitau, 87.
Mogador, 563 bis.
Monaco, 564 bis.
Montargis (Bailliage de), 27.
Mont-Blanc (Dép^t), 60 bis.
Montpellier, 136, 285, 435.
Mont-Valérien, 143.
Moselle (Dép^t), 229.

Namur, 505.
Nancy, 223, 256. (Archives dép.), 191. — (Bailliage de), 68.
Nantes, 200. — (Diocèse de), 201.

Naples, 555.
Naxos, 212.
New-York (Etat), 533.
Nil (Haut-), 490.
Nîmes, 285.
Niort, 217 *bis*.
Nord (Dép^t), 83.
Nord (Mer du), 542.
Normandie, 8, 310, 337. — (Basse-), 306. — (Haute-), 239.
Norvège, 428.
Nossi-Bé, 361.
Nouvelle-Angleterre, 534, 537.
Noyon, 223.

Oran, 363.
Orient, 57. — Extrême-Orient, 190, 411. — Proche-Orient, 267, 400.
Orne (Dép^t), 76.
Ostende, 495.
Oural, 581.
Ourmidh, 209.

Pacifique (Océan), 356.
Palatinat, 404.
Pamiers, 220.
Panama, 152.
Paraguay, 564 *ter*.
Pas-de-Calais (Dép^t), 83, 267.
Pays-Bas, 129, 133, 149, 193 *ter*, 243, 266, 267, 373, 376, 383, 384, 426, 428, 453, 494, 497, 504, 509, 518, 542, 548.
Paris, 32, 67, 78, 81, 98, 159, 290, 332, 341, 435, 441, 455, 458, 459, 490, 562, 578. — (Archives nationales), 22, 61, 69, 83, 186, 228 *bis*, 441, 448. — (Archives de la Section technique du Génie), 41, 564 *bis*. — (Archives de la Seine), 332. — (Archives des Missions étrangères), 205, 206. — (Archives du Ministère des Affaires étrangères), 35, 45, 57, 421. — (Archives historiques du Ministère de la Guerre), 35, 45, 59, 564 *bis*. — (Biblio-
thèque du Muséum), 253 *bis*. — (Bibliothèque nationale), 45, 191, 291, 435, 565. — (Bibl. Sainte-Geneviève), 24. — (Carmel du faubourg St-Jacques), 283. — (Déclaration de), 419. — (Diocèse de), 202. — (Ecole supérieure de guerre), 143. — (Musée Carnavalet), 291. — (Musée du Louvre), 117. — (Passy), 536. — (Paix de), 418.
Pékin, 208.
Perse, 209, 565.
Philadelphie, 450.
Piémont, 242, 312, 465.
Pise, 291.
Plesswitz (Armistice de), 407.
Poitiers, 285.
Pologne, 142, 267, 397, 475, 566-570.
Pondichéry, 373, 375, 376.
Pont-à-Mousson, 256.
Port-Royal, 287.
Port-Royal (Canada), 468.
Portugal, 428.
Prague, 132, 588. — (Traité de), 386.
Provence, 285.
Prusse, 386, 471, 478.
Puy-de-Dôme (Dép^t), 92 *bis*, 178, 328.
Pyrénées-Orientales (Dép^t), 85.

Québec, 468.

Redange (Canton de), 119.
Redon (Pays de), 94.
Reims, 223, 235.
Rennes, 347.
Réunion (Ile de la), 362.
Rhénanie, 114, 404.
Rhin, 91, 110, 277, 314, 391, 398.
Rio-de-Janeiro, 288.
Rochefort, 104, 283.
Rochelle (La), 34.
Rocoux (Bataille de), 52.
Rome, 42, 159, 191, 196, 220, 283, 425, 500, 554, 556, 566. — (Pro-

paganda Fide), 205, 206. — (Vatican), 191.
Rouen, 223, 239, 441.
Roumanie, 428, 571, 572.
Roumois (Le), 337.
Roussillon, 49.
Rumersheim (Bataille de), 45.
Rumilly (H^te-Savoie), 371.
Russie, 96, 155, 167, 267, 330, 400, 411, 421, 428, 475, 484, 543, 546, 573-582.

Saarlouis, 394, 413.
Saint-Amat-Roche-Savine, 309.
Saint-Bernard (Petit-), 312.
Saint-Cyr, 216, 432.
Saint-Denis, 202.
Saint-Domingue, 75, 367, 369.
Saint-Esprit-les-Bayonne, 99.
Saint-Maur, 196.
Saintonge, 307.
Salses-en-Roussillon, 40.
Saône (Haute-) (Dép^t), 224.
Sarajevo (Attentat de), 428.
Sardaigne, 60 bis.
Sarre, 388, 391, 396, 398, 399.
Savoie, 60 bis, 124, 267, 312, 371.
Saxe, 114, 568.
Scandinavie, 267.
S éz, 223.
Siène, 285.
Soudan, 490.
Stenay, 365.
Stollhofen (Bataille de), 45.
Strasbourg, 314, 330. — (Bibl. de l'Université), 498.
Sud-Ouest (Région du), 4.
Suède, 50, 568.
Suisse, 131, 267, 382, 553, 583-586. — Suisse romande, 244.

Tanger, 563 bis.
Tanjore, 21.
Tarentaise, 312.
Tchao-King Fou, 566.

Tchécoslovaquie, 48, 428, 587, 588.
Téhéran, 209, 579.
Thibet, 552 bis.
Thonon (District de), 60 bis.
Thuin, 517, 518.
Tokyo, 558.
Tonkin, 377, 378.
Toscane, 284, 285, 514.
Toul, 223.
Toulon, 38.
Toulouse, 238, 435.
Tournai (Diocèse de).
Tours, 158. — (Carmel de), 205, 206.
Transylvanie, 548.
Trois Évêchés (Les), 420.
Troyes (Baillage de), 27.
Tunisie, 169, 285.
Turin, 60 bis. — (Archives d'État), 35.
Turquie, 212, 400, 411, 428, 589.

Valteline, 42.
Varsovie, 112.
Vaud, 248.
Venise, 566.
Verdun, 223.
Versailles, 55. — (Archives dép. de la Seine), 72.
Verviers, 506.
Vesdre (Vallée de la), 506.
Vienne, 150, 285.
Vienne (Autriche), 432. — (Archives d'état), 386, 425.
Villars (Bataille de), 45.
Villedieu-les-Poêles, 306.
Vivarais, 313.
Volonne (Canton de), 97.

Weimar, 477 bis.
Wilno, 567.
Windsor (Archives royales de), 397.

Zofingue, 585.

BIBLIOTHÈQUE NATIONALE — R. F.

TABLE DES MATIÈRES

		Pages
Introduction		VII
Plan de classement		IX
Table des périodiques et de leurs abréviations		XI
Travaux de langue française consacrés a l'histoire de France		1
Travaux de langue allemande consacrés a l'histoire de France		99
Travaux de langue anglaise consacrés a l'histoire de France		113
Travaux de langue française consacrés a l'histoire étrangère		124
Table des noms d'auteurs		164
Table des noms de personnes		172
Table géographique		182

BIBLIOTHÈQUE NATIONALE · R. F. · IMPRIMÉS

MAYENNE, IMPRIMERIE FLOCH. — 3-8-1936

LA SOCIÉTÉ D'HISTOIRE MODERNE a été fondée, en 1901, pour établir entre les historiens qui veulent appliquer les méthodes modernes d'investigation critique aux problèmes de l'époque moderne et contemporaine une collaboration plus étroite et plus directe, et pour faciliter la connaissance du passé par tous les moyens en son pouvoir. Elle tient des réunions mensuelles pour entendre les communications de ses membres et en discuter les conclusions. Elle a entrepris ou facilité la confection d'instruments de travail dont le plus important est une Bibliographie rétrospective des travaux publiés entre 1866 et 1897 sur l'histoire de la France.

Pour faire partie de la Société, il est nécessaire d'être présenté par deux parrains admis précédemment, et être agréé par une assemblée ordinaire. La qualité de membre donne droit à des réductions de prix sur les publications sociales. Moyennant un supplément, elle permet de recevoir, outre le *Bulletin*, la *Revue d'Histoire moderne*.

S'adresser pour tous renseignements à son Secrétaire Général : LÉON CAHEN, librairie Félix Alcan, 108, bd Saint-Germain, Paris (6e).

PUBLICATIONS DE LA SOCIÉTÉ D'HISTOIRE MODERNE

SÉRIE DES INSTRUMENTS DE TRAVAIL

P. CARON. —*Concordance des calendriers républicain et grégorien.* (Ed. Rieder) .... 10 fr.

Les ministères français (1912-1922) (Ed. Rieder)............ 7 fr. 50

E. SAULNIER et A. MARTIN. —*Bibliographie des travaux publiés de 1866 à 1897 sur l'histoire de France de 1500 à 1789.*
Tome I .... 140 fr.
Tome II, fasc. 1 (Presses Universitaires de France)................................ 50 fr.

LES SOURCES DE L'HISTOIRE DE FRANCE A L'ÉTRANGER

A. RENAUDET. — *Les sources de l'Histoire de France aux Archives de Florence, des guerres d'Italie à la Révolution* (Ed. Rieder) .... 15 fr.

REVUE D'HISTOIRE MODERNE

publiée par

LA SOCIÉTÉ D'HISTOIRE MODERNE

Paraissant 5 fois par an, en fascicules de 96 à 112 pages.

La Revue d'Histoire Moderne a publié en 1935 :

Avezou (R.). *L'Initiation de la Savoie au régime parlementaire (1848-1860)*. — Bondois (P.-M.). *Le commissaire Nicolas Delamare et le Traité de la police*. — Bourcier (F.). *Le régime municipal à Dijon sous Henri IV*. — Hauser (Henri). *Henri Pirenne*. — Lubimenko (Inna). *Un académicien russe à Paris*. — Manuel (F.-E.). *L'Introduction des machines en France et les ouvriers : la grève des tisserands de Lodève*. — Raphael (Paul). *Les recteurs de 1850*. — Van Dillen (J.-G.). *Isaac Le Maire et le commerce des actions de la Compagnie des Indes orientales*. — Villate (R.). *Le mouvement des idées militaires en France au XVIIIe siècle*.

7 CHRONIQUES. — 119 COMPTES RENDUS

PRIX DE L'ABONNEMENT :

France : 40 fr. Étranger, tarif 1 : 50 fr., tarif 2 : 60 fr.
Le numéro : 10 fr.

LIBRAIRIE FÉLIX ALCAN, 108, Boul. Saint-Germain, PARIS (6e)

PUBLICATIONS DE LA SOCIÉTÉ D'HISTOIRE MODERNE
Série des Instruments de Travail.

BIBLIOGRAPHIE CRITIQUE

DES PRINCIPAUX TRAVAUX PARUS SUR
L'HISTOIRE DE 1600 A 1914, EN 1932 ET 1933

PUBLIÉ
PAR LE COMITÉ DE DIRECTION DE LA « *REVUE D'HISTOIRE MODERNE* »

Un volume (16,5 × 25,5) de VIII-228 pages, contenant environ
1300 analyses d'ouvrages historiques, parus dans les pays suivants :

ALLEMAGNE, BELGIQUE, DANEMARK, ESPAGNE, ÉTATS-UNIS, FINLANDE, FRANCE, GRANDE-BRETAGNE, HONGRIE, ITALIE, NORVÈGE, PAYS-BAS, ... POLOGNE, ROUMANIE, SUÈDE, TCHÉCOSLOVAQUIE, YOUGOSLAVIE ...

30 francs

EN VENTE :

MAISON DU LIVRE FRANÇAIS

4, Rue Félibien — PARIS (6e)

HARVARD ET LA FRANCE

Recueil d'études

publié en l'honneur de l'Université Harvard
et offert à cette Université par le
Comité Français pour la célébration du troisième centenaire
de Harvard

Comte E. DE LÉVIS-MIREPOIX : **La première représentation
de Harvard.** — R. DOUMIC : **Mon passage à l'Université
Harvard.** — A. TARDIEU : **Les premiers Conférenciers français
à Harvard.** — Général P. AZAN : **Harvard pendant la Grande
Guerre.** — CH. CESTRE : **Emerson et la France.** — M. LEBRE-
TON : **Henry Adams et la France.** — E. LEGOUIS : **Barret
Wendell et la France.** — J. CHEVALIER : **William James et
Bergson.** — H. BERGSON : **A Jacques Chevalier.** — J. BLACHE :
La Géographie à Harvard. — P. LEPAULLE : **L'École de Droit
de Harvard.** — L. BRÉHIER : **L'Université Harvard et l'art
français du moyen âge.** — A. SIEGFRIED : **L'École des Sciences
politiques et l'Université Harvard.** — B. FAY : **La Langue
française à Harvard.** — P. HAZARD : **Harvard et la France.**

Un volume, 16,5 × 25,5 de 240 pages, 1 planche hors texte. . . . . **30 fr.**

ÉDITÉ PAR LES SOINS DE LA *REVUE
D'HISTOIRE MODERNE*

EN VENTE A LA MAISON DU LIVRE FRANÇAIS, 4, RUE FÉLIBIEN, 4

Pierre CARON et Marc JARYC

REPERTOIRE

DES

PÉRIODIQUES DE LANGUE FRANÇAISE

PHILOSOPHIQUES, HISTORIQUES
PHILOLOGIQUES ET JURIDIQUES

Un vol. 13 × 21 cm. de XLIII-354-IV pages...................... 50 fr.

*Contient la description détaillée d'environ 1550 périodiques
publiés actuellement en France et à l'étranger.*

Chaque notice donne les renseignement suivants : 1º le titre exact;
2º la date de fondation; 3º les noms et adresses des directeurs, rédacteurs en chef et secrétaires de rédaction; 4º la tomaison de l'année
en cours; 5º la périodicité; 6º le nombre de pages (en moyenne) par
an, tome ou numéro; 7º le nom et l'adresse de l'éditeur; 8º le format
en centimètres; 9º le prix de l'abonnement annuel pour la France et
pour l'Étranger; 10º l'abréviation standard du titre; 11º les cotes de
la Bibliothèque nationale et de la Bibliothèque de la Sorbonne.

**Un instrument de travail indispensable aux bibliographes,
aux bibliothécaires, aux libraires.**

PUBLICATION DE LA FÉDÉRATION
DES SOCIÉTÉS FRANÇAISES
DE SCIENCES PHILOSOPHIQUES
HISTORIQUES, PHILOLOGIQUES ET JURIDIQUES

MAISON DU LIVRE FRANÇAIS
4, Rue Félibien – PARIS (6e)

INTERNATIONAL BIBLIOGRAPHY OF HISTORICAL SCIENCES

INTERNATIONALE BIBLIOGRAPHIE
DER GESCHICHTSWISSENSCHAFTEN. — BIBLIOGRAFIA INTERNACIONAL DE
CIENCIAS HISTORICAS. — BIBLIOGRAPHIE INTERNATIONALE DES SCIENCES
HISTORIQUES. — BIBLIOGRAFIA INTERNAZIONALE DELLE SCIENZE STORICHE

EDITED FOR THE

INTERNATIONAL COMMITTEE OF HISTORICAL SCIENCES

FIRST	YEAR (1926)	LXVIII–366 p., 4908 n^{os}.	75 French francs
SECOND	YEAR (1927)	LXXX–432 p., 5556 n^{os}.	125 French francs
THIRD	YEAR (1928)	CVIII–462 p., 5820 n^{os}.	150 French francs
FOURTH	YEAR (1929)	CVIII–500 p., 6235 n^{os}.	150 French francs
FIFTH	YEAR (1930)	CXII–516 p., 6419 n^{os}.	150 French francs
SIXTH	YEAR (1931)	XXXVI–532 p., 6211 n^{os}.	150 French francs
SEVENTH	YEAR (1932)	CXII–528 p., 6722 n^{os}.	150 French francs
EIGHTH	YEAR (1933)	XXXII–512 p., 6348 n^{os}.	150 French francs

LIBRAIRIE ARMAND COLIN
103, Boulevard Saint-Michel
PARIS

WALTER DE GRUYTER & Co
Woyrschstr. 13
BERLIN

LIBRERIA PROF. P. MAGLIONE
88, Via Due Macelli
ROMA

LIBRERIA Y CASA EDITORIAL HERNANDO
Arenal 11, y Quintana 31
MADRID

OXFORD UNIVERSITY PRESS
Amen House, E. C. 4.
LONDON

THE H. W. WILSON COMPANY
950-972 University Avenue
NEW YORK

LES ÉDITIONS RIEDER

108, boulevard Saint-Germain, PARIS

PUBLICATIONS BIBLIOGRAPHIQUES
SUR L'HISTOIRE DE FRANCE

Bibliographie des travaux publiés de 1866 à 1897 sur l'histoire de la France depuis 1789, par Pierre CARON. Un vol. in-8º de XXXIX-831 p... 150 fr.

Cette Bibliographie fait pendant à celle de E. SAULNIER *et* A. MARTIN.

RÉPERTOIRE MÉTHODIQUE DE L'HISTOIRE MODERNE ET CONTEMPORAINE DE LA FRANCE

I. Année 1898, par G. BRIÈRE et P. CARON............... *Épuisé*
II. Année 1899, par G. BRIÈRE et P. CARON............... *Épuisé*
III. Année 1900, par G. BRIÈRE et P. CARON.............. *Épuisé*
IV. Année 1901, par G. BRIÈRE, P. CARON, H. MAISTRE.... *Épuisé*
V. Année 1902, par G. BRIÈRE, P. CARON, H. MAISTRE..... 50 fr.
VI. Année 1903, par G. BRIÈRE et P. CARON.............. *Épuisé*
VII. Années 1904-1906, par G. BRIÈRE, P. CARON, J. LÉPINE. 60 fr.
VIII. Années 1907-1909 .... *En préparation*
IX. Années 1910-1911, par P. CARON et R. BURNAND....... 25 fr.
X. Années 1911-1912, par M. BOUTERON, R. BURNAND, P. CARON... 25 fr.
XI. Années 1912-1913, par M. BOUTERON, R. BURNAND, P. CARON... 50 fr.
XII. Années 1913-1919 .... *En préparation*

Ce Répertoire méthodique fait suite à la Bibilographie de P. CARON, *ci-dessus, et à celle de* E. SAULNIER *et* A. MARTIN.

RÉPERTOIRE BIBLIOGRAPHIQUE DE L'HISTOIRE DE FRANCE

I. Années 1920 et 1921, par Pierre CARON et Henri STEIN.
Un vol. in-8º de XXVII-283 p......................... 50 fr.
II. Années 1922 et 1923, par Pierre CARON et Henri STEIN.
Un vol. in-8º de XXVI-372 p.......................... 75 fr.
III. Années 1924 et 1925, par Pierre CARON et Henri STEIN.
Un vol. in-8º de XXXII-420 p......................... 80 fr.
IV. Années 1926 et 1927, par Pierre CARON et Henri STEIN.
Un vol. in-8º de XXIX-480 p.......................... 100 fr.
V. Années 1928 et 1929, par Pierre CARON et Henri STEIN.
Un vol. in-8º de XV-461 p............................ 100 fr.

Ce Répertoire bibliographique fait suite, avec un cadre plus large, au Répertoire méthodique ci-dessus.

MAYENNE, IMPRIMERIE FLOCH.

www.ingramcontent.com/pod-product-compliance
Ingram Content Group UK Ltd.
Pitfield, Milton Keynes, MK11 3LW, UK
UKHW021903070726
13613UKWH00001B/295